150 J.
Wissen für die Zukunft
Oldenbourg Verlag

Finanzmathematik

Analyse und Modellierung von Daten

von

Rüdiger E. Ziethen

Professor für Mathematik und Datenverarbeitung

3., unveränderte Auflage

Oldenbourg Verlag München

Bibliografische Information der Deutschen Nationalbibliothek

Die Deutsche Nationalbibliothek verzeichnet diese Publikation in der Deutschen Nationalbibliografie; detaillierte bibliografische Daten sind im Internet über <http://dnb.d-nb.de> abrufbar.

Rosenheimer Straße 145, D-81671 München
Telefon: (089) 45051-0
oldenbourg.de

Lektorat: Wirtschafts- und Sozialwissenschaften, wiso@oldenbourg.de
Herstellung: Dr. Rolf Jäger
Coverentwurf: Kochan & Partner, München
Gedruckt auf säure- und chlorfreiem Papier
Gesamtherstellung: Books on Demand GmbH, Norderstedt

ISBN 978-3-486-58430-1

Inhaltsverzeichnis

4. Kapitel: Tilgungsrechnung

5. Kapitel: Kurs- und Rentabilitätsrechnung

6. Kapitel: Spezielle Anwendungen

Vorwort zur zweiten Auflage

Wie die vielen Zuschriften gezeigt haben, stößt die Finanzmathematik auf ein breites und reges Interesse. Deshalb haben sich der Verlag und der Autor entschlossen, den Umfang des Buches gegenüber der ersten Auflage ein wenig zu erweitern. Es sind eine Reihe von weiteren Aufgaben mit Lösungen hinzugenommen worden. So wird das Selbststudium erleichtert. Des weiteren sind einige Korrekturen und Aktualisierungen vorgenommen worden, so daß der Charakter der Gesamtdarstellung unverändert geblieben ist.

Dem Verlagshaus sei an dieser Stelle für seine Bemühungen und Unterstützung bei der Herausgabe dieses Buches gedankt.

Vorwort zur ersten Auflage

Die vorliegende Schrift ist als Lehrbuch gedacht, das in leicht verständlicher Form und gründlicher Darstellung Fragestellungen der Finanzmathematik behandelt. Naturgemäß muß dabei auf einige der mathematischen Grundlagen eingegangen werden, um auch dem eher wirtschaftlich Orientierten einen Zugang zu diesem Gebiet zu ermöglichen. Wegen der zunehmenden Bedeutung der Datenverarbeitung sind im Anhang zu einigen Problemen Programme angefügt. Es sei jedoch darauf hingewiesen, daß die Grundlagen der Datenverarbeitung in diesem Rahmen nicht behandelt werden können. Wichtig erscheint jedoch die Darstellung des Stoffes in einer Weise, die den Zugang zur Datenverarbeitung erleichtert. Dabei wird auch der Praktiker wichtige Hinweise für den Gebrauch der finanzmathematischen Formeln und Verfahren finden, ohne durch Theorie belastet zu werden. Deshalb kann nicht nur der junge Bank- oder Sparkassenangestellte, der Finanz- oder Bilanzbuchhalter, sondern auch der Programmierer oder Analytiker in einer Bank diese Schrift verwenden.

Thematisch versucht diese Darstellung neben den Grundfragen der Finanzmathematik eine Reihe von anwendungsorientierten Fragestellungen zu behandeln. Dazu gehören die Aspekte der unterjährigen Verzinsung und Tilgungsrechnung, Aufgeldzahlungen, Gebührenverrechnung, Ratenkredite und Bausparverträge, um einige Punkte zu erwähnen. Wegen der Lesbarkeit und des Umfangs ist jedoch eine gewisse Begrenzung in der Stoffauswahl notwendig.

Für eine Reihe von Anregungen bin ich meinem Kollegen Prof. Sonntag dankbar. Herrn Reichnach danke ich für die große Mühe beim Korrekturlesen. Die Programme konnten erfreulicherweise auf Rechnern der Fa. Butzbacher Weichenbau GmbH: IBM-AT und HP 1000 erstellt und getestet werden.

Einleitung

Die Finanzmathematik ist ein Teilgebiet der angewandten Mathematik mit Anwendungen auf das Geldwesen und die Wirtschaft. Innerhalb der Wirtschaftsmathematik ist die Finanzmathematik zwischen dem kaufmännischen Rechnen und der Versicherungsmathematik einzuordnen. Sie liefert Methoden für die Behandlung von Kapitalvermögen, wobei für längerfristige Vorgänge die Methoden an Gewicht gewinnen. Bedingt durch den Einfluß der Zinsen und Zinseszinsen ist der Kapitalstand unmittelbar schwierig zu überblicken, weshalb spezifische Rechnungen notwendig sind.

In der Praxis löst die Finanzmathematik Aufgaben der betrieblichen Disposition bei der Ermittlung der Barwerte laufender Leistungen oder Erträge oder der Bewertung von Kapitalanlagen oder Unternehmungen. Ferner ermöglicht die Finanzmathematik den Vergleich zukünftiger Leistungen mit unterschiedlichen Zahlungsterminen, die Ermittlung von Zeitwerten von Zahlungen mit gewissen gesetzmäßigen Zahlungsweisen und deren Verfallstermin. Bei der Tilgungsrechnung werden die Tilgungsdauer bestimmt und Tilgungspläne für Anleihen und Hypotheken aufgestellt. Im Bereich der Wertpapiere liefert die Finanzmathematik zu vorgegebenen Marktzins Einkaufs- oder Verkaufskurse und umgekehrt unter Berücksichtigung der Zahlungsmodalitäten die Effektivverzinsung oder Rendite. Somit kann durch ihre Methoden die Rentabilität von Kapitalanlagen unter Berücksichtigung von Begebungskurs, Rückzahlungsagio und Nominalverzinsung errechnet werden.

Als Hilfsmittel benutzt die Finanzmathematik das Rechnen mit Logarithmen sowie mit arithmetischen und geometrischen Folgen und Reihen. Während früher in der Praxis ausschließlich mit Tabellenwerken gearbeitet worden ist, steigt in den letzten Jahren der Einsatz der Datenverarbeitung stärker an. Da bei Informationssystemen beispielsweise stets aktuelle Werte etwa aus dem Börsengeschehen erwartet werden, ist es im Bereich der Datenverarbeitung bei der Lösung finanzmathematischer Probleme notwendig, mathematische Modelle aufzustellen, die anschließend in Form von Programmen realisiert werden. Somit kann die Datenverarbeitung als ein in der Zukunft an Bedeutung gewinnendes Hilfsmittel im Bereich der Finanzmathematik angesehen werden.

1. Kapitel: Grundlagen

Wie bereits in der Einleitung erwähnt, werden in der Finanzmathematik verschiedene mathematische Begriffe aus den Grundlagen benötigt. Im folgenden werden diese aufgezählt, um eine einheitliche Bezeichnung sicherzustellen. Für die ausführliche Darstellung dieser Themen wird auf die im Literaturverzeichnis genannten Werke hingewiesen.

1.1 Arithmetische Folgen

Eine Folge von Zahlen mit endlich oder unendlich vielen Elementen kann so aufgebaut sein, daß die Differenz zweier aufeinanderfolgender Zahlen konstant ist. In einem derartigen Fall spricht man von einer arithmetischen Zahlenfolge. Die einzelnen Zahlen a_i können mittels

$$(1.1.1) \qquad a_i = a + (i-1)d$$

berechnet werden, worin a die erste Zahl der Folge und d die oben erwähnte Differenz ist.

Für einige Berechnungen ist die Summe der Elemente der arithmetischen Zahlenfolge interessant. Die Summe der ersten n Elemente kann folgendermaßen notiert und berechnet werden:

$$(1.1.2) \qquad A_n = \sum_{i=1}^{n} a_i = \frac{n}{2}\,(2a + (n-1)d)$$

Beispiel: In den Jahren 1984 bis 1996 wird jeweils am 1. Januar eines jeden Jahres ein Betrag fällig, der sich von Jahr zu Jahr um 1oo,-- WE vermindert. Im ersten Jahr sind 3.ooo,-- WE zu zahlen.

a) Wie hoch ist die Zahlung im letzten Jahr?

b) Welcher Betrag ist (ohne Berücksichtigung von Zinsen) insgesamt gezahlt worden?

Lösung: Zur Lösung der Frage a ist die Beziehung 1.1.1 mit a=3.ooo, d=-1oo und i=13 zu verwenden. Für i ist deshalb 13 zu setzen, da die erste Zahlung im Jahr 1984 erfolgt.

$a_{13} = 3.000 + 12 \cdot (-100) = 3.000 - 1.200 = 1.800$ WE

Bei der Beantwortung der Frage b ist die Formel 1.1.2 zu benutzen, wobei für n=13 zu wählen ist. Die Gesamtleistung beträgt somit:

$A_{13} = \frac{13}{2}(2\ 3.000 + 12 \cdot (-100)\ ) = 6{,}5(6.000 - 1.200) = 31.200$ WE.

1.2 Geometrische Folgen

Häufiger als arithmetische Folgen werden die sog. geometrischen Zahlenfolgen in der Finanzmathematik benötigt. Bei diesen Folgen von Zahlen ist der Quotient zweier aufeinanderfolgenden Zahlen konstant. Die einzelnen Zahlen lassen sich bei gegebener Anfangszahl a folgendermaßen berechnen:

$$(1.2.1) \qquad a_i = a\,q^{i-1} = a_{i-1}q$$

Der bereits erwähnte Quotient wird in dieser Formel durch q bezeichnet. Im Falle q=1 liegt eine Zahlenfolge vor, die ebenfalls als eine arithmetische Folge angesehen werden kann. Für die weitere Betrachtung wird deshalb davon ausgegangen, daß $q \neq 1$ ist.

Wie bei den arithmetischen Folgen kann auch bei den geometrischen die Summe der Elemente ermittelt werden. Für die ersten n Zahlen einer geometrischen Folge ergibt sich

$$(1.2.2) \qquad s_n = \sum_{i=1}^{n} a_i = a\,\frac{1-q^n}{1-q} = a\,\frac{q^n-1}{q-1} \qquad (q \neq 1)$$

Im Falle einer unendlichen geometrischen Zahlenfolge kann für $|q| < 1$ die Summe im Grenzfall $n \to \infty$ mittels der folgenden Formel bestimmt werden:

$$(1.2.3) \qquad s = \lim_{n \to \infty} s_n = \frac{a}{1-q}$$

Beispiel: Jemand legt 1.ooo WE am 1.1.1984 bis zum 31.12.1996 an. Auf Grund der allgemeinen wirtschaftlichen Entwicklung ist mit einer jährlichen durchschnittlichen Inflationsrate von 3% zu rechnen, die zu einem "inneren Wertverlust" führt, während der Nominalwert gleich bleibt. Wie groß ist der Wertverlust am Ende der Laufzeit?

Lösung: Mittels 1.2.1 kann die Aufgabe gelöst werden. Der jährliche Wertverlust ist 3% ,d.h., daß jährlich der Wert auf o,97 des Wertes des Vorjahres sinkt. Für die Zeit von 13 Jahre folgt mit $i = 14$, $q = 0{,}97$ und $a = 1.000$ WE deshalb der Kaufkraftwert

$a_{14} = 1.000 \; 0{,}97^{13} = 652{,}84$ WE.

1.3 Logarithmen

Die Formeln (1.2.1) und (1.2.2) können nicht nur zur Bestimmung von a_i bzw. s_n benutzt werden. Sind diese Größen nämlich bekannt, so kann jeweils eine Größe auf der rechten Seite bestimmt werden, falls die übrigen gegeben sind. Dabei ist es eventuell erforderlich mit Logarithmen zu rechnen.

Hier sollen nur die wichtigsten Grundbeziehungen angegeben werden.

(1.3.1) $x = {}_b\log(a)$ ist gleichwertig zu

$$a = b^x$$

Für den Fall,daß b die Zahl 1o ist, wird kurz geschrieben: $x= \lg(a)$ und im Fall, daß b gleich der natürlichen Basis $e \approx 2{,}7182818$ ist: $x=\ln(a)$.

Oft gebraucht sind die folgenden Formeln:

(1.3.2) $${}_b\log(xy) = {}_b\log(x) + {}_b\log(y)$$

und

(1.3.3) $${}_b\log(x^n) = n \cdot {}_b\log(x)$$

1.4 Nomogramme

Für eine Reihe von Darstellungen von Funktionen mit mehreren Veränderlichen werden zur besseren Übersicht gerne sog. Nomogramme verwendet. Zur Erstellung derartiger Nomogramme benötigt man Datenmaterial, das am günstigsten mittels Rechner ermittelt wird.

Die Wahl der Funktionsleitern mit der Skalierung und der Kurvenscharen richtet sich nach der Funktion. Im Literaturverzeichnis sind Quellen mit ausführlicheren Darstellungen angegeben. Im folgenden soll für zwei Anwendungsfälle jeweils ein Nomogramm angegeben und diskutiert werden: Zinseszins- und Tilgungsnomogramm.

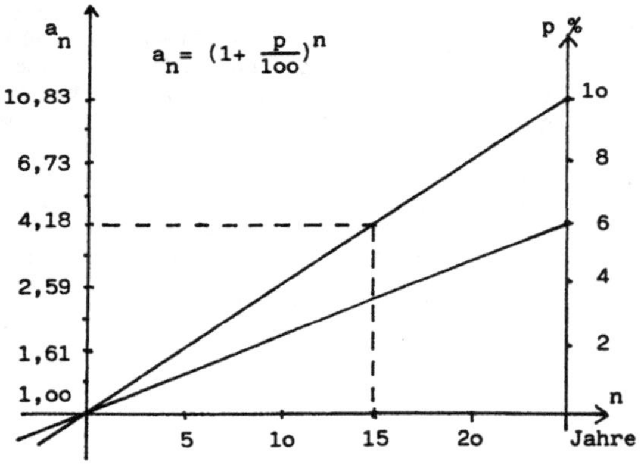

Abb. 1.1: Zinseszinsnomogramm

Zinseszinsnomogramm:

Im Abschnitt 2.3 wird

der Aufzinsungsfaktor zu $a_n=(1+\frac{p}{100})^n$ bestimmt. Zur **Darstellung der Funktion** $a_n=f(p,n)$ wird zunächst nicht direkt die Funktion f(p,n) betrachtet, sondern die Funktion $\ln(f(p,n))= n \ln(1+\frac{p}{100})$, da somit eine in n lineare Funktion vorliegt. In einem Koordinatensystem wird auf der Abzisse die Zahl der Jahre n und auf der Ordinate die neu gebildete Funktion abgetragen. So ergibt sich für jeden Wert des Zinssatzes p eine Gerade, deren Steigung durch p festgelegt ist. Da eigentlich nicht die Funktion ln(f(p,n)) gesucht ist, wird eine neue Skalierung für die Funktion f(p,n) auf der Ordinatenachse abgetragen. Um ohne größeren Aufwand die passende Gerade zu finden, wird zum Schluß eine p-Achse eingeführt, auf der eine geeignete Skalierung anzubringen ist. In der Abbildung 1.1 ist ein Zinseszinsnomogramm dargestellt. Für n = 15 und p = 1o % ergibt sich dann ein Aufzinsungsfaktor von ungefähr 4,18.

Tilgungsnomogramm:

Beim Tilgungsnomogramm sind weitergehende Überlegungen notwendig. Das Tilgungsnomogramm erlaubt z.B. zu vorgegebenem Zinsfuß und vorgewählter jährlicher Rate den Schuldenrest nach einer Anzahl von Jahren zu bestimmen. Dabei wird, ähnlich wie beim Zinseszinsnomogramm, mittels einer Verbindunsgeraden und geeigneter Punkte das Ergebnis bestimmt.

Die Tilgungsformel aus 4.2 ist unten angegeben, dabei ist s der Schuldenrest in Prozenten der Ursprungsschuld, a die jährliche Rate in Prozenten der Ursprungsschuld, p der Zinsfuß und n das betreffende Jahr.

$$s = 100 \cdot (1+\frac{p}{100})^n - a \frac{(1+\frac{p}{100})^n - 1}{\frac{p}{100}} \qquad (1.4.1)$$

Zum Entwurf des Nomogramms wird in einem kartesischen Koordinatensystem (s. Abb. 1.2) die y-Achse gleichzeitig als Achse für die jährliche Rate a gewählt. Die s-Achse wird parallel zur a-Achse so gelegt, daß ihr Richtungssinn wegen der Vorzeichen in der obigen Formel entgegengesetzt zur a-Achse ist. Die Punkte C und D legen diese Gerade näher fest.
Zunächst wird zu einem vorgegebenem s-Wert und einem a-Wert diejenige Gerade ermittelt, die durch die zugehörigen Punkte A und S verläuft. Ihre Gleichung lautet:

$$y = \frac{c - \frac{s}{100}(c-d) - a}{e}\, x + a$$

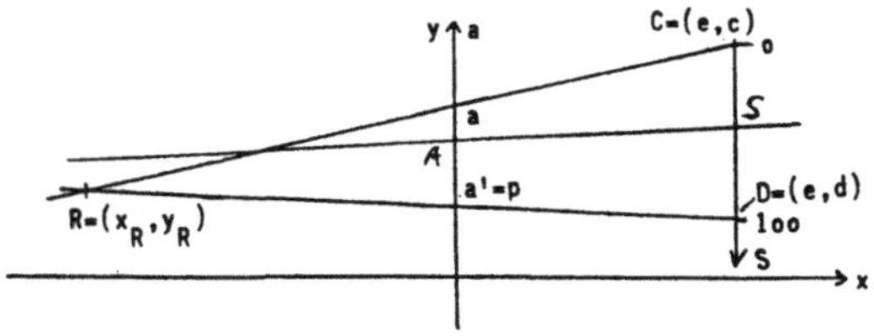

Abb. 1.2: Entwurf eines Tilgungsnomogramms

Um die noch fehlenden p- und n-Kurven zu bestimmen, betrachten wir die beiden folgenden Spezialfälle: s=1oo% und s=o%.
Für s=1oo% ergibt sich aus den beiden obigen Formeln a=p und die Geradengleichung:

(1.4.2) $$y = \frac{d-p}{e} x + p.$$

Analog ist für s=o die entsprechende Gerade durch

(1.4.3) $$y = \frac{c-a}{e} x + a$$

beschrieben. Durch Umformen von 1.4.1 folgt $(1+ \frac{p}{100})^n = \frac{A}{A-p}$ oder

(1.4.4) $$n = \frac{\ln(A)-\ln(A-p)}{\ln(1+ \frac{p}{100})}$$

Interpretiert man die Gleichung 1.4.2, so kann man festhalten, daß in dieser Gleichung n nicht auftritt, d.h.,daß auf Geraden durch den Punkt für s=1oo n beliebige Werte annehmen kann, während auf der Geraden 1.4.3 der Wert von n je nach der Wahl von p variiert.
Der Schnittpunkt der beiden Geraden 1.4.2 und 1.4.3 hat die Koordinaten:

$$x_R = \frac{e(p-a)}{c-a-d+p} \quad \text{und} \quad y_R = \frac{pc-ad}{c-a-d+p}$$

Diesem R können gemäß 1.4.4 die Werte p und n zugeordnet werden. Umgekehrt findet man zu jedem Paar (n,p) einen Punkt R. So sind die p- und n-Kurven festgelegt. Mit ihrer Hilfe kann man im Diagramm beispielsweise bei vorgegebenem n,p und a den Wert von s über die Verbindungsgerade bestimmen.

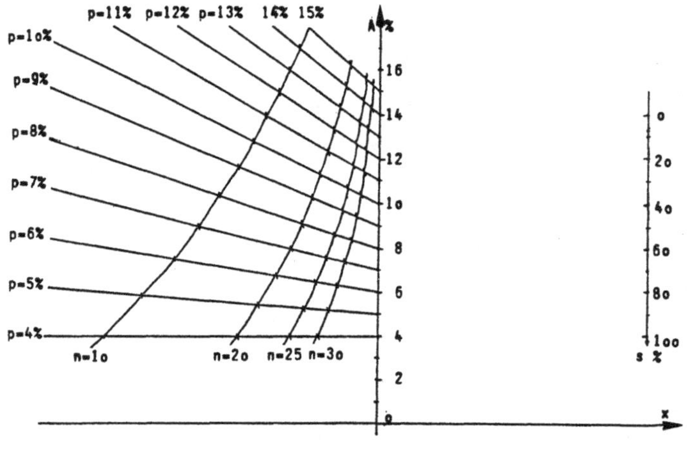

Abb. 1.3: Tilgungsnomogramm

1.5 Reihenentwicklung

Für einige Überlegungen, insbesondere beim Vergleichen von Formeln ist eine Potenzreihenentwicklung ein geeignetes Hilfsmittel, um Funktionen darzustellen.

Verhältnismäßig häufig wird dabei die Binomialreihe als spezielle Potenzreihe benötigt. Sie dient dazu, für die folgenden Funktionen eine Reihenentwicklung an der Stelle a=o anzugeben:

$$(1.5.1) \qquad y = (1+x)^{\beta} = \sum_{i=0}^{\infty} \binom{\beta}{i} x^{i}$$

Die in der Summe auftretenden Binomialkoeffizienten $\binom{\beta}{i}$ sind durch die folgende Beziehung definiert:

$$(1.5.2) \qquad \binom{\beta}{i} = \frac{\beta\cdot(\beta-1)\cdot(\beta-2)\cdot\ldots\cdot(\beta-i+1)}{1\cdot 2\cdot 3\cdot\ldots\cdot i}$$

Beispiel: Für die Funktion $\frac{1}{1\pm x}$ ist die Binomialentwicklung gesucht.

Lösung: Aus 1.5.1 folgt für $\beta=-1$ die folgende unendliche Reihe:

$$(1.5.3) \qquad \frac{1}{1\pm x} = 1\mp x + x^{2}\mp x^{3} + x^{4} \mp x^{5}+ \ldots$$

Für i=o folgt $\binom{-1}{0}=1$, für i=1 ist $\binom{-1}{1}=-1$, für i=2 wird $\binom{-1}{2}= \frac{(-1)\cdot(-2)}{1\cdot 2} =1$ usw.

Zu erwähnen bleibt noch, daß die Binomialreihe 1.5.3 nicht für beliebige x-Werte benutzt werden kann. Sie "konvergiert" nur für x-Werte mit $x^2 < 1$ oder $-1 < x < +1$. Für x-Werte außerhalb dieses Bereichs führt die unendliche Summe zu keinem Ergebnis.

1.6 Iterationsverfahren

Im Zuge des verstärkten Einsatzes von Rechenanlagen (s. Abschnitt 1.7) haben sich die Rechenverfahren verfeinert. Während früher Verfahren für eine Handrechnung oder eine Schätzung bevorzugt wurden, werden im Rahmen der Programmierung Iterationsverfahren dort benutzt, wo ein analytisches Auflösen nach der gesuchten Unbekannten nicht möglich ist. In der Finanzmathematik tritt die Notwendigkeit zu iterieren im wesentlichen bei der Bestimmung der Effektivverzinsung, bei der Investitionsrechnung, der Laufzeitbestimmung und ähnlichen Problemen auf. In der Regel handelt es sich dabei um das Auflösen von Gleichungen mit ganz rationalen Funktionen (Polynome) höheren Grades. Aus diesem Grund können wir uns in dieser Darstellung auf einfachere Verfahren beschränken.

Das Wesen eines Iterationsverfahrens ist, daß ausgehend von einem oder mehreren Startwerten, die als Näherungswerte der gesuchten Größe anzusehen sind, schrittweise weitere Näherungswerte mittels eines Rechenverfahrens bestimmt werden. Diese neuen Näherungswerte werden als Ausgangswerte für weitere verbesserte Werte benutzt. Für den praktischen Gebrauch ist es wichtig, daß sich die Folge der Näherungswerte auf einen einzigen Zahlenwert bewegt, was dann Konvergenz bedeutet. Oft wird das Rechenverfahren durch eine Formel, der sog. Iterationsformel, beschrieben.

In der Praxis spielt die Bestimmung einer Nullstelle einer Funktion die wichtigste Rolle. Dabei sucht man zu einer beliebig gegebenen Funktion $y=f(x)$ einen x-Wert x_N, für den $f(x_N)=0$ ist. Bei einigen Funktion kann x_N einfach berechnet werden. Bei vielen Fragestellungen ist eine direkte Berechnung nicht mehr möglich, so daß Näherungswerte als Ersatz benutzt werden müssen.

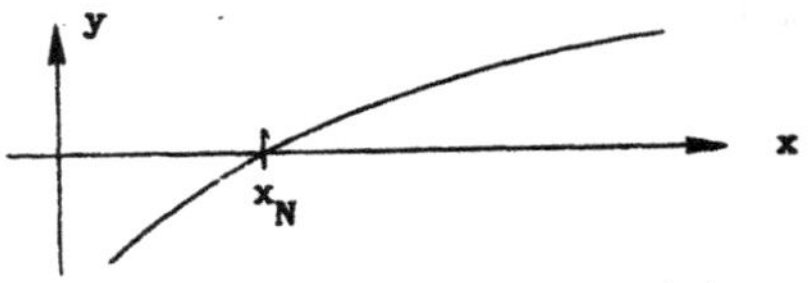

Abb. 1.6.1: Nullstelle von f(x)

Im folgenden wollen wir zwei oft benutzte Verfahren beschreiben: Intervallhalbierung und das Newtonsche Iterationsverfahren. Im Gegensatz zum Newtonschen Verfahren benötigt man beim Intervallhalbierungsverfahren zwei Startwerte. Dafür ist der formelmäßige Aufwand beim Intervallhalbierungsverfahren geringer.

Intervallhalbierungsverfahren:

Die Abbildung 1.6.2 erläutert graphisch das Verfahren, bei dem als Startwerte zwei x-Werte: x_1 und x_2 so gewählt werden, daß $f(x_1)$ kleiner als Null und $f(x_2)$ größer als Null ist. (Hier zeigt sich für den allgemeinen Fall eine Einschränkung, die jedoch für den Bereich der Finanzmathematik ohne Bedeutung ist.) Im Fall, daß die Funktion für einen der beiden x-Werte den Wert o hat, liegt bereits eine Lösung vor.

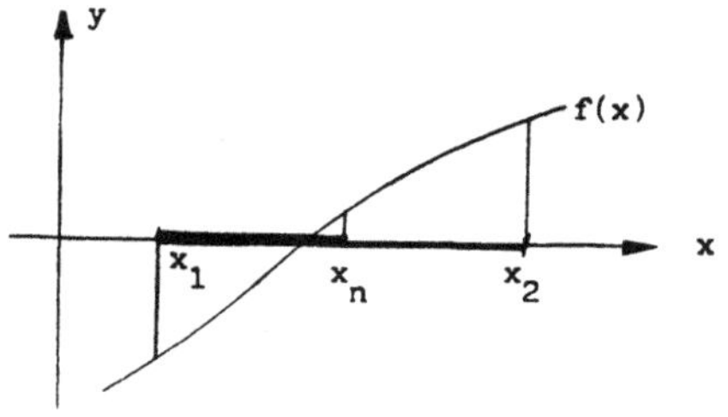

Abb. 1.6.2: Intervallhalbierung

Der erste Schritt des Algorithmus für die Intervallhalbierung besteht in der Bestimmung der Mitte des Intervalls von x_1 bis x_2. Dieser Mittelwert x_n ist damit:

$$x_n = \frac{x_1+x_2}{2} \tag{1.6.1}$$

Dabei ist es unerheblich, ob x_1 kleiner oder größer als x_2 ist.
Im nächsten Schritt wird entschieden,ob $f(x_n)$ kleiner, gleich oder größer als o ist: Im Falle $f(x_n)=o$ haben wir die gewünschte Nullstelle erhalten, und das Verfahren ist beendet.
Im Fall, daß $f(x_n)< o$ ist, wird der alte Wert von x_1 durch den neuen Wert x_n ersetzt. Dadurch erhält man ein neues Intervall, das kleiner als das vorhergehende ist.
Im Fall, daß $f(x_n)> o$ ist, wird der alte Wert von x_2 durch den neuen Wert von x_n ersetzt. Auch hier ergibt sich eine gegenüber dem alten Intervall verringerte Intervallänge.
In beiden wesentlichen Fällen haben wir das ursprüngliche Intervall halbiert, wobei die Funktion an den Intervallenden unterschiedliche Vorzeichen zeigt. Damit ist eine wichtige Voraussetzung für den ersten Schritt dieses Verfahrens erfüllt, und der oben beschriebene Algorithmus kann wiederholt werden. Das Ende der Wiederholungen ist erreicht, bis entweder even. zufällig die Nullstelle getroffen wird oder die beiden Intervallenden so wenig voneinander entfernt liegen, daß die Differenz der x-Werte für den praktischen Gebrauch unerheblich ist.
Neben dem Verfahren der Intervallhalbierung wird in der Praxis gerne die " Regula falsi" benutzt, bei deren Algorithmus nicht die Intervallmitte bestimmt wird, sondern ein meistens günstigerer x-Wert aus dem Intervall. So konvergiert dieses Verfahren zwar schneller, was im Rahmen der vorliegenden Anwendung nur selten an Bedeutung gewinnt.
Vom Ansatz her geht das Newtonsche Iterationsverfahren anders vor.

Newtonsche Iterationsverfahren:

Die Abbildung 1.6.3 gibt dieses Verfahren graphisch wieder. Dabei wird von einem Startwert x_1 ausgegangen.

Im ersten Schritt dieses Verfahrens wird die Tangente im Punkt P der Kurve y=f(x) betrachtet. Sie hat die Gleichung:

$$(1.6.2) \qquad y= f'(x_1)\cdot(x-x_1) + f(x_1)$$

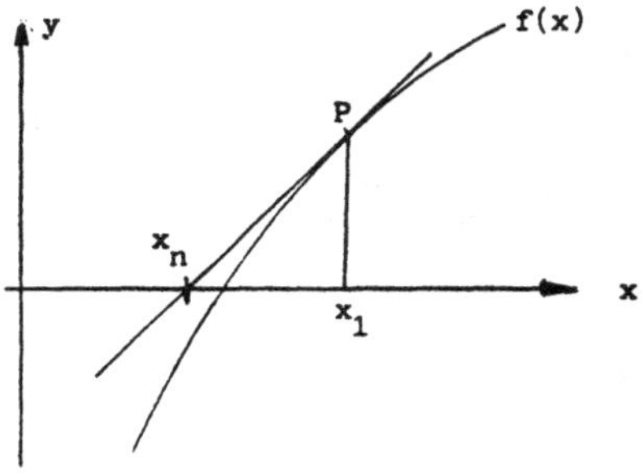

Abb. 1.6.3: Newtonsches Iterationsverfahren

Diese Tangente wird als Ersatzfunktion zunächst betrachtet und ihre Nullstelle als Näherung für die Nullstelle der ursprünglichen Funktion gewählt. Die Nullstelle der Tangenten läßt sich relativ einfach ermitteln. Setzt man in 1.6.2 für y Null ein und löst nach dem unbekannten x-Wert auf, so erhält man

$$(1.6.3) \qquad x_n = x_1 - \frac{f(x_1)}{f'(x_1)}$$

Allerdings kann dieser Wert nur gebildet werden, wenn $f'(x_1)$ ungleich Null ist. Diese Einschränkung ist wesentlich für das Newtonsche Iterationsverfahren. Kann man also x_n ermitteln, so wird als Vorbereitung für den nächsten Schritt x_1 durch den neuen Wert x_n ersetzt, und das Verfahren wiederholt. Das Ende ist dann erreicht, wenn der Wert $f(x_n)$ so in der Nähe von Null liegt, daß die Abweichung praktisch ohne Bedeutung ist.
Dieses Verfahren kommt im Gegensatz zu dem der Intervallhalbierung mit einem x-Wert aus, erfordert aber die Bildung der ersten Ableitung der Funktion f(x).

Beispiel: Für welchen Zinsfuß p beträgt der Endwert einer nachschüssigen Rente das 5o-Fache der jährlichen Rente, wenn diese 15-mal gezahlt wird? Diese Frage führt auf die folgende Gleichung, wie wir noch später (s. Abschnitt 3.1) sehen werden:

$$\frac{q^{15}-1}{q-1} = 5o \text{ , wobei } q= 1 + \frac{p}{1oo} \text{ ist.}$$

Lösung: Zur Bestimmung von p wird zunächst q ermittelt. Dazu wird die obige Gleichung mit (q-1) multipliziert. Es ergibt sich dann: $q^{15}-1 = 5o(q-1)=5oq-5o$. Durch Umstellen auf eine Seite folgt: $q^{15}-5oq+49 = o$. Damit ist das Problem auf die Bestimmung der Nullstelle der Funktion $f(q)=q^{15}-5oq+49$ reduziert. Die erste Ableitung ergibt sich dann durch Differenzieren zu: $f'(q)=15q^{14}-5o$.
Die Tabelle 1.6.1 liefert zum Anfangswert q_1=1,15 die Folgewerte gemäß der Formel 1.6.3.

q_n	1,15	1,156465	1,156o38	1,156o36
$f(q_n)$	-o,362938	o,o27675	o,ooo127	
$f'(q_n)$	56,135587	64,8o1671	64,2o957o	

Tabelle 1.6.1: Beispiel für das Newtonsche Iterationsverfahren

Wie wir sehen, ändert sich q nach dem 3. Schritt nur noch geringfügig. Damit liegt auch p fest, und es ergibt sich für p=15,6o%.

Das Newtonsche Iterationsverfahren führt bei Konvergenz in der Regel relativ schnell zu einer Lösung. Seine Konvergenz ist von der Ordnung zwei, sofern die erforderliche Ableitung f' nicht null wird. Die numerische Mathematik bietet jedoch weitere Verfahren mit einer Konvergenz höherer Ordnung und zur Konvergenzbeschleunigung an.

Aus der Sicht des Programmierers sei angemerkt, daß die in der Formel 1.6.3 auftretende Ableitung $f'(x_1)$ häufig durch den Differenzquotienten

$$f'(x_1) \approx \frac{f(x_1 + \Delta x) - f(x_1)}{\Delta x}$$

ersetzt werden kann, ohne daß die Anzahl der Iterationsschritte ungewöhnlich stark ansteigt. Dabei ist Δx etwa o,o1 oder o,oo1 zu wählen.

1.7 Taschenrechner und Datenverarbeitung

Auf Grund der technischen Entwicklung werden neben Rechenanlagen bei umfangreicheren Aufgabenstellungen im praktischen Gebrauch auch Taschenrechner eingesetzt. Wegen der Vielfalt des Fachmarktes kann auf den Gebrauch und die Programmierung dieser Hilfsmittel nicht eingegangen werden. Hervorzuheben sind die Spezialrechner, die finanzmathematische Funktionen hardwaremäßig enthalten. Für den Gebrauch flexibler sind natürlich die programmierbaren Taschenrechner, bei denen oft finanzmathematische Aufgaben in Form von Programmen softwaremäßig gelöst vorliegen.

Einen Übergang von Taschenrechnern zu Rechenanlagen stellt ein PC (personal computer) dar, der einem einzigen Benutzer zur Verfügung steht, aber einen Komfort und die Möglichkeiten einer Rechenanlage bietet. Verstärkt wird diese Entwicklung durch den Einsatz von kompatibler Standardsoftware.
Für den größten Teil der praktischen Arbeit wie die Verwaltung von Spar- und Geschäftskonten sind Rechenanlagen mit hohem Durchsatz erforderlich. Diese besitzen darüber hinaus umfangreiche Kapazitäten zum Speichern von Daten. Deshalb ist beim Gebrauch derartiger Rechenanlagen neben den Anwendungsprogrammen für die Durchführung spezieller Aufgaben das sog. Betriebssystem erforderlich. Es dient zur internen Organisation und zur Bereitstellung der Betriebsmittel der Anlage.

Für das Erstellen von Anwendungsprogrammen stehen zwei Gruppen von Programmiersprachen zur Verfügung. Die eine Gruppe, zu der die Sprachen COBOL und PL/1 gerechnet werden, umfaßt die kommerziell orientierten Programmiersprachen, bei denen die Verarbeitung von Massendaten im Vordergrund steht.
Bei wissenschaftlichen Untersuchungen und Anwendungen wird die Software mittels wissenschaftlich orientierten Programmiersprachen wie FORTRAN, BASIC, C oder Pascal erstellt. Diese Sprachen haben den Vorteil, daß sie es erlauben, komplizierte Formeln leicht zu handhaben. Da diese Aspekte in dieser Schrift untersucht werden, sind im Anhang einige Programme in FORTRAN 77 als Beispiele angegeben. Für einige Probleme kann man so ohne großen Aufwand nach eigenem Bedarf die Programme anpassen. Dazu benötigt man nur geringfügige datenverarbeitungsgemäße Kenntnisse.

Durch den Einsatz von Rechnern hat sich der Gebrauch der Formeln der Finanzmathematik insoweit gewandelt, als Handrechnungen nur selten durchgeführt werden. Beispielsweise wird bei der Anwahl der Wertpapierberatung in einem Btx-System (Bildschirmtextsystem) eine Bestimmung des effektiven Zinsfuß durchgeführt, die den Einsatz anderer Methoden als eine Handrechnung erfordert. Während bei der klassischen Vorgehensweise gerne Tabellen benutzt werden, sind diese in Programmen in diesem Fall nahezu ungeeignet. Im Abschnitt über Iterationsverfahren ist dem Leser dieser Sachverhalt vielleicht bereits bewußt geworden.

1.8 Wertpapiere

Da sich die Finanzmathematik auf verschiedene Fälle von Kapitalanlagen (von lat. caput, das Haupt) bezieht, soll an dieser Stelle ein Überblick über Wertpapiere gegeben werden. Wegen der Vielfalt der möglichen Wertpapiere werden zum besseren Verständnis nur einige für die Betrachtung wichtige Aspekte aufgezeigt.

Unter einem Wertpapier versteht man eine Urkunde, in welcher die darin bezeichneten Rechte in der Weise verbrieft sind, daß zur Ausübung der Rechte die Innehabung der Urkunde erforderlich ist. Wegen der Vielzahl von Einzelstücken und des damit für eine Verwaltung erforderlichen Arbeitsaufwandes werden heutzutage zunehmend Wertrechte an Stelle von Urkunden ausgegeben. Durch die Wertrechte werden unmittelbar keine Rechte verbrieft, sie spielen aber insbesondere im Bereich der festverzinslichen Wertpapiere eine große Rolle in der Praxis. Die Festlegung der Rechte erfolgt in den Emissionsbedingungen. Ein einfaches Beispiel für ein Wertpapier ist das "Sparbuch", durch das der Anspruch auf ein (angespartes) Kapital, zahlbar innerhalb gewisser Fristen, und auf die Zinsen meistens in veränderlicher Höhe verbrieft ist.

Die Wertpapiere werden nach verschiedenen Gesichtspunkten eingeteilt:

Person des Berechtigten, rechtliche Stellung des Berechtigten, Ertrag des Wertpapiers und rechtliche Stellung des Emittenten.

In Bezug auf die Person des Berechtigten untergliedert man die Wertpapiere in "Inhaberpapiere", die am weitesten verbreitet sind und bei denen der jeweilige Inhaber die verbrieften Rechte besitzt, und in die "Namenspaiere", die auf eine bestimmte Person ausgestellt sind, welche als namentlich erwähnte Gläubigerin als einzige Rechte geltend machen kann, was vom Emittenten oder Schuldner zu prüfen ist. In diesen Bereich fallen die vinkulierten (gebundenen) Namensaktien. Schlielich gibt es noch die "Orderpapiere", die auf eine bestimmte Person oder deren Order lauten. Bei einem Orderpapier kann das verbriefte Recht auf Grund einer Einigung, der Indossierung und der Übergabe weitergegeben werden. Bei einem Wechsel beispielsweise stellt das Indossament eine Erklärung des bisherigen Inhabers über den Übergang des Wechsels an den neuen Inhaber dar. Zu dieser Gruppe von Wertpapieren gehört u.a. der recht bekannte Scheck. Das Indossament wird hier durch das sog. Querschreiben gegeben.

Bezüglich der rechtlichen Stellung des Berechtigten unterscheidet man die Wertpapiere nach dem Umfang an Rechten. "Teilhaberpapiere", wie Aktie, Genossenschaftsanteile oder Kuxe als Anteil an einer bergrechtlichen Gewerkschaft legen in der Regel Herrschaftsrechte (Stimmrecht, Wahlrecht und Auskunftsrecht in der Hauptversammlung) und Vermögensrechte (Anspruch auf Gewinn, Bezugsrechte, Beteiligung am Liquidationserlös usw.) fest. Anders ist bei den 'Gläubigerpapieren' der Anspruch auf die Rückzahlung des geliehenen Betrags und einen Ertrag beschränkt. Zu den Gläubigerpapieren gehören Anleihen, Obligationen der verschiedenen Arten, Schuldverschreibungen, Pfandbriefe u. dgl.m.

Nach dem Ertrag des Wertpapiers unterteilt man diese in Dividenden- und Rentenpapiere. Bei der ersten Gruppe ist der Ertrag, die Dividende, jährlich unterschiedlich, während bei den Rentenpapieren feste Zinserträge festgelegt sind. In der Praxis findet man Teilhaberpapiere oft als Dividendenpapiere und Gläubigerpapiere als Rentenpapiere. Dabei sind Pfandbriefe durch Hypotheken oder Grundschulden besonders gesichert. Ähnliches gilt auch für Schiffspfandbriefe.

Für die Praxis wichtig ist schließlich die Untergliederung der Wertpapiere nach der ausgebenden Stelle. Bei Staatsanleihen sind die Bundesländer die Gläubiger, bei Bundesanleihen der Bund. Bei Kommunalobligationen handelt es sich oft um Anleihen, die zwar durch eine öffentliche Körperschaft gesichert sind, als Darlehensnehmer tritt jedoch eine Bank oder eine Kreditanstalt auf. Bei Industrieobligationen sind Unternehmungen der gewerblichen Wirtschaft die Schuldner.
Weitere Gesichtspunkte für die Einteilung von Wertpapieren sind die Währungen, auf welche die Papiere lauten. Besonders bemerkenswert sind die Doppelwährungsanleihen, bei denen die Ausgabe und die Rückzahlung in verschiedenen Währungen erfolgen. Schließlich werden bei ausländischen Gläubigern die Anleihen als Auslandsanleihen im Gegensatz zu den Inlandsanleihen bezeichnet. Besondere Formen stellen die Wandelschuld- und die Optionsschuldverschreibungen dar, die,vereinfacht formuliert,einen Übergang von Gläubiger- zu Teilhaberpapieren ermöglichen.

Für die Anwendung der Finanzmathematik ist wichtig zu wissen, durch welche Geschäftsabläufe die Wertpapiere auf den Markt gebracht, gehandelt und zurückgenommen werden. Wird ein Wertpapier zum erstenmal ausgegeben (Emission, Begebung), so wird in der Regel im sog. Prospekt der Verkauf mit seinen Bedingungen näher beschrieben. Dazu gehören Angaben über den Verkaufskurs (Emissionskurs), Gebühren, weitere Erwerbskosten, und das Verkaufsdatum und die -stellen. Je nach Art des Papiers kann man weitere Informationen finden: die Verzinsung, Tilgung und -modalitäten, Rückkaufkurse, Laufzeiten und die Stückelung, d.h. die Aufteilung des Gesamtbetrages auf Teilbeträge einer Anleihe. So werden beispielsweise bei manchen Anleihen Zinsen und Tilgungsbeträge jährlich einmal, bei anderen Anleihen halbjährlich oder vierteljährlich gezahlt, was sich natürlich auf den Wert der Verzinsung auswirkt.
Der Erwerb oder Verkauf eines im Handel befindlichen Wertpapiers erfolgt in der Regel über die Börse. Dabei ist zwischen dem amtlichen Handel und dem Freiverkehr zu unterscheiden, was durch die Zulassung eines Papiers bestimmt wird. Eine besondere Form des amtlichen Handels stellt der Terminmarkt und der Kassamarkt dar. Wesentlich ist, daß sich im Börsengeschehen ein Kurs für ein Papier bildet, zu dem es verkauft und gekauft wird. Neben dem eigentlichen Kaufpreis fallen die Courtage als Gebühr des Börsenmarklers, die Provision der vermittelnden Geschäftsbank und eine Börsenumsatzsteuer an. Event. ist noch eine Spekulationssteuer zu zahlen. Bei Anleihen mit festem Zinsertrag ist als Besonderheit zu erwähnen, daß zwischen dem Verkäufer und dem Käufer die sog. Stückzinsen auszugleichen sind. Dabei handelt es sich um diejenigen Zinsen, die seit dem Beginn der laufenden Zinsperiode bis zum Verkaufstag angefallen sind und die dem Verkäufer erstattet werden.
In den meisten Fällen werden Anleihen u.dgl. zum 'Nennwert' vom Schuldner zurückgenommen. Manchmal wird jedoch bei der Tilgung ein Aufgeld gewährt, wodurch sich eine günstigere Verzinsung als die 'Nominalverzinsung' einstellt. Es kann jedoch auch in den Anleihebedingungen vorgesehen sein, daß eine vorzeitige Tilgung durch Aufkaufen der Schuld durch den Schuldner über den Handel erfolgt. Angemerkt sei noch das Auslosen von Serien von Schuldurkunden, wenn die Tilgung nicht in einer Zahlung und nicht stückbezogen erfolgt.

In der Tabelle 1.1 sind die wichtigsten Spesensätze für den Handel mit Wertpapieren für den An- und Verkauf zusammengestellt. Es handelt sich dabei um einen momentanen Stand.

Tabelle 1.1: Spesensätze für den Kauf und Verkauf von Wertpapieren

Wertpapier	Maklergebühr	Provision
Aktie, Kuxe	0,08 % vom Kurswert, mindest. 10 DM auf volle 0,05 DM gerundet	1 % vom Kurswert, mindestens 10 DM auf volle 0,05 DM gerundet
Anleihe, Pfandbrief Obligation	0,075 % vom Nennwert, mindest. 10 DM auf volle 0,05 DM gerundet	0,5 % vom Kurswert, mindest. 10 DM (Kurse unter 100 % bzw. 50 % auf 100 % bzw. 50 % runden), auf volle 0,05 DM gerunden
Depotgebühren für festverzinsliche Wertpapiere	Kreditinstitute: 0,1 % - 1,25 % vom Nennwert bzw. pro Posten 1,00 - 5,00 DM mindestens 30,00 DM Landeszentralbank: 0,1 % vom Nennwert, mindestens 5,00 DM Bundesschuldenverwaltung: gebührenfreie Verwaltung	
Investmentzertifikate	Kauf von einer Bank zum höhreren Ausgabekurs, gebührenfrei Abgabe Verkauf an eine Bank zum niedrigeren Rückgabekurs Je nach Sonderregelung verzichtet die Bank auf ihre Provision von 0,5 % - 1 %	
Abwicklungsgebühr	Girosammelverwahrung: 3,00 DM Streifbandverwahrung: 7,50 DM Limitierter Auftrag: zusätzlich 5,00 DM	
Bundeswertpapiere	Bei der Emission gebührenfrei, Einlösung bei einer Landeszentralbank oder Bundesschuldenverwaltung gebührenfrei. Bundesschatzbriefe gebührenfreie Einlösung	

Eine besondere Form eines Wertpapiers sind die "unverzinslichen Schatzanweisungen", bei denen keine Zinsen gezahlt werden. Eine Verzinsung wird dadurch erreicht, daß diese Wertpapiere unter dem Nennwert abgegeben und zum Nennwert oder darüber zurückgenommen werden. Dieser Wertpapiertyp stellt die Urform des "Zero-Bonds" dar, wie er im angelsächsischen Bereich genannt wird. Durch diese Gestaltung des Wertpapiers fällt der Verwaltungsaufwand niedrig aus. Daneben gibt es noch die sog. "synthetischen Zero-Bonds", bei denen es sich um gewöhnlich verzinsliche Schuldverschreibungen handelt und bei denen das Recht auf Rückzahlung und der Anspruch auf Zinszahlung im nachhinein getrennt worden ist (Trennung von Mantel und Bogen). Jedes Recht wird anschließend als unverzinsliches Wertpapier gehandelt.

2. Kapitel: Zins- und Zinseszinsrechnung

Für das Entstehen von Zinsen ist Voraussetzung, daß ein Geldbetrag in ein Zinsfeld eingebracht wird, d.h., daß auf Grund von rechtlichen Regelungen oder Vereinbarungen für einen Geldbetrag Zinsen zu zahlen sind. Dabei ist neben dem Zinsfuß in der Regel die Zinsperiode und der Zinszahlungstermin festgelegt. Wird ein Geldbetrag in das Zinsfeld eingebracht, beginnt die Verzinsung. Beim Herausnehmen des Geldbetrags aus dem Zinsfeld, endet die Verzinsung. Während der Geldbetrag oder das Kapital im Zinsfeld ist, ändert sich sein Wert wegen der Verzinsung. Dieses Phänomen macht es erforderlich, einige Begriffe für die weiteren Betrachtungen festzulegen.

(1) Die gegebene Höhe eines Geldbetrages heißt sein Nennwert oder sein Nominalbetrag. Sein auf einen bestimmten Termin bezogener Wert ist sein Zeitwert.

(2) Der Zeitwert am Tage der Anlage (Zahlung bzw. Fälligkeit) ist gleich dem Nominalbetrag.

(3) (Äquivalenzprinzip) Um zu verschiedenen Zeitpunkten angelegte Geldbeträge vergleichen zu können, müssen sie durch entsprechendes Auf- bzw. Abzinsen auf ein und denselben Zeitpunkt bezogen werden. Dieser Vergleichszeitpunkt kann beliebig gewählt werden. Zwei Geldbeträge heißen gleichwertig (äquivalent), wenn ihre Zeitwerte zum Vergleichszeitpunkt unabhängig vom Nominalbetrag übereinstimmen.

(4) Der Zeitwert muß unabhängig von der Zerlegung des Geldbetrages in Teilbeträge und unabhängig von der Zerlegung des Verzinsungszeitraumes in Verzinsungsteilzeiträume sein.

Diese sog. Hauptsätze stellen einerseits Begriffsdefinitionen dar, andererseits wird insbesondere durch den Satz (4) festgelegt, daß die zu verwendenden mathematischen Funktionen gewisse Eigenschaften haben, was wir im Abschnitt 2.13 noch näher untersuchen werden. In diesem Rahmen wird zu prüfen sein, ob die im folgenden betrachteten Funktionen aus der Praxis den in den Hauptsätzen genannten Forderungen genügen.

In den folgenden Abschnitten soll neben der Grundformel die lineare, dekursive und antizipative Verzinsung betrachtet werden. Dabei werden die hergeleiteten Formeln untereinander verglichen und auf die praktische Anwendung eingegangen.

2.1 Grundformel

Sind für einen Betrag K für eine Zinsperiode p% Zinsen vereinbart, so sind für Teile dieser Zinsperiode (rata temporis) entsprechende Anteile der Zinsen zu berechnen:

$$(2.1.1) \qquad Z = K\cdot\frac{p}{100}\cdot\frac{t}{T} = K\cdot i\cdot\gamma \text{ mit } i = \frac{p}{100} \text{ und } \gamma = \frac{t}{T}$$

Dabei ist T die Länge der Zinsperiode, gezählt in Tagen, und t die Anzahl der Tage des tatsächlichen Verzinsungszeitraumes. In der Regel wird t kleiner oder gleich T sein.

Für die meisten praktischen Fälle ist T = 360 Tage, da sich der Zinsfuß p auf ein Jahr bezieht. Dieses wird durch den Zusatz "p.a." (d.h. pro anno) deutlich, der dem Zinsfuß angehängt wird. Also z.B. 5 %p.a. In der Praxis wird die Formel 2.1.1 beispielsweise bei der Berechnung von Zinsen bei Sparguthaben benutzt.

Für den praktischen Gebrauch wird die Formel 2.1.1 nicht unmittelbar benutzt. Vielmehr stellt man sie für T=36o so um, daß man die Zinszahl als Faktor

$\frac{K\ t}{1oo}$ und **der** Zinsdivisor $\frac{360}{p}$ erhält:

$$Z = \frac{K\ t}{1oo} \cdot \frac{1}{\frac{360}{p}}$$

Der Vorteil dieser Form ist, daß für ein Konto, bei dem sich der Zinsfuß im Laufe eines Jahres nicht ändert, innerhalb der Zinsperiode mit den Zinszahlen gerechnet werden kann und erst am Ende die Summe der Zinszahlen durch einen einzigen Divisionsvorgang zu ermitteln sind. Das folgende Beispiel verdeutlicht das Verfahren.

Beispiel: Ein Konto, das am 16.o1 eingerichtet wird, zeigt die folgenden Kontenbewegungen. Der Zinsfuß liegt bei 4% p.a. Es sind die Zinsen zu ermitteln.

WERT am	LAUFZEIT (TAGE)	EINZAHLUNG	AUSZAHLUNG	KAPITAL	ZINSZAHL
1.01	15	0.00	0.00	0.00	0
16.01	13	1000.00	0.00	1000.00	130
29.01	150	0.00	-700.00	300.00	450
29.06	106	2000.00	0.00	2300.00	2438
15.10	76	0.00	-500.00	1800.00	1368
			Gesamtzins:	48.73	
			Saldo:	1848.73	

Zinsfuß: 4 v.H.

Tabelle: Beispiel für staffelförmige Zinsrechnung (Lösung mittels Programm Nr. 8 aus dem Anhang)

Zu bemerken ist, daß bei der Auszahlung der letzte Zinstag derjenige Tag vor dem Auszahlungstag ist und bei einer Einzahlung in der Praxis der Tag nach der Einzahlung ist. Für Schecks u. dgl. gelten andere Fristen.

Neben der oben dargestellten staffelförmigen Zinsrechnung wird die progressive Zinsrechnung verwandt, bei der die Zinszahl bis zum Jahresende hochgerechnet wird.

Die Grundformel 2.1.1 berücksichtigt nicht die Veränderung des Kapitals auf Grund der Zinszahlung. Es ist jedoch wichtig, diese Veränderung, auch die Kapitalisierung der Zinsen genannt, unter dem Aspekt des zeitlichen Verlaufs zu sehen. In der Abbildung 2.1.1 sind drei Möglichkeiten dargestellt. Im ersten Fall findet keine Kapitalisierung statt. Das Kapital verändert seinen Wert nicht, während die Summe aus Kapital und Zinsen anwächst. Hier handelt es sich um die "lineare Verzinsung", die im Abschnitt 2.2 beschrieben wird. Der zweite Fall, die"dekursive Verzinsung", ist dadurch charakterisiert, daß die Zinsen am Ende der Verzinsungsperioden kapitalisiert werden. Im Abschnitt 2.3 findet man dazu Näheres. Beim dritten dargestellten Fall han-

delt es sich um die"antizipative Verzinsung". Hier werden die Zinsen bereits zu Beginn der Verzinsungsperiode kapitalisiert. Es wird deshalb der Zinsenstand als negativ angesetzt, da die Zinsen und das Kapital erst zum Jahresende ausgeglichen sind. Im Gegensatz dazu wachsen bei der dekursiven Verzinsung die Zinsen bis zum Kapitalisierungszeitpunkt an.

Zu bemerken ist, daß noch weitere Verzinsungsarten denkbar sind. So ist eine Kapitalisierung in unterjährigen Zeitabschnitten möglich, wie sie bei Monats- oder Tagegeldern erfolgt. Im extrem Fall kann man sich auch eine Kapitalisierung in jedem Zeitmoment vorstellen, was zu der stetigen oder natürlichen Verzinsung führt.

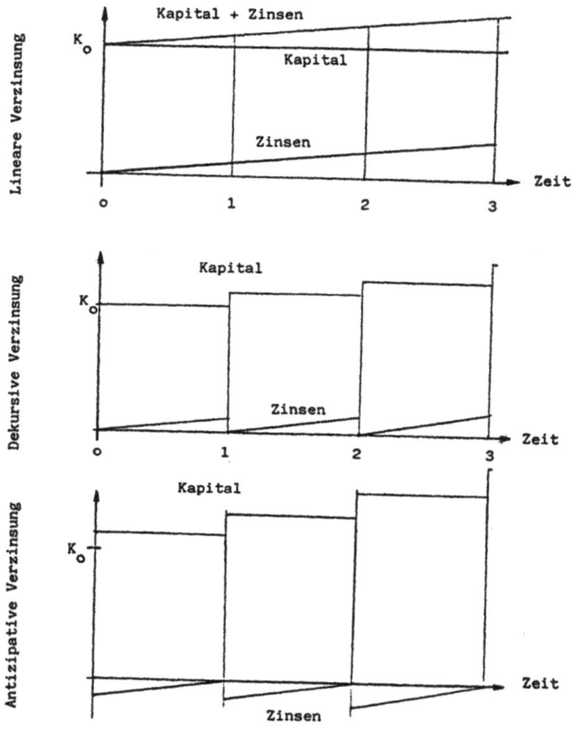

Abb. 2.1.1: Kapital u. Zinsen bei den verschiedenen Verzinsungsarten (linear, dekursiv, antizipativ)

2.2 Lineare Verzinsung

Bei der nachfolgenden Betrachtung werden die Zinsen am Zinszahlungstermin vom Kapital getrennt, d.h. aus dem Zinsfeld entfernt. Das Endkapital K_n nach n Jahren setzt sich aus dem Anfangskapital K_o und den entnommenen Zinsen zusammen.

$$(2.2.1) \qquad K_n = K_o + \overbrace{K_o \frac{p}{1oo} + K_o \frac{p}{1oo} + \ldots + K_o \frac{p}{1oo}}^{n\text{-mal}}$$

$$K_n = K_o\left(1 + \frac{p}{1oo}\,n\right) = K_o(1+in).$$

Dabei ist $i = \frac{p}{1oo}$ der Zinssatz oder Einheitszinsfuß.

In der Praxis spielt diese Art der Verzinsung eine große Rolle. Im vorherigen Abschnitt haben wird als Beispiel die Führung eines Sparkontos kennengelernt. Im folgenden sollen noch zwei weitere Beispiele aufgezeigt werden: Dividendenzahlungen und Skontoabzug.

Dividendenzahlung: Für eine Kalkulation für eine zukünftige Entwicklung kann man bei Dividendenzahlungen davon ausgehen, daß sich die Höhe einer Dividende nicht verändert und damit die Dividende jährlich gezahlt wird. Dabei tritt die Frage auf, nach wievielen Jahren ist das eingesetzte Kapital erwirtschaftet. Mittels 2.2.1 läßt sich ein Ansatz finden, da für diesen Fall gilt, daß $K_n = 2K_o$ ist. Somit folgt:

$$K_n = K_o(1 + in) = 2K_o \quad \text{oder} \quad n = \frac{1}{i}$$

Für den Fall einer jährlichen Dividende von 9% ergibt sich danach ein Zeitraum von 11,1 Jahren. In der Tabelle 2.1 sind für weitere Dividendensätze die Zeiten der Erwirtschaftung angegeben.
Dieses Beispiel ist für die lineare Verzinsung deshalb so charakteristisch, weil am Ende eines Wirtschaftsjahres die Dividende nicht dem Kapital zugeschlagen, also nicht kapitalisiert wird, sondern durch die Auszahlung der Dividende aus dem Zinsfeld genommen wird.

Zinsfuß p	Zeit n
2	5o
4	25
5	2o
6	16,2
7	14,3
8	12,5
9	11,1

Tabelle 2.1: Erwirtschaftung durch Dividenden

Skonto in %	Zeit zwischen Zahlungsziel und Skontofrist in Tagen		
	1o	2o	3o
1	36,36	18,18	12,12
1,5	54,82	27,41	18,27
2	73,47	36,73	24,49
2,5	92,31	**46,15**	3o,77
3	111,34	55,67	37,11

Tabelle 2.2: Zinsersparnis durch Skontoabzug in %

Skontoabzug: Ein für die Praxis wichtiges Beispiel ist der Skontoabzug bei der Bezahlung einer Ware vor dem Fälligkeitstermin des Rechnungsbetrages. Dabei wird eine Ermäßigung des Preises um s Prozent vom Lieferanten hingenommen, wenn der ermäßigte Betrag t Tage vor dem Fälligkeitstermin bezahlt wird. Dadurch ergibt sich für den Kunden ein Preisnachlaß, der sich als eine Verzinsung durch den Lieferanten auffassen läßt. Mittels der Gleichung 2.2.1 kann man die (effektive) Verzinsung bestimmen, indem man den gezahlten Betrag in Höhe von 1oo-s als Ausgangskapital ansetzt und den Endbetrag gleich 1oo wählt. Es ergibt sich dann:

$$(2.2.2) \qquad 100 = (100-s)\left(1+ \frac{p}{100}\,\frac{t}{360}\right)$$

Gesucht ist die Verzinsung p. Durch Umstellen nach p erhält man

$$(2.2.3) \qquad p = \frac{360}{t}\,\frac{s}{1-\frac{s}{100}}$$

Die vorstehende Tabelle 2.2 gibt für verschiedene Skontoabzüge und Zahlungsfristen die Zinsersparnis an.

2.3 Dekursive Verzinsung

Bei der dem Laien oft bekannten nachschüssigen Verzinsung werden die Zinsen dem Kapital am Ende der Verzinsungsperiode zugeschlagen. Man nennt diesen Vorgang das "Kapitalisieren". In der nächsten Zinsperiode werden die Zinsen aus der Vorperiode mitverzinst. Die Höhe der Zinsen richten sich bei gleichbleibendem Kapitalstand nach dessen Höhe K am Anfang der Zinsperiode.

Die Grundformel 2.1.1 liefert für die Zinsen Z_k im k-ten Jahr:

$$Z_k = K_{k-1}\,\frac{p}{100},$$

wobei K_{k-1} der Kapitalstand zu Beginn des k-ten Jahres ist. Am Ende des k-ten Jahres ergibt sich somit das Kapital

$$K_k = K_{k-1} + Z_k = K_{k-1}\left(1 + \frac{p}{100}\right) = K_{k-1}(1+i)$$

Nach den Bemerkungen aus dem Abschnitt 1.2 liegt eine geometrische Folge vor, so daß die Formel 1.2.1 liefert:

$$(2.3.1) \qquad K_n = K_o\,(1+i)^n = K_o q^n,$$

worin q = 1+i ist. Die Größe q^n nennt man den Aufzinsungsfaktor oder den Prolongationsfaktor. K_n heißt das Endkapital oder der Zeitwert, während K_o der Barwert, der Gegenwartswert oder das Anfangskapital genannt wird.

Löst man die Gleichung 2.3.1 nach K_o auf, so erhält man

$$(2.3.2) \qquad K_o = K_n q^{-n} = K_o \frac{1}{q^n} = K_n v^n .$$

Die Größe v^n nennt man den Abzinsungs- oder Diskontierungsfaktor. Das Diskontieren stellt nämlich den umgekehrten Vorgang zum Aufzinsen dar. Im Abschnitt 2.9 wird auf dieses Thema noch näher eingegangen.

Beispiel: Ein Bankkunde hat die Möglichkeit Geld zu 9% p.a. so anzulegen, daß der Geldbetrag zusammen mit den Zinsen und Zinseszinsen in einer Summe zurückgezahlt wird. Wieviel Geld muß er anlegen, damit er nach 8 Jahren 1.ooo WE erhält?
Lösung: Bei der obigen Fragestellung ist nach dem Barwert gefragt. Somit ist die Formel 2.3.2 mit n=8, q=1,o9 und K_n=1.ooo WE anzuwenden. Der Barwert K_o ist dann $K_o \approx$ 1.ooo o,5o187 = 5o1,87 WE, d.h., es ist dieser Betrag zu den obigen Konditionen anzulegen.

Die Formel 2.3.1 läßt sich natürlich auch nach p bzw. q auflösen. So läßt sich die Frage danach beantworten, zu welchen Zinskonditionen ist ein Kapital K_o für eine Zeit von n Jahren anzulegen, damit ein Endkapital K_n erreicht wird:

$$(2.3.3) \qquad q = \sqrt[n]{\frac{K_n}{K_o}}$$

Häufiger tritt die Frage nach der Laufzeit n für eine Kapitalanlage auf. Die Beziehung 2.3.1 kann man mittels 1.3.1 und 1.3.2 umformen, wobei wir die natürlichen Logarithmen verwenden wollen:

$$\ln(K_n) = \ln(K_o q^n) = \ln(K_o) + \ln(q^n) = \ln(K_o) + n\ln(q)$$

oder durch Umstellen:

$$(2.3.4) \qquad n = \frac{\ln(K_n) - \ln(K_o)}{\ln(q)} = \frac{\ln(K_n : K_o)}{\ln(q)}$$

Beispiel: Eine Kapitalanlage zu 8% p.a. soll sich verdoppeln. Wann ist dieses erreicht?
Lösung: 2.3.4 liefert unmittelbar $n = \frac{\ln(2)}{\ln(1{,}o8)}$ = 9,o1 Jahre.

2.4 Antizipative Verzinsung

Im Gegensatz zur nachschüssigen Verzinsung werden bei der vorschüssigen Verzinsung die Zinsen am Anfang der Verzinsungsperiode fällig und nach dem Kapitalstand am Ende der Zinsperiode berechnet.
Ist K_{k-1} der Kapitalstand Anfang der k-ten Zinsperiode und K_k derjenige am Ende der Periode, so ergibt sich zusammen mit der Grundformel 2.1.1 folgende Beziehung:

$$(2.4.1) \qquad K_{k-1} + K_k \frac{p}{1oo} = K_k .$$

Hieraus läßt sich K_k durch Umformen unmittelbar bestimmen, und es ergibt sich:

$$(2.4.2) \qquad K_k = K_{k-1} \cdot \frac{1}{1 - \frac{p}{1oo}}$$

Analog zur dekursiven Verzinsung liegt auch hier eine geometrische Zahlenfolge vor. Die Formel 1.2.1 liefert für K_n bei

$$q = \frac{1}{1 - \frac{p}{100}}$$

den Wert:

$$(2.4.3) \qquad K_n = K_o q^n = K_o \frac{1}{(1- \frac{p}{100})^n}$$

Die antizipative Verzinsung spielt beim Wechselgeschäft, bei Bereitstellungszinsen und bei der Abschreibung eine Rolle. Bei der Abschreibung nämlich im Rahmen der sog. "Buchwertabschreibung" wird mit einem festen Prozentsatz von p% vom Restwert, dem Buchwert, die Abschreibung ermittelt.

Den Faktor $(1- \frac{p}{100})^n = (1-i)^n$ nennt man deshalb auch den Abschreibungsfaktor im Bereich der Anlagenrechnung (s. Abschnitt 2.1o).

Beispiel: Ein Betrag von 1.ooo WE wird für die Dauer eines Jahres zu 8 % bei vorschüssiger Verzinsung ausgeliehen. Wieviel wird dem Schuldner ausgezahlt?
Lösung: Der Schuldner erhält 92o WE, da dieser Betrag nach einem Jahr auf 1.ooo WE bei antizipativer Verzinsung angewachsen ist.

Da wegen der weiteren Verbreitung der dekursiven Verzinsung die meisten Formeln der Finanzmathematik auf diese Verzinsungsart abgestimmt sind, wird zunächst auf die möglichen Umrechnungen von einer Verzinsungsart in die andere eingegangen.

2.5 Ersatzzinsfuß

Eine Umrechnung von der antizipativen in die dekursive Verzinsung ist unter der Fragestellung interessant, welcher dekursive Zinsfuß p' führt zur selben Verzinsung wie ein antizipativer Zinsfuß p. Dabei ist stillschweigend angenommen, daß eine deratige Umrechnung unabhängig von der Laufzeit n ist. Tatsächlich liefern die Formeln 2.3.1 und 2.4.3

$$K_n = K_o(1 + \frac{p'}{100})^n = K_o \frac{1}{(1 - \frac{p}{100})^n}$$

Durch Vereinfachung erhält man:

$$(2.5.1) \qquad p' = \frac{100\ p}{100-p} \quad \text{oder} \quad p = \frac{100\ p'}{100+p'}$$

Durch diese Umrechnungsformel kann zu einem gegebenen Zinsfuß p bei antizipativer Verzinsung der Ersatzzinsfuß p' einer dekursiven Verzinsung berechnet werden, der zum selben Endkapital führt und umgekehrt.

Beispiele: Ein Kapital von 1.ooo WE wird für eine Zeit von 1o Jahren zu einem Zinsfuß von 6 % p.a. angelegt. Auf welchen Endbetrag ist dieses Kapital angewachsen a) bei nachschüssiger Verzinsung und b) bei vorschüssiger Verzinsung. Welches ist der jeweilige Ersatzzinsfuß?

Lösung: a) Nach der Formel 2.3.1 folgt für K_o=1.ooo und n=1o bei p=6 für die nachschüssige Verzinsung K_n = 1.79o,85 WE.
b) Im Falle der vorschüssigen Verzinsung liefert 2.4.3 den Wert K_n = 1.856,61 WE. Dieser Wert liegt höher als derjenige im Fall a. Daß dieses kein Zufall ist, werden wir im Abschnitt 2.8 noch sehen.
Zur Bestimmung des dekursiven Ersatzzinsfußes gehen wir von dem antizipativen Zinsfuß p = 6 % aus. Der Wert für p' folgt aus 2.5.1, nämlich p'= 6,383o %. Umgekehrt folgt aus einem dekursiven Zinsfuß p'= 6 % ein antizipativer Ersatzzinsfuß p= 5,66o4 %.

Umrechnungstabelle fuer dekursive u. antizipative Zinssaetze

p-ant.	I p-dek. I	II p-dek. II	I p-ant. I
5.	5.2632	5.	4.7619
6.	6.3830	6.	5.6604
7.	7.5269	7.	6.5421
8.	8.6957	8.	7.4074
9.	9.8901	9.	8.2569
10.	11.1111	10.	9.0909
11.	12.3596	11.	9.9099
12.	13.6364	12.	10.7143
13.	14.9425	13.	11.5044
14.	16.2791	14.	12.2807
15.	17.6471	15.	13.0435

Tabelle 2.5.1: Ersatzzinsfuss

Da nach den obigen Bemerkungen eine Umrechnung eines antizipativen Zinsfußes in einen nachschüssigen Ersatzzinsfuß vorgenommen werden kann, wird im folgenden stets von einer nachschüssigen Verzinsung ausgegangen, außer wenn es besonders vermerkt ist.

2.6 Unterjährige Verzinsung

Da in der Praxis neben ganzjährigen Laufzeiten auch Teile eines Jahres bei der Verzinsung zu berücksichtigen sind, stellt sich die Frage nach der finanzmathematischen Behandlung derartiger Laufzeiten. Bei einigen Problemen wie beispielsweise bei unterjährigen Laufzeiten bei Sparkonten wird die lineare Verzinsung bzw. die Grundformel benutzt. Bei anderen Fragestellungen wie z.B. bei Termingeldern geht man folgendermaßen vor: nach Ablauf der unterjährigen Periode wird eine Zinsverrechnung vorgenommen, so daß für die nächste Zinsperiode der Zins aus der vorangegangenen Periode bereits berücksichtigt wird.

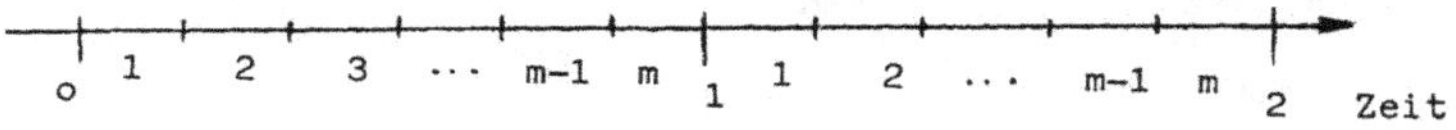

Abb. 2.6.1: Unterjährige Verzinsung

Dazu ist es erforderlich, den jährlichen Zinsfuß P in einen unterjährigen Zinsfuß $\hat{p}$ umzurechnen. Dieser "relative Zinsfuß" $\hat{p}$ bezieht sich auf einen entsprechenden Jahresanteil, also bei m=2 auf ein Semester, bei m=4 auf ein Quartal und bei m=12 auf einen Monat. Zu dem nominalen Jahreszinsfuß p % p.a. gehört ein relativer Zinsfuß

(2.6.1) $$\hat{p} = \frac{p}{m} \text{ \% pro rata temporis } \left(\frac{1}{m} \text{ Jahr } \right)$$

Im Kapitel 2.3 ist für die nachschüssige Verzinsung eine Zinseszinsformel hergeleitet worden, bei der die Zinsen am Jahresende dem Kapital zugeschlagen werden. Bei der unterjährigen Verzinsung führt eine ähnliche Überlegung zu der analogen Formel, so daß sich die Zinsen nach l Teiljahren von jeweils einer m-tel Länge eines Jahres einschließlich Zinseszinsen zusammen ein Endkapital von

(2.6.2) $$K_l = K_o\left(1+\frac{\hat{p}}{100}\right)^l = K_o\left(1 + \frac{p}{100m}\right)^l$$

ergeben. Falls die l Teiljahre zusammen eine Zeitspanne von n Jahren ergeben, folgt ein anderer Wert für das Kapital $K_l^{(n)}$, als er sich nach der Formel 2.3.1 ermitteln läßt:

(2.6.3) $$K_l^{(n)} = K_o\left(1 + \frac{p}{100m}\right)^{nm}$$

Wie wir später in einer vergleichenden Betrachtung noch sehen werden, ist dieser Wert größer als derjenige nach 2.3.1.

Es erhebt sich die Frage, zu welcher jährlichen nachschüssigen Verzinsung führt der relative Zinsfuß. Diesen jährlichen effektiven Zinsfuß p' kann man aus dem Ansatz

$$\left(1 + \frac{p}{100m} \right)^m = 1 + \frac{p'}{100}$$

ermitteln. Es ist demnach:

(2.6.4) $$p' = 100\left(1 + \frac{p}{100m}\right)^m - 100 \quad \text{oder}$$

$$i' = \left(1 + \frac{i}{m}\right)^m - 1$$

In der Tabelle 2.6.1 sind für einige Fälle die jährlichen effektiven Zinsfußwerte angegeben.

Bestimmung des Effektivzinses

M/P	3.0%	4.0%	5.0%	6.0%	7.0%	8.0%
1	3.0000	4.0000	5.0000	6.0000	7.0000	8.0000
2	3.0225	4.0400	5.0625	6.0900	7.1225	8.1600
4	3.0339	4.0604	5.0945	6.1364	7.1859	8.2432
12	3.0416	4.0742	5.1162	6.1678	7.2290	8.3000
360	3.0453	4.0808	5.1267	6.1831	7.2501	8.3277
∞	3.0455	4.0811	5.1271	6.1837	7.2508	8.3287

Tabelle 2.6.1: Jaehrlicher Effektivzinsfuss

Angemerkt sei, daß für die vorschüssige Verzinsung sich eine zu 2.6.3 analoge Formel ergibt:

$$i' = \left(1 - \frac{i}{m}\right)^{-m} - 1 \qquad (2.6.5)$$

Aus der Tabelle 2.6.1 erkennt man, daß mit wachsendem Wert von m bei konstantem nominalem Zinsfuß p der Wert von p' ansteigt. Die Frage nach einem Grenzwert wird in dem Abschnitt über die stetige Verzinsurg beantwortet.

Bei der bisherigen Überlegung hat sich gezeigt, daß bei einem nach 2.6.1 berechnetem relativen Zinsfuß sich ein jährlicher effektiver Zinsfuß einstellt, der höher ist als der ursprüngliche "nominaler Zinsfuß". Nur durch die Wahl eines niedrigeren "konformen Zinsfußes" $\bar{p}$ kann eine effektive Verzinsung erreicht werden, die dem nominalen Zinsfuß gleich ist.
Ist das Jahr in m Teile zerlegt, so folgt für einen Zeitraum für n Jahre einschließlich Zinseszinsen für ein Anfangskapital K_o

$$K^{(n)} = K_o\left(1 + \frac{p}{100}\right)^n = K_o\left(1 + \frac{\bar{p}}{100}\right)^{nm}$$

Für p ergibt sich dann:

$$\bar{p} = \left(\sqrt[m]{\left(1 + \frac{p}{100}\right)} - 1\right) 100 \qquad (2.6.6)$$

Zu betonen ist, daß dieser Zinsfuß sich nur auf einen Teil eines Jahres bezieht und kein Jahreszinsfuß ist.

Beispiel: Zu einem Zinsfuß von 9% p.a. gehört ein relativer Zinsfuß von 4,5% für ein Semester. Der sich so ergebende jährliche effektiven Zinsfuß ist p'=9,2o25 %. Für den konformen Semesterzins folgt $\bar{p}$=4,4o3o65%.

Des besseren Verständnis wegen soll das letzte Beispiel nochmals aufgegriffen werden. Bei einer Laufzeit von 2 Jahren oder 4 Semestern ergibt sich bei einem Anfangskapital von 1.ooo WE folgendes Endkapital:

Bei einem Jahreszins von 9% oder einem Semesterzins von 4,4o3o65% folgt

$$K_2 = 1.000 \cdot 1{,}09^2 = 1.000 \cdot 1{,}04403065^4 = 1.188{,}10 \text{ WE}$$

Bei einem Semesterzins von 4,5% oder einem Jahreszins von 9,2o25% ergibt sich:

$$K_2^{(2)} = 1.000 \cdot 1{,}092025^2 = 1.000 \cdot 1{,}045^4 = 1.192{,}52 \text{ WE}$$

2.7 Stetige (oder natürliche) Verzinsung

Bei der stetigen Verzinsung geht man von der Vorstellung aus, daß die Zinsperiode beliebig klein wird. Dadurch wächst im Grenzfall, anschaulich gesprochen, das Kapital in jedem Augenblick um die Zinsen an. Die zugehörige mathematische Betrachtung zeigt, daß das Kapital dabei nicht unendlich groß wird.

Die Anwendung der stetigen Verzinsung bietet den Vorteil, daß nicht zwischen dekursiver und antizipativer Verzinsung unterschieden werden muß.
Ferner fallen die Probleme der unterjährigen Verzinsung bei der Verwendung der Formeln für die stetige Verzinsung weg.
Erwähnt sei noch, daß die stetige Verzinsung für die Beschreibung des natürlichen Wachstums in der Biologie eine Rolle spielt, beispielsweise bei der Vermehrung von Bakterien usw.
Zur Herleitung der Zinseszinsformel der stetigen Verzinsung wird eine Grenzwertbetrachtung durchgeführt. Dabei wird von der Formel 2.6.3 ausgegangen und der Grenzwert für wachsende Werte von m ermittelt. Man erhält:

$$K_\infty^{(n)} = \lim_{m\to\infty} \left(K_0 \left(1+ \frac{p}{100m}\right)^{mn}\right) = K_0 \lim_{x\to\infty} \left(1+ \frac{1}{x}\right)^{x \frac{pn}{100}} \qquad \text{mit } x = \frac{100\, m}{p}$$

$$= K_0 \left(\lim_{x\to\infty} \left(1+ \frac{1}{x}\right)^{x}\right)^{\frac{p \cdot n}{100}} = K_0\, e^{\frac{p \cdot n}{100}} = K_0 e^{in}$$

Geht man übrigens von der entsprechenden Formel 2.4.3 für die vorschüssige Verzinsung aus, so ändert sich das Ergebnis nicht.

wobei e die Basis der natürlichen Logarithmen ist: $e \approx 2{,}718282\ldots$

$$(2.7.1) \qquad K_{\infty}^{(n)} = K_o\, e^{in}.$$

Die Tabelle 2.6.1 zeigt in der letzten Zeile für verschiedene Zinsfußwerte p den Grenzwert für den jährlichen Effektivzins p', der sich im Fall $m \rightarrow \infty$ an Hand der Formel 2.6.3, also im Fall der stetigen Verzinsung ergibt. Es ist nämlich im Grenzfall die Formel 2.6.3 durch die folgende Beziehung zu ersetzen:

$$(2.7.2) \qquad p' = 100\,(e^{\frac{p}{100}} - 1)$$

oder

$$(2.7.3) \qquad i' = e^{i} - 1$$

In diesen beiden letzten Ausdrücken bezieht sich p' bzw. i' auf eine dekursive Ersatzverzinsung. Durch eine Potenzreihenentwicklung läßt sich leicht nachweisen $e^{i} \geq 1+i'$, so daß aus 2.7.3 folgt $i' \geq i$. Die stetige Verzinsung liefert bei gleichem Zinssatz und gleicher Laufzeit einen höheren Wert für das Kapital. Selbstverständlich kann auch zu einem vorgegebenem Wert i' für eine dekursive Verzinsung der Wert i bestimmt werden. Es ist

$$(2.7.4) \qquad i = \ln(i'+1)$$

In dieser Formel wird die nachschüssige Verzinsung i' gleichmäßig auf eine Zinsperiode verteilt. Man bezeichnet deshalb oft den Wert von i, nach 2.7.4 berechnet, als Zinsintensität.

Wie bereits angedeutet, sind die Überlegungen analog, wenn man statt mit den Formeln für die nachschüssige Verzinsung diejenigen für die vorschüssige Verzinsung verwendet, da folgendes gilt:

$$\lim_{x \to \infty} \left(1 + \frac{1}{x}\right)^{x} = \lim_{x \to \infty} \left(1 - \frac{1}{x}\right)^{-x} = e$$

Während die in den voranstehenden Kapiteln hergeleiteten Zinseszinsformeln Sprungfunktionen darstellen, die zum Zeitpunkt der Zinszahlung Sprungstellen aufweisen und somit unstetig sind, gilt die Formel 2.7.1 für die stetige Verzinsung für beliebige, auch gebrochene Werte von n und weist keine Sprungstellen auf. Derartige Funktionen haben den Vorteil für eine Reihe von weitergehenden Betrachtungen, insbesondere in der Wirtschaftstheorie wie beispielsweise bei der Investitionsrechnung, wegen ihrer möglichen Differenzierbarkeit leichter benutzbar zu sein. Aber auch in der Praxis wird diese Formel angewandt wie z.B. bei der Bestimmung der unteren Grenze für eine jährliche Durchchnittsrentabilität oder bei der Ermittlung einer jährlichen Abschreibungsintensität bei der Buchwertabschreibung.

2.8 Vergleich der verschiedenen Verzinsungsarten

In der Abbildung 2.8.1 sind für die verschiedenen Verzinsungsarten die Endbeträge des Kapitals gegenüber der Zeit aufgetragen.

Während bei der linearen Verzinsung eine Gerade als lineare Funktion der Zeit n den Zusammenhang zwischen K_n und n beschreibt, sind im Falle der antizipativen und dekursiven Verzinsung Sprungfunktionen erforderlich. Zum Zeitpunkt der Kapitalisierung der Zinsen steigt das Kapital nämlich sprunghaft an. Die jeweils neuen Kapitalbeträge liegen auf einer Exponentialfunktion (s. Abschnitt 2.13):

$$K_n = K_o \cdot a^n$$

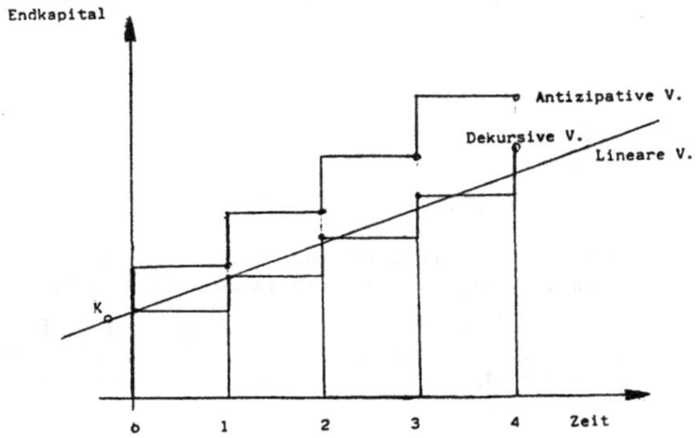

Abb. 2.8.1: Vergleich der Verzinsungsarten

Zum Zwecke eines Vergleichs empfiehlt es sich, für die jeweilige Exponentialfunktion eine Reihenentwicklung an der Stelle i=o durchzuführen (s. Abschnitt 1.5).

Für die dekursive Verzinsung ergibt sich dann:

$$(2.8.1) \qquad \overset{d}{K_n} = K_o\left(1 + in + \frac{(n-1)n}{2}\, i^2 + \frac{(n-2)(n-1)n}{6}\, i^3 + \ldots\right)$$

Für die antizipative Verzinsung folgt ähnlich:

$$(2.8.2) \qquad K_n^v = K_o\left(1 + in + \frac{(n+1)n}{2}\, i^2 + \frac{(n+2)(n+1)n}{6}\, i^3 + \ldots.\right)$$

Im Falle der stetigen Verzinsung erhält man:

$$\overset{s}{K_n} = K_o\left(1 + in + \frac{n^2}{2}\, i^2 + \frac{n^3}{6}\, i^3 + \ldots.\right)$$

Da für die lineare Verzinsung gilt:

$$K_n^l = K_o(1 + in),$$

sieht man unmittelbar für $n \leq o$:

$$K_n^l \leq K_n^d \leq K_n^s \leq K_n^a$$

Die Formeln 2.8.1 und 2.8.2 kann man auch für die unterjährige Verzinsung verwenden, wenn i durch i/n und n durch nm ersetzt wird. Man erhält für die unterjährige nachschüssige Verzinsung:

$$K_n^{d,u} = K_0\left(1 + in + \frac{(n-\frac{1}{m})n}{2}\, i^2 + \frac{(n-\frac{2}{m})(n-\frac{1}{m})n}{6}\, i^3 + \ldots\right)$$

Entsprechend lautet die Beziehung für die unterjährige vorschüssige Verzinsung:

$$K_n^{a,u} = K_0\left(1 + in + \frac{(n+\frac{1}{m})n}{2}\, i^2 + \frac{(n+\frac{2}{m})(n+\frac{1}{m})n}{6}\, i^3 + \ldots\right)$$

Ein unmittelbarer Vergleich liefert die Relation:

$$K_n^l \leq K_n^d \leq K_n^{d,u} \leq K_n^s \leq K_n^{a,u} \leq K_n^a$$

2.9 Diskontieren

Das Diskontieren gehört zu den wichtigen Bankgeschäften. Dabei reichen die Kunden Wechsel ein, die diskontiert werden, wobei es zu einem Abzug von der Wechselsumme, dem Diskontabzug, kommt. Daneben werden event. noch Spesen und Provisionen berechnet. Der Diskontabzug richtet sich nach dem Diskontsatz, den die jeweilige Geschäftsbank angesetzt hat. Dieser wiederum wird durch den Diskontsatz der Notenbank beeinflußt, zu dem die Geschäftsbanken die eingenommenen Wechsel ihrerseits rediskontieren können. Die Nationalbank kann also über ihren Diskontsatz den Kreditzinsfuß und Geldumlauf beeinflussen, weshalb dieser Diskontsatz zu den wichtigen Kenngrößen des Finanzmarktes gehört.

Kaufmännisches Diskontieren: Das "Kaufmännische Diskontieren vom Hundert" wird in der Praxis im gewöhnlichen Bankgeschäft angewandt. Es beruht auf der linearen Verzinsung und ist bei kurzen Laufzeiten des Wechsels für die Praxis ausreichend genau. Die Wechselsumme K_n wird zum Zeitpunkt des Einreichens des Wechsels mit dem Barwert K_o bewertet. Die lineare Verzinsung liefert folgende Beziehung, die einen Diskontabzug berücksichtigt, der propotional zum Diskontierungszeitraum n ist:

(2.9.1) $$K_o = K_n(1 - in)$$

Der Diskontabzug beträgt bei diesem Verfahren $D_n = K_n \cdot in$. Da er am Anfang der Verzinsungsperiode fällig wird und er sich in der Höhe nach dem Kapitalwert am Ende der Verzinsungsperiode richtet, liegt ein Fall von antizipativer Verzinsung vor.

Bürgerliche (amtliche) Diskontierung: Auch dieses Verfahren geht von der linearen Verzinsung aus. Der Ansatz verwendet unmittelbar die Formel 2.2.1:

(2.9.2) $$K_n = K_o(1+in) \quad \text{oder} \quad K_o = K_n \frac{1}{1+in}$$

Die Formel für K_o ist als Hoffmannsche Formel bekannt. Sie führt zum Diskontabzug $D_n = K_n - K_o = K_o in$, der sich vom Diskontabzug nach 2.9.1 (Kaufmännisches Diskontieren) unterscheidet, und zwar ist er geringer als derjenige nach 2.9.1, da als Proportionalitätsfaktor K_o auftritt, das kleiner als K_n ist. Die Formel 2.9.1 kann als lineare Näherung der Hoffmannschen Formel aufgefaßt werden, wenn man die Hoffmannsche Formel in eine Binomialreihe entwickelt (s. 1.5.3):

$$K_o = K_n(1 - in + i^2n^2 - i^3n^3 \pm \ldots)$$

Die ersten beiden Glieder stellen nämlich die Formel 2.9.1 dar.

Diskontieren mittels Zinseszinsen: Bei längeren Diskontierungszeiträumen und hohen Zinsfüßen werden die beiden bisher beschriebenen Verfahren ungenau, da die lineare Verzinsung den Zeitverlauf nur unzureichend beschreibt. Das theoretisc Grundmodell liefert dann die Formel

(2.9.3) $$K_n = K_o(1+i)^n \quad \text{oder} \quad K_o = \frac{K_n}{(1+i)^n}$$

Dabei ist von der in der Bankenpraxis oft angewandten nachschüssigen Verzinsung (2.3.1) ausgegangen.

Beispiel: Ein Wechsel in Höhe von 2o.ooo WE wird 6 Monate vor Fälligkeit diskontiert. Der Diskontsatz beträgt 4%. Spesen und dgl. sollen bei der Bestimmung des Auszahlungsbetrages unberücksichtigt bleiben.

Lösung: a) Kaufmännisches Diskontieren: Für n=o,5 und i=o,o4 folgt bei K_n=2o.ooo ein Wert K_o= 19.6oo WE.

b) Bürgerliches Diskontieren: Die Formel 2.9.2 liefert für die vorstehenden Werte den Betrag K_o=19.6o7,84 WE.

c) Diskontieren mit Zinseszinsen nach Formel 2.9.3 führt zu dem Wert K_o=19.611,61 WE.

Wie die Beispiele zeigen, ist der Auszahlungsbetrag von der Wahl des Verfahrens abhängig. In der Praxis haben sich die Verfahren des bürgerlichen und des kaufmännischen Diskontierens durchgesetzt. In jedem Fall ist, wie bei einer antizipativen Verzinsung üblich, der Auszahlungsbetrag niedriger als die Wechselsumme. Die Abbildung 2.9.1 zeigt den Verlauf des Auszahlungsbetrags in Abhängigkeit der Laufzeit bei den drei Berechnungsverfahren. Dabei ist die Wechselsumme und der Zinsfuß gleich gewählt.

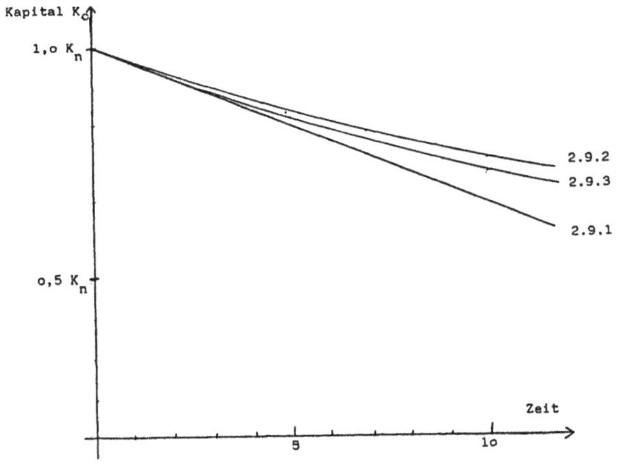

Abb. 2.9.1: Vergleich der Diskontierungsverfahren

2.10 Abschreibung

In der Buchhaltung werden für die Bewertung von Objekten verschiedene Methoden verwendet. Wichtig ist nämlich die Beurteilung des Restwertes einer Maschine, eines Autos oder allgemeiner formuliert eines Objekts, das auf Grund seines Gebrauchs an Wert verliert. Dabei ist die technische Lebensdauer, welche durch den Einsatz des Objekts im Gebrauch bestimmt ist, von der wirtschaftlichen Lebensdauer zu unterscheiden. Diese wird durch den wirtschaftlichen zweckmäßigen Einsatz festgelegt. Dabei ist in der Regel die wirtschaftliche Lebensdauer niedriger als die technische. Die Abschreibung, die normalerweise jährlich vorgenommen wird, soll zu einer Verteilung der Anschaffungs- oder Herstellungskosten eines abnutzbaren Wirtschaftsgutes auf die Zeit der Nutzung führen. Dabei ist eine Abschreibung nach der Zeit (Zeitabschreibung) oder nach der Nutzung (Leistungsabschreibung) möglich. Da die Beurteilung der Abnutzung eines Gebrauchsobjekts oft nicht so einfach ist, wird meistens die Zeitabschreibung bevorzugt.

Bezeichnet man die Anschaffungs- bzw. Herstellungskosten mit A, die wirtschaftliche Nutzungsdauer mit n und den Restwert am Ende der Nutzungsdauer als Schrottwert mit S, so ist also eine Zahlenfolge R_j so gesucht, daß $R_o=A$ und $R_n=S$ ist. Man unterscheidet verschiedene Abschreibungsarten:

lineare Abschreibung,
geometrisch degressive Abschreibung und
arithmetisch degressive Abschreibung.

Diese Arten führen zu verschiedenen Restwerten bzw. Buchwerten in den einzelnene Jahren.

2.1o.1 Lineare Abschreibung

Bei der linearen Abschreibung ist die Veränderung des Wertes des Objekts, die Abschreibungsrate, für jedes Jahr gleich groß. Der Restwert ändert sich deshalb linear mit der Zeit. Die Abschreibungsrate Q_j für das j-te Jahr beträgt demnach

$$(2.1o.1) \qquad Q = Q_j = \frac{A - S}{n}$$

Daraus folgt sofort der Buchwert für das Ende des j-ten Jahres:

$$(2.1o.2) \qquad R_j = A - j\,Q = A - \frac{A - S}{n}\,j = A(1 - \frac{j}{n}) + \frac{j}{n}S$$

Man sieht leicht, daß für das letzte Jahr (j=n) sich der Schrottwert S als Buchwert einstellt. Für den Fall, daß das Objekt voll abgeschrieben ist, d.h. S=o ist R_n=o. Die Abschreibungsrate gemessen an den Anschaffungskosten A nennt man den Prozentsatz der jährlichen Abschreibung. Er ist also:

$$(2.1o.3) \qquad p = \frac{Q}{A}\,1oo = \frac{A-S}{A}\,\frac{1oo}{n} = (1 - \frac{S}{A})\,\frac{1oo}{n}$$

Auf Grund der Abschreibungsrate kann man einen Abschreibungsplan aufstellen, der den Restwert am Anfang und am Ende eines jeden Jahres, sowie die Abschreibungsrate enthält.

Beispiel: Ein PKW mit einem Anschaffungspreis von 25.ooo WE hat eine wirtschaftliche Lebensdauer von 5 Jahren. Als Wiederkaufswert wird 3.5oo WE angesetzt. Wie hoch ist die Abschreibungsrate bei linearer Abschreibung? Wie groß ist der Buchwert am Ende des 3. Jahres?

Lösung: Verwendet man die oben eingeführte Bezeichnung ist A=25.ooo WE, S=3.5oo WE und n= 5 Jahre zu setzen. Die Formel 2.1o.1 liefert für Q=(25.ooo-3.5oo):5 = 4.3oo WE als Abschreibungsrate für die wirtschaftliche Nutzungsdauer. Der Restwert am Ende des 3. Jahres folgt für j=3 zu R_3=25.ooo(1-o,6)+o,6·3.5oo = 12.1oo WE. Der Abschreibungsprozentsatz P hat übrigens der Wert p=4.3oo:25.ooo·1oo = 17,2 %.

Die Tabelle 2.1o.1 gibt für das erwähnte Beispiel einen Abschreibungsplan an, in dem für jedes Jahr der jeweilige Restwert und die Abschreibungsrate festzuhalten ist. Anzumerken ist noch, daß in dem Beispiel von einer Anschaffung in der ersten Jahreshälfte ausgegangen worden, da sonst im ersten Kalenderjahr nur die Hälfte der Abschreibungsrate einzusetzen wäre.
Die Abbildung 2.1o.1 gibt den Abschreibungsplan in graphischer Form wieder. Wegen des linearen Verlaufs des Restwertes hat diese Abschreibungsart ihren Namen erhalten. Dadurch wird auch die Verbindung zur linearen Verzinsung geknüpft.

Jahr	Buchwert am Jahresanfang	Abschreibungsrate
1	25.ooo WE	4.3oo WE
2	2o.7oo WE	4.3oo WE
3	16.4oo WE	4.3oo WE
4	12.1oo WE	4.3oo WE
5	7.8oo WE	4.3oo WE
6	3.5oo WE	

Tabelle 2.1o.1: Abschreibungsplan

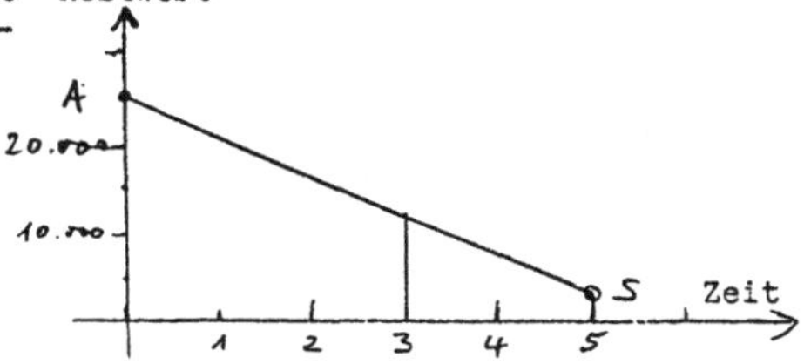

Abb. 2.1o.1: Graphische Darstellung des Abschreibungsplans 2.1o.1

2.1o.2 Geometrisch degressive Abschreibung

Nicht bei allen Wirtschaftsobjekten ist die lineare Abschreibung geeignet, einen realistischen Buchwert zu erhalten. Manche Objekte verlieren in den ersten Betriebsjahren stärker an Wert, während in den späteren Jahren der Wertverlust nachläßt. Dafür steigen oft die Reparaturkosten an. Um in derartigen Fällen die Wertminderung einigermaßen sinnvoll zu beschreiben, wendet man die geometrisch degressive Abschreibung an.
Bei der geometrisch degressiven Abschreibung wird die Abschreibungsrate aus dem Buchwert des abgelaufenen Jahres mittels eines konstanten Abschreibungsprozentsatzes ermittelt. Damit ist die Abschreibungsrate Q_j im j-ten Jahr aus dem Buchwert R_{j-1} des Vorjahres folgendermaße zu errechnen:

$$(2.1o.4) \qquad Q_j = \frac{p}{1oo} R_{j-1}$$

Somit folgt für den Buchwert R_j am Ende des j-ten Jahres:

(2.1o.5) $R_j = R_{j-1} - Q_j = R_{j-1} - \frac{p}{100} R_{j-1}$

$= R_{j-1}(1 - \frac{p}{100}) = R_{j-1}(1-i)$

Darin ist $i = \frac{p}{100}$ wie bei den Formeln zur Zinseszinsrechnung gewählt. Aus der Formel 2.1o.5 folgt in Verbindung mit der Beziehung 1.2.1, daß die Restwerte R_j eine geometrische Zahlenfolge bilden. Da der Faktor 1-i kleiner als 1 ist, handelt es sich um eine abnehmende geometrische Folge. Daraus leitet sich die Bezeichnung dieser Abschreibungsart her. Aus 1.2.1 folgt weiterhin:

(2.1o.6) $R_j = A(1-i)^j$

denn A ist der Anschaffungswert zum Zeitpunkt o. Damit ist die Abschreibungsrate unmittelbar zu

(2.1o.7) $Q_j = A(1-i)^{j-1} i$

bestimmbar. Als weitere Folge aus 2.1o.6 ergibt sich, daß der Restwert niemals auf Null sinkt. In der Praxis wird im Falle, daß der Restwert unter einen bestimmten Wert sinkt, der Restwert mit einem "Erinnerungswert" konstant weitergeführt.

Die Beziehung 2.1o.6 kann ferner dazu benutzt werden, um bei bekanntem Anschaffungswert und bekanntem Restwert R_n zum Zeitpunkt n den Abschreibungsprozentsatz zu ermitteln. Dazu wird 2.1o.6 nach j aufgelöst, und die Werte eingesetzt:

$$(1-i)^n = \frac{R_n}{A}$$

oder durch Radizieren

(2.1o.8) $i = 1 - \sqrt[n]{\frac{R_n}{A}}$ oder $p = 100(1 - \sqrt[n]{\frac{R_n}{A}})$

Beispiel: Wie im Beispiel aus dem Abschnitt 2.1o.1 ist eine Maschine mit starkem Wertverlust in den ersten Jahren zu einem Preis von 25.ooo WE angeschafft worden, die nach 5 Jahren einen Wiederverkaufswert von 3.5oo WE erwarten läßt. Wie hoch sind in dieser Zeit die Abschreibungsraten? Wie groß ist der Abschreibungssatz zu wählen? Wie hoch ist der Restwert am Ende des 3. Jahres?

Lösung: Nach 2.1o.8 ist für n=5 Jahre, A=25.ooo WE und R_5=3.5oo WE $p = 100(1 - \sqrt[5]{\frac{3.500}{25.000}}) = 32{,}5121$ % oder i=o,3251. Damit ergibt sich aus 2.1o.6 der Restwert $R_3 = 25.000(1-0{,}3251)^3 = 7.684{,}52$ WE. Die Abschreibungsraten sind in der Tabelle 2.1o.2 zusammengestellt. (Für die Praxis sei angemerkt, daß wegen der Rundung auf z.B. zwei Nachkommastellen bei den Währungsbeträgen kleine Abweichungen gegenüber der theoretischen Rechnung auftreten.)

Jahr	Buchwert am Jahresanfang	Abschreibungs- rate
1	25.000,00 WE	8.128,04 WE
2	16.871,96 WE	5.485,44 WE
3	11.386,53 WE	3.702,00 WE
4	7.684,52 WE	2.498,40 WE
5	5.186,12 WE	1.686,12 WE
6	3.500,00 WE	

Tabelle 2.1o.2: Abschreibungsplan (geomet. degressiv)

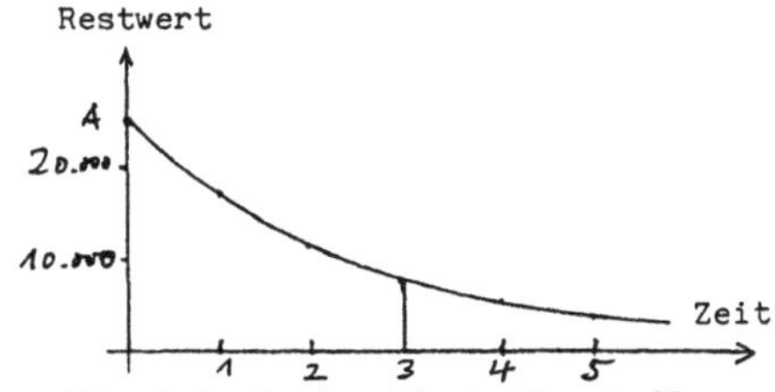

Abb. 2.1o.2: Graphische Darstellung des Abschreibungsplans 2.1o.2

Die Abbildung 2.1o.2 zeigt im Vergleich zur Abbildung 2.1o.1 deutlich einen überproportionalen Abfall des Buchwertes in den ersten Nutzungsjahren. Ferner wird sichtbar, daß der Buchwert zwar stets abnimmt, jedoch den Wert Null nicht erreicht. In der Praxis tritt dieses Problem meistens jedoch nicht auf, da oft ein Übergang von der geometrisch degressiven zur linearen Abschreibung erfolgt. Dieser Übergang wird in dem Jahr vorgenommen, in dem die geometrisch degressive Abschreibungsrate unter die lineare Abschreibungsrate sinkt, die sich für den Restwert und die restliche Nutzungsdauer ergibt. Dabei ist es wichtig zu wissen, in welchem Jahr tritt dieser Fall ein.

2.1o.3 Übergang von der geometrisch degressiven zur linearen Abschreibung

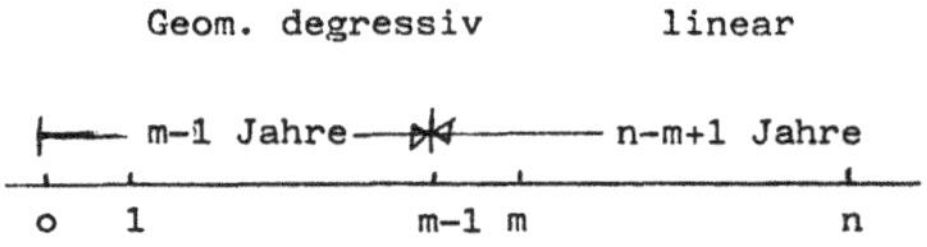

Abb. 2.1o.3: Übergang von der geometrisch degressiven zur linearen Abschreibung

Setzt man die gesamte Nutzungsdauer mit n Jahren und die Zeit der geometrisch degressiven Abschreibung mit m-1 Jahren an, so verbleiben n-m+1 Jahre für die lineare Abschreibung. Der Wert von m wird nun so bestimmt, daß die Abschreibungsrate für die geometrisch degressive Abschreibung im m-ten Jahr

$$Q_m^d = A(1-i)^{m-1} i$$

kleiner ist als die Abschreibungsrate für die lineare Abschreibung für die restliche Nutzungsdauer von n-m+1 jahren, wobei in 2.1o.1 für A der Restwert der geometrisch degressiven Abschreibung einzusetzen ist. Somit ist

$$Q^l = \frac{R_{m-1} - S}{n-m+1} = \frac{A(1-i)^{m-1} - S}{n-m+1}$$

Der Wert für m läßt sich aus der Bedingung

$$Q_m^d \leq Q^1$$

bestimmen. Setzt man die beiden Werte in diese Ungleichung ein, so folgt nach einer Multiplikation mit n-m+1

$$A(1-i)^{m-1}i(n-m+1) \leq A(1-i)^{m-1} - S$$

oder

$$A(1-i)^{m-1}(1-i(n-m+1)) \geq S$$

Diese Ungleichung läßt sich allgemein nicht nach m auflösen. Näherungsverfahren führen zu einer Lösung. Im Fall einer Vollabschreibung (d.h. S=o) ergibt sich unmittelbar:

$$1 \geq i(n-m+1) \quad \text{oder} \quad n-m+1 \leq \frac{1}{i}$$

Somit folgt in diesem Fall

$$\text{(2.1o.9)} \qquad m \geq n+1 - \frac{1}{i}$$

Allgemein läßt sich zu dem Problem des Übergangs von einer Abschreibungsart zur linearen Abschreibung sagen, daß oft durch gesetzliche Regelungen wie z.B. das Einkommensteuergesetz (§7) in der Bundesrepublik Deutschland Einschränkungen festgelegt sind. So darf dort der geometrisch degressive Abschreibungsprozentsatz nicht höher als das Zweieinhalbfache des linearen Abschreibungsprozentsatzes und nicht höher als 25 % sein. Die zugehörigen Berechnungen werden heutzutage mittels Rechenanlagen durchgeführt, so daß durch entsprechende logische Entscheidungen im Rechnenprogramm der Abschreibungsprozentsatz ermittelt werden kann. Darüberhinaus wird auch das Jahr des Übergangs von der geometrisch degressiven zur linearen Abschreibung in einem Anwendungsprogramm ermittelt, so daß die Beziehung 2.1o.9 eher in einer Handrechnung benutzt wird. *)

In der Tabelle 2.1o.3 sind die Abschreibungsprozentsätze für verschiedene Nutzungszeiten und die beiden Abschreibungsarten bei Vollabschreibung aufgeführt.

Nutzungsdauer	Abschreibungsprozentsatz linear	geom. degressiv (maximal)
3	33,33%	25,oo%
4	25,oo%	25,oo%
5	2o,oo%	25,oo%
8	12,5o%	25,oo%
1o	1o,oo%	25,oo%
12	8,33%	2o,83%
15	6,67%	16,67%
2o	5,oo%	12,5o%

Tabelle 2.1o.3: Vergleich der Abschreibungsprozentsätze

Beispiel: Eine Maschine mit erhöhter Abnutzung in den ersten Jahren soll in 5 Jahren so abgeschrieben werden, daß ihr Schrottwert 3.5oo WE beträgt, während ihr Anschaffungswert 25.ooo WE hoch ist. Dabei soll ein Übergang von der geometrisch degressiven zur linearen Abschreibung erfolgen. Die oben erwähnte gesetzliche Regelung ist zu berücksichtigen.

Anm.: *) Teilweise ist ein Satz von 3o% bzw. das 3-Fache gültig.

Lösung: Dieses Beispiel bezieht sich auf diejenigen aus den Abschnitten 2.1o.1 und 2.1o.2, wobei in sämtlichen Fällen keine Vollabschreibung vorliegt. Der lineare Abschreibungssatz liegt nach 2.1o.1 bei 17,2o%. Damit ist für die geometrisch degressive Abschreibung ein Satz von 25% zulässig. In der Tabelle 2.1o.4 ist ein Abschreibungsplan für diesen Fall angegeben. Darin sind die Abschreibungsraten für beide Abschreibungsarten angegeben. Das Zeichen "x" markiert die gewählte Art. Man sieht sofort, daß der Übergang von der linearen zur geometrisch degressiven Abschreibung im dritten Jahr erfolgt.

Jahr	Buchwert am Jahresanfang	Abschreibungsrate linear	Abschreibungsrate geo. degressiv
1	25.ooo,oo WE	4.3oo,oo WE	6.25o,oo WE x
2	18.75o,oo WE	3.812,5o WE	4.687,5o WE x
3	14.o62,5o WE	3.52o,83 WE x	3.515,63 WE
4	1o.541,67 WE	3.52o,83 WE x	2.635,42 WE
5	7.o2o,83 WE	3.52o,83 WE x	1.755,21 WE
6	3.5oo,oo WE		

Tabelle 2.1o.4: Übergang von linearer zur geometrisch degressiven Abschreibung

In der Abbildung 2.1o.3 ist der Abschreibungsplan graphisch dargestellt. Man sieht neben der linearen Gesamtabschreibungsgeraden die geometrisch degressive Kurve und die Gerade für die lineare Restabschreibung.

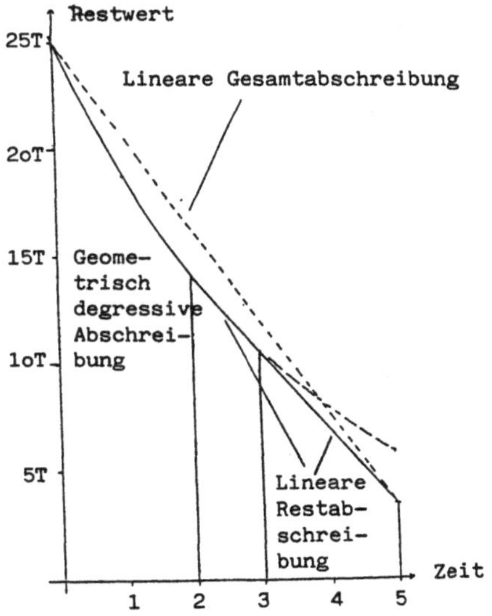

Abb. 2.1o.3: Graphische Darstellung des Abschreibungsplans 2.1o.4

Neben den beiden bisher behandelten Abschreibunsarten wird in der Praxis noch eine weitere Art verwendet. Es handelt sich um die arithmetisch degressive oder digitale Abschreibung. Auf diese soll im folgenden eingegangen werden.

2.1o.4 Arithmetisch degressive oder digitale Abschreibung

Wie die Bezeichnung andeutet, ändert sich die Abschreibungsrate nach einer arithmetischen Gesetzmäßigkeit, und zwar nimmt sie ab. Ähnlich wie bei der geometrisch degressiven Abschreibung gilt für die Abschreibungsrate Q_j im j-ten Jahr:

$$(2.1o.1o) \qquad Q_j = Q_1 - (j-1)d$$

Darin gibt d die jährliche Abnahme der Abschreibung an. Wendet man 1.1.2 an, um die Summe sämtlicher Abschreibungsraten zu bilden, so erhält man die Differenz zwischen den Anschaffungskosten und dem Schrottwert für die wirtschaftliche Nutzungsdauer **n**:

$$A - S = \qquad Q_j = \frac{n}{2}(2Q_1-(n-1)d)$$

Da die (n+1)-te Abschreibungsrate Q_{n+1} gleich Null ist, folgt ferner die Beziehung:

$$Q_{n+1} = Q_1 - nd = o \quad \text{oder} \quad Q_1 = nd$$

Setzt man dieses Ergebnis unmittelbar ein, ergibt sich die Differenz

$$A - S = \frac{n}{2}(2nd - nd + d) = \frac{nd}{2}(n+1) = \frac{Q_1}{2}(n+1)$$

Löst man diese Beziehung nach Q_1 auf, läßt sich diese Größe bestimmen.

$$(2.1o.11) \qquad Q_1 = \frac{2(A - S)}{n+1}$$

Für d folgt:

$$(2.1o.12) \qquad d = \frac{2(A - S)}{n(n+1)}$$

Beispiel: Es ist für das Beispiel aus 2.1o.1 bei digitaler Abschreibung ein **Abschreibungsplan zu erstellen.**

Jahr	Buchwert am Jahresanfang	Abschreibungsrate
1	25.ooo,oo WE	7.166,67 WE
2	17.833,33 WE	5.733,33 WE
3	12.1oo,oo WE	4.3oo,oo WE
4	7.8oo,oo WE	2.866,67 WE
5	4.933,33 WE	1.433,33 WE
6	3.5oo,oo WE	

Tabelle 2.1o.5: Abschreibungsplan für arithmetisch degressive Abschreibung

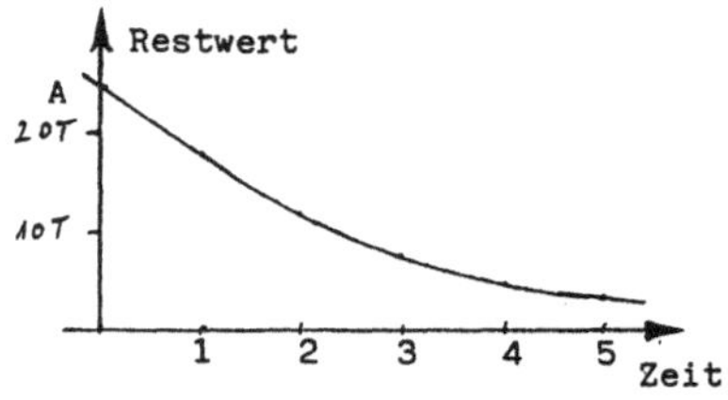

Abb. 2.1o.4: Graphische Darstellung der Tabelle 2.1o.3

Wie aus dem obigen Beispiel zu entnehmen ist, ergibt sich bei der digitalen Abschreibung eine ungünstigere Abschreibung als bei der geometrisch degressiven in reiner Form (s. Abschnitt 2.1o.2). Sie ist jedoch höher als diejenige mit einer Beschränkung nach Abschnitt 2.1o.3. Für den praktischen Gebrauch gibt es deshalb in der Bundesrepublik Deutschland eine Beschränkung für die digitale Abschreibung. Es ist nämlich zu beachten, daß die Abschreibung im ersten Jahr und in der Summe der ersten drei Jahre nicht diejenige nach 2.1o.2, also die geometrisch degressive Abschreibung mit Beschränkung übersteigt.

Dabei ist jedoch ein Übergang auf die lineare Abschreibung auf den Restwert möglich. Dieses wird in der Praxis genutzt, wenn die arithmetisch degressive Abschreibung niedrigere Abschreibungsraten liefert. Wegen der Beschränkung bei der geometrisch degressiven Abschreibung gibt es zwei Grundfälle, und zwar je nachdem, ob der Grenzabschreibungssatz zu wählen ist oder nicht. Im folgenden soll das vorstehende Beispiels für diesen Fall nochmals aufgegriffen werden, um die grundsätzlichen Überlegungen zum praktischen Gebrauch deutlich zu machen.
Da im ersten Jahr bei der geometrisch degressiven Abschreibung die Abschreibungsrate 6.25o,oo WE beträgt, muß für die digitale Abschreibung im ersten Jahr gelten:

(2.1o.13) $Q_1 \leq 6.250{,}00$

Die Summe in den ersten drei Jahren beträgt 6.25o,oo + 4.687,5o + 3.515,63 = 14.453,13 WE bei der geometrisch degressiven Abschreibung. Für die digitale Abschreibung ergibt sich für die ersten drei Jahre somit:

(2.1o.14) $Q_1+Q_2+Q_3 = Q_1+(Q_1-d)+(Q_1-2d) = 3Q_1-3d \leq 14.453{,}13$

Die Bedingungen legen Q_1 und d nicht eindeutig fest, da es sich um Ungleichungen handelt. Als weitere Forderung wird in der Praxis gerne gewählt, die Abschreibung möglichst frühzeitig durchzuführen. Daraus folgt der Wert für Q_1=6.25o,oo aus 2.1o.13 und danach aus 2.1o.14 für d=1.432,29. In der Tabelle 2.1o.6 ist der zugehörige Abschreibungsplan einschließlich des Überganges zur linearen Abschreibung angegeben. Die graphische Darstellung für diesen Fall ergibt ein ähnliches Bild wie das aus der Abbildung 2.1o.3. Deshalb wird darauf verzichtet, eine Darstellung anzugeben.

Jahr	Buchwert am Jahresanfang	Abschreibungsrate linear	Abschreibungsrate digital
1	25.000,oo WE	4.3oo,oo WE	6.25o,oo WE x
2	18.75o,oo WE	3.812,5o WE	4.817,71 WE x
3	13.932,29 WE	3.477,43 WE x	3.385,42 WE
4	1o.454,86 WE	3.477,43 WE x	1.953,13 WE
5	6.977,43 WE	3.477,43 WE x	52o,84 WE
6	3.5oo,oo WE		

Tabelle 2.1o.6: Abschreibung für die digitale Abschreibung mit Übergang zur linearen.

2.11 Gemischte Verzinsung

Eine besondere Situation tritt bei der Verzinsung auf, wenn die Zinsperioden sich nicht mit der Laufzeit decken. In diesem Fall ist für die Teilzeiten innerhalb einer Zinsperiode eine lineare Verzinsung anzusetzen, während für die vollen Zinsperioden die nachschüssige oder vorschüssige Verzinsungsformel verwendet werden kann. Im folgenden soll nur der Fall der nachschüssigen Verzinsung behandelt werden. Die Abbildung 2.11.1 stellt die Fragestellung allgemein dar.

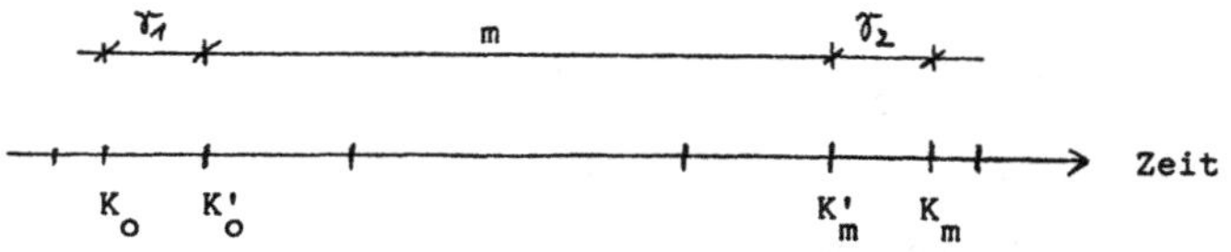

Abb. 2.11.1: Aufgliederung eines Verzinsungzeitraums in zwei unterjährige und eine ganzjährigen Zeitraum

Dabei wird die Gesamtzeit der Verzinsung wegen des jährlichen Verrechnunsmodus in jeweils einen unterjährigen Verzinsunszeitraum am Anfang und am Ende der Verzinsung, sowie in mehrere ganzjährige Zeiträume aufgegliedert. Die Gesamtzeit n kann also zerlegt werden:

$$n = \gamma_1 + m + \gamma_2 \qquad (2.11.1)$$

Die Werte γ_1 und γ_2 gegen also den entsprechenden Jahresanteil wieder und liegen zwischen o und 1.

Im ersten Zeitabschnitt wird das Kapital K_o linear verzinst, so daß sich nach der Kapitalisierung der Zinsen ein Betrag K'_o angesammelt hat:

$$K'_o = K_o(1+i\gamma_1)$$

Dieser Betrag wird anschließend m Jahre lang gemäß der Zinseszinsformel 2.2.1 aufgezinst, was zu

$$K'_m = K'_o\ (1+i)^m = K_o(1+i\gamma_1)(1+i)^m$$

führt.

Im letzten - unterjährigen - Zeitabschnitt wird wiederum linear verzinst, so daß der Endwert K_n den folgenden Wert hat:

$$K_n = K_o(1+i\gamma_1)(1+i)^m(1+i\gamma_2) \qquad (2.11.2)$$

Bei vielen Anwendungsfällen tritt oft die Frage auf, ob im Falle $\gamma_1 + \gamma_2 > 1$ diese Summe nicht um 1 vermindert und dafür m um 1 erhöht werden kann. Die

Antwort auf diese Frage hängt wesentlich von dem zu lösenden Problem ab. Durch vertragliche Vereinbarungen oder allgemeinen Usus ist vielleicht das Kalenderjahr oder ein Vertragsjahr festgelegt, so daß die Formel 2.11.2 die angemessene Problemlösung ist. Kann jedoch der Jahresrhythmus frei gewählt werden, so ist die oben skizzierte Vereinfachung möglich.

In diesem Abschnitt soll noch der Fall behandelt werden, bei dem innerhalb der Laufzeit der Zinsfuß geändert wird. Der Wechsel des Zinsfußes soll der Einfachheit halber jeweils zum Ende der Zinsperiode erfolgen. Die Abbildung 2.11.2 zeigt die zeitliche Aufteilung der gesamten Laufzeit in Teilzeitabschnitte.

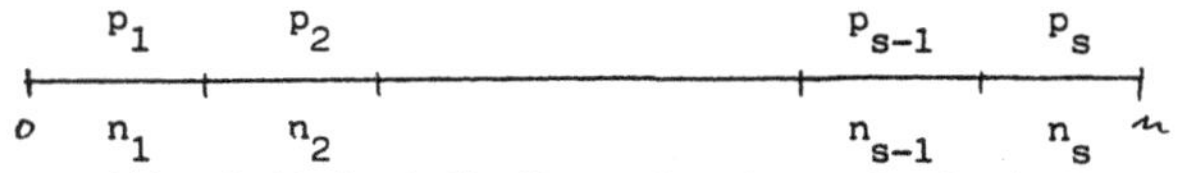

Abb. 2.11.2: Aufteilung der Gesamtlaufzeit in s Teilzeitabschnitte

Im Teilzeitabschnitt j werde der Zinsfuß p_j angesetzt; die Dauer dieses Abschnittes sei n_j . Dann folgt:

$$n = \sum_{j=1}^{s} n_j$$

Da das Anfangskapital K_{j-1} für den j-ten Zeitabschnitt auf $K_j = K_{j-1}(1+i_j)^{n_j}$ aufgezinst wird, wobei i_j der zugehörige Zinssatz ist, läßt sich K_n unmittelbar ermitteln:

$$(2.11.3) \qquad K_n = K_o(1+i_1)^{n_1} \ldots (1+i_s)^{n_s}$$

Beispiel: Jemand zahlt am 1.7.85 auf ein Konto mit einem Zinsfuß von 6% einen Betrag von 5.ooo WE ein. Ab 1.1.88 erhöht sich der Zinsfuß auf 7%. Wie hoch ist der Kapitalstand am 3o.6.9o?

Lösung: Im vorliegenden Fall ist eine Kombination aus der Formel 2.11.1 und 2.11.3 zu bilden. Es ist γ_1=o,5 und n_1=2 bei einem Zinssatz von i_1= o,o6, ferner ist für n_2=2 und γ_2= o,5 bei einem Zinssatz von i_2= o,o7. Damit gilt für das Endkapital K_n:

$$K_n = K_o(1+\gamma_1 i_1)(1+i_1)^{n_1}(1+i_2)^{n_2}(1+\gamma_2 i_2) = 5.000 \; 1{,}03 \; 1{,}06^2 \, 1{,}07^2 \, 1{,}035$$

Somit K_n gleich: K_n = **6.856,88 WE.**

2.12 Mittlerer Zinstermin

Sind mehrere Beträge zu unterschiedlichen Zeiten fällig, so tritt manchmal die Frage auf, zu welchem Zeitpunkt ist die Summe dieser Beträge zu zahlen, ohne daß es zu Zinsverlusten kommt. Dieser Fälligkeitstermin wird der "mittlere Zinstermin" oder die "Verfallszeit" genannt.

Die Abbildung 2.12.1 stellt den oben beschriebenen Sachverhalt graphisch dar. Dabei wird von 1 Zahlungen zu den Zeitpunkten n_ν für $\nu=1,\ldots,l$, die von einem frei gewählten Bezugszeitpunkt gemessen werden. Der einzelne Betrag sei K_ν für $\nu=1,\ldots,l$. Der zugrundeliegende Zinsfuß sei p. Zur Bestimmung des unbekannten Zeitpunktes n gibt es zwei verschiedene Methoden: die "bürgerliche Methode" und die "finanzmathematische Methode". Diese beiden Wege unterscheiden sich durch die Verzinsungsart. Während die bürgerliche Methode die lineare Verzinsung benutzt, basiert die finanzmathematische Methode auf der dekursiven Verzinsung.

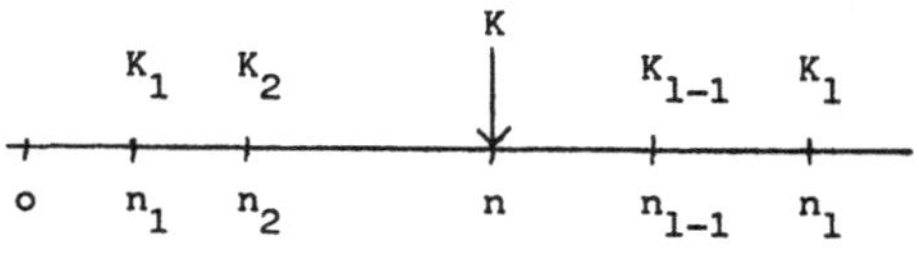

Abb. 2.11.1: Mittlerer Zinstermin

Bürgerliche Methode: Der Wert des Betrages K zum Bezugszeitpunkt ist $\frac{K_\nu}{1+in_\nu}$ für $\nu=1,\ldots,l$. Diese Beziehung läßt sich auch auf die Summe dieser Beträge anwenden. Da keine Zinsverluste auftreten sollen, muß gelten:

(2.12.1) $$\sum_{\nu=1}^{l} \frac{K_\nu}{1+in_\nu} = \frac{\sum_{\nu=1}^{l} K_\nu}{1+in}$$ oder nach n aufgelöst:

$$n = \frac{1}{i}\left[\frac{\sum_{\nu=1}^{l} K_\nu}{\sum_{\nu=1}^{l} \frac{K_\nu}{1+in_\nu}} - 1\right]$$

Finanzmathematische Methode: Die Überlegung ist analog zur bürgerlichen Methode. Der Ansatz lautet:

(2.12.2) $$\frac{1}{q^n}\sum_{\nu=1}^{l} K_\nu = \sum_{\nu=1}^{l} \frac{K_\nu}{q^{n_\nu}}$$

Diese Gleichung kann zunächst nach q^n aufgelöst werden, was bei gegebenem q=1+i zu einer Lösung von n führt.

(2.12.3) $$q^n = \frac{\sum_{\nu=1}^{l} K_\nu}{\sum_{\nu=1}^{l} \frac{K_\nu}{q^{n_\nu}}}$$

Es erhebt sich die Frage, wann die bürgerliche Methode der finanzmathematischen vorzuziehen ist. Bereits die obigen Bemerkungen haben gezeigt, daß der Unterschied in den verschiedenen Verzinsungsarten zu finden ist. Somit wird deutlich, daß je nach den Vertragsverhältnissen entweder die lineare oder die dekursive Verzinsung auszuwählen ist. Fehlen entsprechende Angaben oder Hinweise, so ist bei längeren Laufzeiten die finanzmathematische Methode wegen der Berücksichtigung der Zinseszinsen vorzuziehen.

Beispiel: Ein Schuldner hat 2.ooo WE sofort, 5.ooo WE nach 8 Jahren, 4.ooo WE nach 21 Jahren und 9.ooo WE nach 3o Jahren zu zahlen. Wann kann die Geamtschuld bei 4% Zinseszinsen auf einmal abgetragen werden?

Lösung: Die Geamtschuld beträgt 2o.ooo WE. Bezogen auf den Zeitpunkt o erhält man die folgende Gleichung, die sich wegen der geforderten Berücksichtigung der Zinseszinsen unmittelbar aus der Gleichung 2.12.3 herleiten läßt:

$$2.000 + 5.000 \frac{1}{q^8} + 4.000 \frac{1}{q^{21}} + 9.000 \frac{1}{q^{30}} = 20.000 \frac{1}{q^n} \qquad (2.12.4)$$

Für q=1,o4 folgt durch Addition links und durch Umstellen:

$$1{,}04^n = \frac{1}{0{,}50918} \quad \text{oder für } n = 17{,}209 \text{ Jahre.}$$

Dieses Beispiel zeigt allerdings, daß der Lösungsansatz 2.12.4 nur dann zu einer exakten Lösung führt, wenn n ganzzahlig ist. In den übrigen Fällen ist das im Abschnitt 2.11 Gesagte zu berücksichtigen und die gemischte Verzinsung anzuwenden. Der genaue Wert für n kann erst in einem weiteren Schritt bestimmt werden, bei dem im unterjährigen Zeitintervall die lineare Verzinsung angewandt wird.

Ergänzt man das obigen Beispiel in diesem Sinne, so ergibt sich für eine lineare Verzinsung im unterjährigen Zeitabschnitt des 18. Volljahres der folgende Ansatz:

$$q^{17}(1+i\gamma) = \frac{1}{0{,}50918}$$

Damit ist $1+i\cdot\gamma = 1{,}0082$ oder $\gamma = 0{,}206$. Der genaue Wert für n ist demnach 17,2o6 Jahre. Der Unterschied zum obigen Ergebnis beträgt mehr als einen Tag.

2.13 Zinseszinsrechnung und die Hauptsätze

In der Einleitung zum Kapitel 2 sind in den Hauptsätzen einige Definitionen bzw. Grundforderungen enthalten. Für den mathematisch Interessierten erhebt sich die Frage, inwieweit durch diese Forderungen die Beziehungen zwischen den Endkapitalien nach n Jahren und dem Anfangskapital bei den unterschiedlichen Verzinsungsarten bestimmt ist. So gesehen, ist dieser Abschnitt in erster Linie für denjenigen vorgesehen, der gewisse mathematische Vorkenntnisse besitzt.

Allgemein läßt sich der Zusammenhang zwischen dem Anfangskapital K_o, dem Endkapital K_n, der Laufzeit von n Jahren und dem Zinsfuß p (p.a.) durch die folgende Gleichung beschreiben:

$$(2.13.1) \qquad K_n = f(K_o, n, p)$$

Dabei ist zunächst über die Funktion f wenig ausgesagt. Im Hauptsatz (4) aus der Einleitung des Kapitels 2 sind zwei Zerlegungen enthalten: eine Zerlegung des Kapitels und eine Zerlegung der Zeit.

Die Zerlegung des Kapitels K_o in zwei Anfangskapitalien K_o' und K_o'' mit $K_o = K_o' + K_o''$ führt 2.13.1 über in folgende Beziehung

$$(2.13.2) \qquad K_n = f(K_o' + K_o'', n, p)$$

Da nach dem Hauptsatz der Zeitwert von der Zerlegung unabhängig ist, ergibt sich aus 2.13.2 unmittelbar:

$$(2.13.3) \qquad K_n = f(K_o' + K_o'', n, p) = f(K_o', n, p) + f(K_o'', n, p)$$

Diese Gleichungskette enthält eine Funktionalgleichung für die unbekannte Funktion f. Zerlegt man nun K_o, wie im 4. Hauptsatz (s. Einleitung zu diesem Kapitel) angegeben, nicht nur in zwei Summanden, sondern in s Summanden, so folgt für K_o:

$$K_o = \sum_{j=1}^{s} K_o^{(j)}$$

Durch Induktion läßt sich nachweisen, daß 2.13.3 zu

$$(2.13.4) \qquad \sum_{j=1}^{s} f(K_o^{(j)}, n, p) = f\left(\sum_{j=1}^{s} K_o^{(j)}, n, p\right) \quad \text{wird.}$$

Für $K_o^{(j)} = \frac{K_o}{s} = \bar{K}_o$ ergibt sich unmittelbar

$$(2.13.5) \qquad s f(\bar{K}_o, n, p) = f(s\bar{K}_o, n, p)$$

Wählt man in dieser Funktionalgleichung für $s=K_o$ und für $\overline{K}_o=1$, so kann man schreiben:

$$K_of(1,n,p) = f(K_o,n,p) = K_og(n,p), \tag{2.13.6}$$

dabei ist für f(1,n,p) die Funktion g(n,p) gesetzt. Interpretiert man dieses Ergebnis, so folgt: Die Funktion f ist bezüglich des Arguments K_o linear.

Die Zerlegung der Laufzeit in Teilzeiträume, wie im Hauptsatz 4 vorgesehen, erfordert ein anderes Vorgehen. Teilt man den Verzinsungszeitraum in einen von n Jahren und einen von m Jahren, so folgt wegen des Äquivalenzprinzips (Hauptsatz 3):

$$\begin{aligned} K_{n+m} &= f(K_o,n+m,p) = f(K_n,m,p) \\ &= f(\ f(K_o,n,p)\ ,m,p) \end{aligned} \tag{2.13.7}$$

Die Gleichung 2.13.6 liefert

$$K_{n+m} = f(K_o,n,p)\ f(1,m,p) = K_og(m,p)\ g(n,p)$$

Wegen 2.13.7 erhält man

$$K_{n+m} = K_og(n+m,p) = K_og(m,p)\ g(n,p) \tag{2.13.8}$$

Zerlegt man eine Laufzeit von N Jahren in t gleichlange Zeitabschnitt der Länge n' mit N=tn', so kann durch Induktion auf Grund von 2.13.8

$$g(tn',p) = (g(n',p))^t \tag{2.13.9}$$

hergeleitet werden. Nun kann man n'=1 und t=n wählen. Dadurch und durch die Vereinfachung g(1,p)=h(p) läßt sich 2.13.9 in folgende Gleichung überführen:

$$g(n,p) = g(1,p)^n = h(p)^n \tag{2.13.1o}$$

Faßt man 2.13.1o mit 2.13.6 zusammen, so ist die gesuchte Funktion folgendermaßen darstellbar:

$$K_n = f(K_o,n,p) = K_oh(p)^n \tag{2.13.11}$$

Damit ist f als eine bezüglich des Kapitals lineare und bezüglich der Laufzeit exponentielle Funktion bestimmt. Zu betonen ist, daß der Ansatz 2.13.7 impliziert, daß während eines jeden Verzinsungszeitraums kapitalisiert wird.

In der Tabelle 2.13.1 sind für die verschiedenen Verzinsungsarten Funktionen a(i) angegeben, wobei a(i)=h(p) mit i=p/1oo der Einfachheit halber gewählt ist. Die Näherungsformeln ergeben sich mit Hilfe der Reihenentwicklung aus dem Kapitel 1.5. Wegen der fehlenden Kapitalisierung der Zinsen spielt in diesem Zusammenhang die lineare Verzinsungsformel eine Sonderrolle.

Tabelle 2.13.1: Zinsesformel im Vergleich

Art der Verzinsung	a(i)	$a(i)^n$	Näherungsformel
jährlich dekursiv	$1+i$	$(1+i)^n$	$1+ni+\frac{n(n-1)}{2}i^2+\ldots$
unterjährig dekursiv	$(1+\frac{i}{m})^m$	$(1+\frac{i}{m})^{mn}$	$1+ni+\frac{n(nm-1)}{2m}i^2+\ldots$
stetig	e^i	e^{in}	$1+ni+\frac{n^2}{2}i^2+\ldots$
unterjährig antizipativ	$\left(\frac{1}{1-\frac{i}{m}}\right)^m$	$\left(\frac{1}{1-\frac{i}{m}}\right)^{mn}$	$1+ni+\frac{n(nm+1)}{2m}i^2+\ldots$
jährlich antizipativ	$\frac{1}{1-\frac{i}{m}}$	$\left(\frac{1}{1-\frac{i}{m}}\right)^n$	$1+ni+\frac{n(n+1)}{2}i^2+$
linear	$1+in$		

3. Kapitel: Rentenrechnung

In diesem Abschnitt werden verschiedene Grundformen einer Rente behandelt. Neben der Prae- und der Postnumerando-Rente mit konstanten Beträgen findet auch die arithmetische und die geometrische Rente Berücksichtigung.

In der Finanzmathematik wird der Begriff "Rente" aus dem Alltagsleben abstrakter gesehen. Er unterscheidet sich auch von dem aus der Versicherungsmathematik insoweit, als bei der Rente in der Finazmathematik nicht die Erlebenswahrscheinlichkeit berücksichtigt wird. Unter einer Rente wollen wir eine periodisch fällige Zahlung verstehen. Ist der Fälligkeitsbetrag konstant, so wird von einer "konstanten Rente" oder vereinfacht von einer "Rente" gesprochen. Verändert sich der Fälligkeitsbetrag in der Höhe, so handelt es sich um eine "dynamische Rente". Somit gehört die arithmetische und die geometrische Rente zu dem Bereich der dynamischen Renten.

Die Unterscheidung von Prae- und Postnumerando-Renten bezieht sich auf den Zahlungszeitpunkt in Bezug auf Zahlungszeitraum. Liegt der Zahlungszeitpunkt am Anfang des Zahlungszeitraumes, so liegt eine Praenumerando-Rente vor. Fällt umgekehrt der Zahlungszeitpunkt mit dem Ende des Zahlungszeitraumes zusammen, so nennt man die Rente eine Postnumerando-Rente.

Wegen der praktischen Fragestellungen werden in den folgenden Abschnitten Überlegungen, insbesondere auf die Barwerte und die Endwerte von Renten, eingegangen. Dabei versteht man unter dem Barwert einer Rente den Wert sämtlicher Zahlungen zum Beginn der Laufzeit dieser Rente, wobei neben den zeitlich unterschiedlichen Zahlungszeitpunkten der einzelnen Rentenbeträge auch die Verzinsung berücksichtigt wird. Bezüglich der Verzinsung wird regelmäßig davon ausgegangen, daß sich der Zinsfuß während der Laufzeit der Rente nicht ändert. Der Endwert einer Rente ist entsprechend der Gesamtwert sämtlicher einzelner Rentenbeträge gezogen auf das Ende der Laufzeit.

3.1 Postnumerando-Rente (nachschüssige Rente)

Oft nennt man die Postnumerando-Rente auch eine nachschüssige Rente. Diese Bezeichnung ist allerdings nicht mit der Verzinsungsart einer nachschüssigen Verzinsung zu verwechseln, die sich auf die Fälligkeit der Zinsen und nicht des Rentenbetrages bezieht. Demgemäß gibt es für Postnumerando-Renten auch die Möglichkeit einer vorschüssigen Verzinsung, von der wir jedoch wegen des Ersatzzinsfußes aus Abschnitt 2.5 im folgenden absehen wollen. In der Abbildung 3.1.1 sind die Zahlungszeitpunkte und -zeiträume dargestellt.

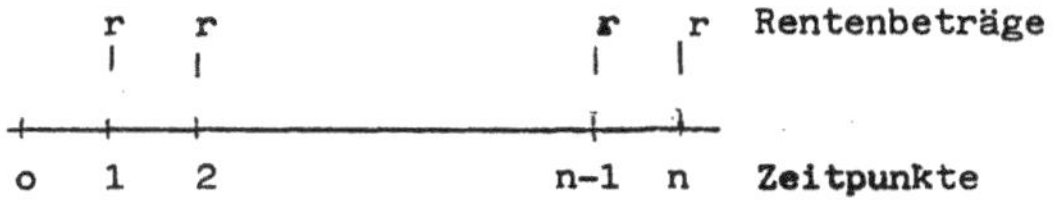

Abb. 3.1.1: Postnumerando-Rente

Da die Rentenbeträge r jeweils zum Jahresende fällig sind, wird der erste Betrag n-1 Jahre bis zum Zeitpunkt n aufgezinst, der zweite und die folgenden jeweils um ein Jahr weniger. Dieses führt zum Endwert R_n der Rente nach n Jahren:

$$R_n = rq^{n-1} + rq^{n-2} + \ldots + rq^2 + rq + r$$

Die letzte Rentenzahlung zum Zeitpunkt n wird zwar berücksichtigt, allerdings ohne zusätzlich verzinst zu werden. Diese Formel für R_n stellt eine geometrische Summe dar. Gemäß 1.2.2 folgt

$$(3.1.1) \qquad R_n = r \frac{q^n - 1}{q - 1}$$

Aus Abschnitt 1.2 wissen wir, daß q=1 ausgeschlossen ist. Dieser Fall bedeutet indessen, daß keine Verzinsung (p=o%) durchgeführt wird, was wegen der Praxis nicht berücksichtigt werden braucht, zumal sich dann die Verhältnisse erheblich vereinfachen.

Der in der Formel 3.1.1 auftretende Faktor $\frac{q^n-1}{q-1}$ nennt man wegen seiner Bedeutung den Rentenendwertfaktor (für eine Postnumerando-Rente) und setzt deshalb

$$(3.1.2) \qquad s_n = \frac{q^n - 1}{q - 1}$$

Abgekürzt läßt sich somit schreiben:

$$(3.1.3) \qquad R_n = r\, s_n$$

Aus dem Endwert R_n kann leicht der Barwert ermittelt werden, da die Laufzeit von n Jahren zu einer Abzinsung über diesen Zeitraum führt. Man erhält für den Barwert R_o deshalb:

$$(3.1.4) \qquad R_o = r \frac{1}{q^n} \frac{q^n-1}{q-1} = r\, a_n$$

Der benutzte Faktor a_n heißt der Rentenbarwertfaktor oder der Kapitalisierungsfaktor und hat den Wert:

$$(3.1.5) \qquad a_n = \frac{1}{q^n} \frac{q^n-1}{q-1}$$

Beispiel: Eine Schuld, die für weitere 3o Jahre jährliche Zahlungen am Jahresende von 3.ooo WE vorsieht, soll durch eine einmalige Zahlung am Jahresanfang des ersten der 3o Jahre ersetzt werden. Wie hoch ist diese einmalige Zahlung anzusetzen, wenn ein Zinsfuß von 8 % p.a. zur Verrechnung im Schuldvertrag vorgesehen ist?

Lösung: Die Frage nach der einmaligen Zahlung ist identisch mit der nach dem Barwert einer Postnumerando-Rente von 3.ooo WE jährlich mit einer Laufzeit von 3o Jahren. Die Lösung kann also mittels der Formel 3.1.4 bestimmt werden, wobei p = 8 % zu a_{3o} = 11.2578 führt. R_o hat somit den Wert 33.773,35 WE.

3.2 Praenumerando-Rente (vorschüssige Rente)

Anders als bei der Postnumerando-Rente wird bei der Praenumerando-Rente bereits zum Zeitpunkt o der erste Rentenbetrag verrechnet. Demgemäß verschieben sich die nachfolgenden Zahlungen um jeweils ein Jahr. Die Abbildung 3.2.1 zeigt die Zahlungen.

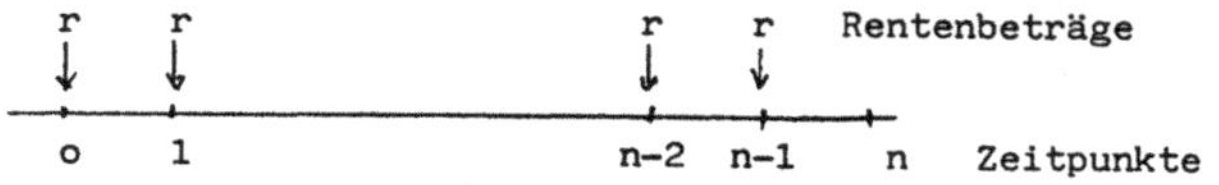

Abb. 3.2.1: Praenumerando-Rente

Zur Bestimmung des Endwertes zum Zeitpunkt n und des Barwertes zum Zeitpunkt o für diesen Rententyp wollen wir eine andere Überlegung als im Abschnitt 3.1 wählen. Dazu stellen wir uns eine zweite Zeitskala vor, die aus derjenigen in der Abbildung 3.2.1 dadurch entsteht, indem man diese um ein Jahr nach vorne verschiebt. In Bezug auf diese neue Zeitmessung handelt es sich bei der Rente interessanterweise um eine nachschüssige Rente, deren Bar- und Endwert nach den Formeln 3.1.1 und 3.1.4 bestimmt werden können. Diese Werte müssen jeweils um ein Jahr aufgezinst werden, wenn sie sich auf den Zeitpunkt o und n der ursprünglichen Zeitskala beziehen sollen.
Für den Endwert einer Praenumerando-Rente erhält man demnach

$$(3.2.1) \qquad R'_n = r \cdot q \, \frac{q^n-1}{q-1}$$

Der Rentenendwertfaktor für eine vorschüssige Rente wird somit folgendermaßen gewählt:

$$(3.2.2) \qquad s'_n = q \cdot \frac{q^n-1}{q-1}$$

Aus 3.1.4 folgt auf Grund der obigen Betrachtung der Barwert für eine vorschüssige Rente zu:

$$(3.2.3) \qquad R'_o = r \cdot \frac{1}{q^{n-1}} \cdot \frac{q^n-1}{q-1}$$

Der zugehörige Rentenbarwertfaktor a'_n hat somit den folgenden Wert

$$(3.2.4) \qquad a'_n = \frac{1}{q^{n-1}} \cdot \frac{q^n-1}{q-1}$$

Das folgende Beispiel für eine Praenumerando-Rente ist nicht nur wegen seines hohen Praxisbezugs gewählt worden, sondern auch wegen einiger Fragestellungen, die sich auf die Verzinsung, Tilgung und Tilgungspläne beziehen.

Beispiel: Eine Schuld von 1o.ooo WE (Wert am 1.4.1984) soll durch Jahresbeträge von 6oo WE abgelöst werden, die neben den Zinsen auch Tilgungsbeträge beinhalten. Der erste Jahresbeitrag ist am 1.4.84 für den Verrechnungszeitraum 1.4.84 bis 31.3.85 zu zahlen. Insgesamt sind 3o Jahreszahlungen vorgesehen.

a) Welcher Zinsfuß liegt dem Tilgunsplan zugrunde?
b) Wie sieht der Tilgungsplan für die ersten beiden Jahre aus?

Zunächst darf festgestellt werden, daß es sich bei dem Schuldbetrag von 10.000 WE um den Barwert einer vorschüssigen Rente handelt, wobei der Rentenbetrag r = 600 WE ist. Ihre Laufzeit beträgt 30 Jahre. Die Abbildung 3.2.2 macht diesen Sachverhalt nochmals deutlich.

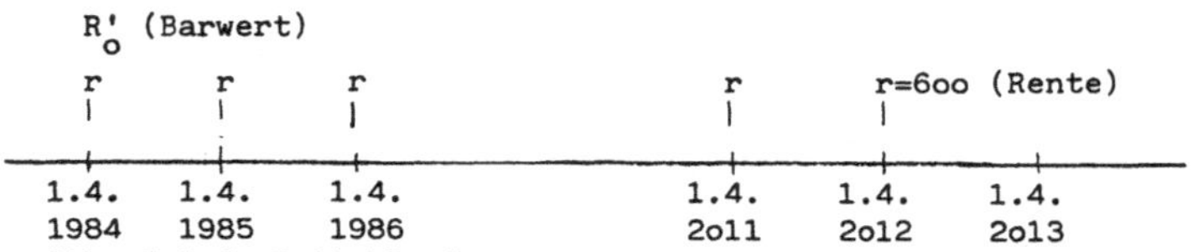

Abb. 3.2.2: Zeitablauf

Somit kann mittels 3.2.3 der Zusammenhang zwischen dem Barwert $R_o' = 10.000$ WE, n= 30 Jahre und dem noch unbekannten Zinsfuß p hergestellt werden.

$$(3.2.5) \qquad R_o' = 10.000 = 600 \frac{1}{q^{29}} \cdot \frac{q^{30}-1}{q-1}$$

Aus dieser Gleichung mit der Unbekannten q (also indirekt auch p) kann q nicht unmittelbar bestimmt werden, da eine derartige Gleichung nicht explizit nach auflösbar ist. Vielmehr muß man sich eines mathematischen Hilfsmittels bedienen, indem man einen ersten geschätzten Wert für q in eine aus 3.2.5 hergeleiteten Hilfsformel einsetzt und so einen neuen Wert für q ermittelt. Diesen neuen Wert setzt man wiederum in die Hilfsformel ein und so weiter, bis sich die jeweils neuen Werte für q nur noch geringfügig voneinander unterscheiden. Man sagt, daß dann die Folge der q-Werte konvergiert. Da es sich um ein Iterationsverfahren handelt, bezeichnet man die Hilfsformel auch als Iterationsformel. Durch Multiplikation mit q-1 und Division durch 10.000 folgt aus 3.2.5:

$$q - 1 = \frac{6}{100} \cdot \frac{q^{30}-1}{q^{29}}.$$

Einfache weitere Umformungen liefern die

$$(\text{Iterationsformel}) \qquad q = \frac{6}{100} \cdot \left(q - \frac{1}{q^{29}}\right) + 1$$

Wählt man als Anfangszinsfuß p=4%, also q=1,04 und setzt diesen Wert in die Iterationsformel auf der rechten Seite der Iterationsformel ein, so erhält man für den neuen Wert von q=1,043161 und von p=4,3161%. Nach einer Vielzahl von Rechenschritten, die man am besten auf einem programmierbaren Taschenrechner durchführen läßt, ergibt sich q=1,046965 oder p=4,6965 %. Dieser Wert stellt einen ausreichend guten Näherungswert für p dar, der gegebenenfalls durch Fortsetzen des Iterationsverfahrens verbessert werden kann. Somit ist Teil a der obigen Fragestellung gelöst. Überlegungen dieser Art spielen bei der Bestimmung von Effektivzinssätzen in späteren Kapiteln eine wichtige Rolle. und stellen den mathematisch Ungeübten zunächst vor Schwierigkeiten, die jedoch nach wenigen Übungsbeispielen schnell abnehmen.

Wenden wir uns der Frage b nach dem Tilgungsplan zu. Die Tabelle 3.2.1 stellt einen ausführlichen Tilgungsplan dar, bei dem für jeden Zahlungszeitpunkt die Schuld vor und nach der Zahlung, der Betrag für die anfallenden Zinsen und den Tilgungsbetrag angegeben wird. Daneben findet man noch die Jahresrate, die sich aus den Zinsen und der Tilgung zusammensetzt und die man die "Annuität" nennt.

Zeitpunkt		Schuld vorher	nachher	Tilgung	Zinsen	Annuität
o	1.4.84	1o.ooo,oo	9.841,47	158,53	441,47	6oo
1	1.4.85	9.841,47	9.675,5o	165,97	434,o3	6oo
2	1.4.86	9.675,5o	9.5o1,73	173,77	426,23	6oo
⋮	⋮	⋮	usw.	⋮	⋮	⋮

Tabelle 3.2.1: Tilgungsplan

Wichtig für das Aufstellen des Tilgungsplanes ist es, die jeweiligen Werte für die Zinsen und Tilgung zu kennen. In unserem Beispiel liegt eine vorschüssige Rente vor, d.h., daß die Jahresrente von 6oo WE (Annuität) zu Beginn des Verrechnungsjahres gezahlt wird. Andererseits handelt es sich bei dem Zinsfuß von p=4,6965 % um einen dekursiven Zinsfuß, der bei den bisherigen Betrachtungen von Rentenberechnungen grundsätzlich zugrunde gelegt ist. Dieses aber bedeutet, daß die Zinsen erst zum Jahresende zu verrechnen sind. Somit ist beispielweise für das erste Verrechnungsjahr die Tilgung T_1 bei der Bestimmung der Zinsen für diesen Zeitraum zu berücksichtigen. Diese betragen:

$$Z_1 = (R_o' - T_1) \cdot \frac{p}{1oo} \qquad (3.2.6)$$

Andererseits betragen die tatsächlich entrichteten Zinsen nach Umrechnung auf das Ende des Verrechnungszeitraumes:

$$Z_1 = (r - T_1) \cdot q \qquad (3.2.7)$$

Durch Gleichsetzen der Gleichungen 3.2.6 und 3.2.7 erhält man eine Bestimmungsgleichung für T_1:

$$(R_o' - T_1) \cdot i = (r - T_1) \cdot q$$

oder

$$T_1 = T_1 (q-i) = rq - R_o' i = 158{,}53 \text{ WE}$$

Für das zweite Jahr kann diese Beziehung entsprechend verwendet werden. Man berechnet so T_2, wobei R_o' durch die Restschuld 9.841,47 WE ersetzt wird:

$$T_2 = 6oo \cdot q - 9.841{,}47 \cdot i = 165{,}97 \text{ WE}$$

Auf diese Weise kann der Tilgungsplan ergänzt werden, und man erhält eine Übersicht über die Entwicklung der Restschuld. Deutlich erkennt man ein Anwachsen der Tilgung und eine entsprechende Abnahme der Zinsen während der Laufzeit der Schuld.
Die scheinbar umständliche Bestimmung der Tilgung bzw. der Zinsen in dem obigen Beispiel hat seinen tieferen Grund in der Tatsache, daß der Zinsfuß für die nachschüssige Verzinsungsart ermittelt worden ist, die Rentenzahlungen jährlich aber vorschüssig geleistet werden.

3.3 Rentenbarwert- und Rentenendwertfaktoren

In den beiden vorangehenden Abschnitten sind für die beiden Rententypen jeweils Faktoren für die Bestimmung der Barwerte und der Endwerte ermittelt worden. Bereits bei der Herleitung ist auf Zusammenhänge zwischen den verschiedenen Faktoren hingewiesen worden. Im folgenden werden die formelmäßigen Zusammenhänge der verschiedenen Faktoren angegeben, und zwar durch die Verknüpfungsformeln und durch die Rekursionsformeln. Daneben werden einige dieser Faktoren in einer kleineren Tabelle angegeben, wobei gleichzeitig auf das zugehörige Programm im Anhang hingewiesen wird, mit dessen Hilfe weitere Werte bestimmt werden können.

	Praenumerando-Rente	Postnumerando-Rente
Barwertfaktoren	$a'_n = \frac{1}{q^{n-1}} \frac{q^n-1}{q-1}$	$a_n = \frac{1}{q^n} \frac{q^n-1}{q-1}$
Endwertfaktoren	$s'_n = q \frac{q^n-1}{q-1}$	$s_n = \frac{q^n-1}{q-1}$

Tabelle 3.3.1: Barwert- und Endwertformeln

Verknüpfungsformeln:
Aus den Formeln der Tabelle 3.3.1 lassen sich leicht die Verknüpfungsformeln herleiten, dabei wird der Kehrwert des Aufzinsungsfaktors mit v bezeichnet, also v=1/q.

(3.3.1) $$s_n = s'_n v = a_n q^n = a'_n q^{n-1}$$

(3.3.2) $$s'_n = s_n q = a'_n q^n = a_n q^{n+1}$$

(3.3.3) $$a_n = a'_n v = s_n v^n = s'_n v^{n+1}$$

(3.3.4) $$a'_n = a_n q = s'_n v^n = s_n v^{n-1}$$

Rekursionsformeln:

Neben den Verknüpfungsformeln benötigt man bei einer Reihe von Umformungen die Rekursionsformeln. Mit ihrer Hilfe lassen sich Faktoren für längere Laufzeiten aus denen für kürzere Laufzeiten bestimmen. Daher rührt die Bezeichnung "Rekursionsformel". In der einfachen Form lauten sie:

(3.3.5) $$s_{n+1} = s_n + q^n = 1 + s_n q$$

(3.3.6) $$s'_{n+1} = s'_n + q^{n+1} = (1+s'_n)q$$

(3.3.7) $$a_{n+1} = a_n + v^{n+1} = (1+a_n)v$$

(3.3.8) $$a'_{n+1} = a'_n + v^n = 1 + a'_n v$$

Im Falle der Formel 3.3.5 soll ein ausführlichere Betrachtung zum Beweis durchgeführt werden. Zunächst kann man inhaltlich folgendermaßen argumentieren:

Im ersten Teil der Formel ist der Rentenendwertfaktor für n+1 Jahre aus einer Rente über n Jahre und aus einer einmaligen Rentenzahlung zu Beginn der Laufzeit zusammengesetzt, weshalb die einmalige Zahlung über n Jahre aufzuzinsen ist. Im zweiten Teil der Formel 3.3.5 setzt sich der Endwert aus dem Endwert s_n einer n-jährigen Rente, die nochmals um ein Jahr zu verzinsen ist, und aus einer letzten Rentenzahlung (Summand 1) am Ende der Laufzeit zusammen.
Natürlich läßt sich auch formal durch Umformungen die Formel 3.3.5 beweisen:

$$s_n + q^n = \frac{q^n-1}{q-1} + q^n = \frac{q^n-1+(q-1)q^n}{q-1} = \frac{q^{n+1}-1}{q-1} = s_{n+1}$$ für den ersten Teil

der Formel. Beim zweiten Teil wird ebenfalls s_n aus der Tabelle 3.3.1 entnommen:

$$1+s_n q = 1 + \frac{q^n-1}{q-1}\, q = \frac{q-1+(q^n-1)q}{q-1} = \frac{q^{n+1}-1}{q-1} = s_{n+1}$$

Die übrigen Formeln 3.3.6 bis 3.3.8 lassen sich durch entsprechende Umformungen herleiten, wobei jeweils auf die Tabelle 3.3.1 günstigerweise zurückgegriffen werden kann. Die Herleitung für jeden Einzelfall wird an dieser Stelle nicht durchgeführt.

Neben den Rekursionsformeln 3.3.5 bis 3.3.8 gibt es eine verallgemeinerte Form, die man als Zerlegungsformeln bezeichnet.

Zerlegungsformeln:

(3.3.9) $s_{n+k} = s_k q^n + s_n$

(3.3.1o) $s'_{n+k} = s'_k q^n + s'_n$

(3.3.11) $a_{n+k} = a_k + a_n v^k$

(3.3.12) $a'_{n+k} = a'_k + a'_n v^k$

Diese Formeln stellen insoweit eine Verallgemeinerung dar, als für den Spezialfall k=1 die Rekursionsformeln entstehen. Den Beweis für diese Zerlegungsformeln wollen wir auch nur für die Formel 3.3.9 exemplarisch behandeln.

$$s_k q^n + s_n = \frac{q^k-1}{q-1}\, q^n + \frac{q^n-1}{q-1} = \frac{(q^k-1)q^n+(q^n-1)}{q-1} = \frac{q^{n+k}-1}{q-1} = s_{n+k}$$

Die Abbildung 3.3.1 dient zur Veranschaulichung einer Interpretation der Zerlegungsformeln. Eine Rente über eine Gesamtlaufzeit von n+k Jahre kann in zwei Renten zerlegt werden, von denen die eine eine Laufzeit von k Jahre und die andere von n Jahren hat. Dabei ist jedoch die letzte im Falle der Barwertbestimmung um k Jahre zu diskontieren, während bei der Endwertbestimmung die erste um n Jahre aufzuzinsen ist. Es ist klar, daß nicht nur eine Zerlegung in zwei Teillaufzeiten, sondern auch in weitere Teile vorgenommen werden kann. Es ergeben sich dann weitere Formeln, die jedoch aus den obigen Zerlegungsformeln hergeleitet werden können.

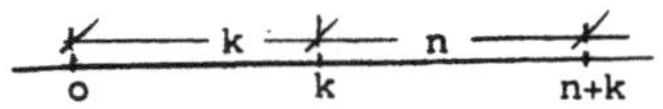

Abb. 3.3.1: Zerlegungsformel

Mittels Taschenrechner und Datenverarbeitungsanlagen lassen sich die Rentenbarwert und -endwertfaktoren mühelos bestimmen. In den folgenden Tabellen 3.3.2 bis 3.3.5 sind für einige Zinsfußwerte diese Faktoren angegeben, die mittels eines Programms bestimmt sind, das im Anhang aufgelistet ist.(s. Programm Nr. 3).

P	Jahre 5	10	15	20	25	30
4.0	4.4518	8.1109	11.1184	13.5903	15.6221	17.2920
5.0	4.3295	7.7217	10.3797	12.4622	14.0939	15.3725
6.0	4.2124	7.3601	9.7122	11.4699	12.7834	13.7648
7.0	4.1002	7.0236	9.1079	10.5940	11.6536	12.4090
8.0	3.9927	6.7101	8.5595	9.8181	10.6748	11.2578
9.0	3.8897	6.4177	8.0607	9.1285	9.8226	10.2737
10.0	3.7908	6.1446	7.6061	8.5136	9.0770	9.4269
11.0	3.6959	5.8892	7.1909	7.9633	8.4217	8.6938
12.0	3.6048	5.6502	6.8109	7.4694	7.8431	8.0552

Tabelle 3.3.2: Barwertfaktor einer Postnumerando-Rente

P	Jahre 5	10	15	20	25	30
4.0	4.6299	8.4353	11.5631	14.1339	16.2470	17.9837
5.0	4.5460	8.1078	10.8986	13.0853	14.7986	16.1411
6.0	4.4651	7.8017	10.2950	12.1581	13.5504	14.5907
7.0	4.3872	7.5152	9.7455	11.3356	12.4693	13.2777
8.0	4.3121	7.2469	9.2442	10.6036	11.5288	12.1584
9.0	4.2397	6.9952	8.7862	9.9501	10.7066	11.1983
10.0	4.1699	6.7590	8.3667	9.3649	9.9847	10.3696
11.0	4.1024	6.5370	7.9819	8.8393	9.3481	9.6501
12.0	4.0373	6.3282	7.6282	8.3658	8.7843	9.0218

Tabelle 3.3.3: Barwertfaktor einer Praenumerando-Rente

P	Jahre 5	10	15	20	25	30
4.0	5.4163	12.0061	20.0236	29.7781	41.6459	56.0849
5.0	5.5256	12.5779	21.5786	33.0660	47.7271	66.4388
6.0	5.6371	13.1808	23.2760	36.7856	54.8645	79.0582
7.0	5.7507	13.8164	25.1290	40.9955	63.2490	94.4608
8.0	5.8666	14.4866	27.1521	45.7620	73.1059	113.2832
9.0	5.9847	15.1929	29.3609	51.1601	84.7009	136.3075
10.0	6.1051	15.9374	31.7725	57.2750	98.3471	164.4940
11.0	6.2278	16.7220	34.4054	64.2028	114.4133	199.0209
12.0	6.3528	17.5487	37.2797	72.0524	133.3339	241.3327

Tabelle 3.3.4: Endwertfaktor einer Postnumerando-Rente

P	Jahre 5	10	15	20	25	30
4.0	5.6330	12.4864	20.8245	30.9692	43.3117	58.3283
5.0	5.8019	13.2068	22.6575	34.7193	50.1135	69.7608
6.0	5.9753	13.9716	24.6725	38.9927	58.1564	83.8017
7.0	6.1533	14.7836	26.8881	43.8652	67.6765	101.0730
8.0	6.3359	15.6455	29.3243	49.4229	78.9544	122.3459
9.0	6.5233	16.5603	32.0034	55.7645	92.3240	148.5752
10.0	6.7156	17.5312	34.9497	63.0025	108.1818	180.9434
11.0	6.9129	18.5614	38.1899	71.2651	126.9988	220.9132
12.0	7.1152	19.6546	41.7533	80.6987	149.3339	270.2926

Tabelle 3.3.5: Endwertfaktor einer Praenumerando-Rente

3.4 Aufgeschobene, unterbrochene und abgebrochene Rente

Bei den Betrachtungen über die Praenumerando- und Postnumerando-Rente ist davon ausgegangen worden, daß die Rentenzahlung während der gesamten Laufzeit erfolgt. Oft findet man jedoch Abweichungen von diesen Grundformen. Insbesondere werden häufig die Zahlungen ausgesetzt, vorzeitig abgebrochen oder beginnen verspätet. Diese zahlungsfreie Zeit bezeichnet man als "Karenzzeit" oder "Leerzeit" oder "Wartezeit". Diese Sonderfälle werden in diesem Abschnitt behandelt, dabei zeigt es sich, daß es unterschiedliche Wege zur Herleitung der entsprechenden Beziehung gibt. Im wesentlichen differieren die Herleitungen in Bezug auf den Gebrauch von Praenumerando- und Postnumerando-Renten. Im Falle der aufgeschobenen Rente wird auf die unterschiedliche Vorgehensweise beispielhaft eingegangen.

Aufgeschobene Rente:

Die Abbildung 3.4.1 zeigt die zeitlichen Verhältnisse bei einer augeschobenen

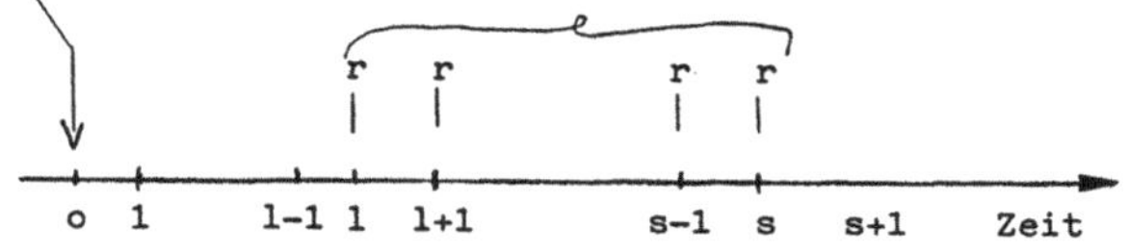

Abb. 3.4.1: Aufgeschobene Rente

Rente. In diesem Fall liegt die Karenzzeit vor der Zeit der Leistung von n Zahlungen in der Höhe von r WE. Bezeichnet man die Länge der Karenzzeit mit l, so wird die letzte Zahlung zum Zeitpunkt s=l+n-1 geleistet. Da der Endwert einer aufgeschobenen Rente sich gegenüber der Prae- und Postnumerando-Rente nicht ändert, ist in diesem Fall nur die Bestimmung des Barwertes interessant.

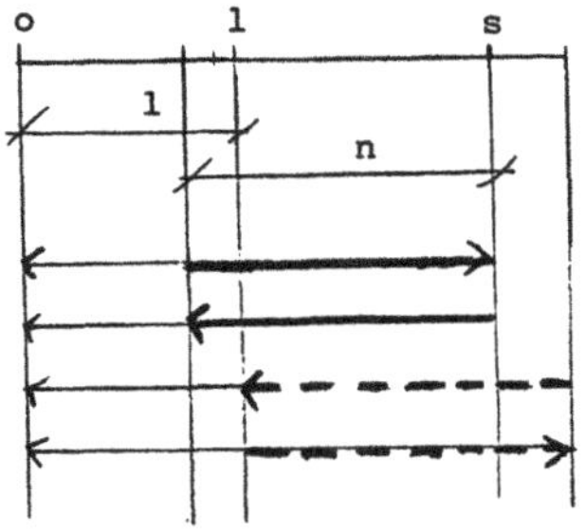

Abb. 3.4.2: Zergliederung der aufgeschobenen Rente in Prae- (▬ ▬ ▬) und Postnumerando-Renten (▬▬▬)

Wählen wir als Bezugszeitpunkt den Zeitpunkt s, so ist der Barwert R_o um s Jahre aufzuzinsen. Dieser Zeitwert $R_o q^{l+n-1}$ ist gleich dem Endwert einer nachschüssigen Rente mit einer Laufzeit von n Jahren. Somit ergibt sich:

$$(3.4.1) \quad R_o q^{l+n-1} = r \, \frac{q^n - 1}{q-1}$$

Durch Auflösen nach R_o erhält man die Beziehung:

$$(3.4.2) \quad R_o = r \, \frac{1}{q^{n+l-1}} \, \frac{q^n-1}{q-1} = r \, v^{l+n-1} \, s_n$$

In der Formel 3.4.2 erkennt man, daß der Rentenendwert einer nachschüssigen Rente um $s=l+n-1$ Jahre diskontiert wird, was in der Abbildung 3.4.2 graphisch veranschaulicht ist. Faßt man den Faktor v^n mit der Größe s_n zu a_n zusammen, so erhält man:

$$(3.4.3) \qquad R_o = r\, v^{l-1} a_n$$

Diese Formel ist ebenfalls in der Abbildung 3.4.2 interpretiert, und zwar als ein Diskontieren des Rentenbarwertfaktors um l-1 Jahre.

Natürlich läßt sich der Faktor v^{-1} in der Beziehung 3.4.3 in den Barwertfaktor hineinziehen. Man erhält dann eine modifizierte Formel.

$$(3.4.4) \qquad R_o = r\, v^{l} a'_n$$

Ihre Interpretation ergibt sich in Analogie zu dem bisher Dargestellten aus der Abbildung 3.4.2. Schließlich läßt sich noch die Beziehung 3.4.2 modifizieren, indem dort v^{-1} und s_n zu s'_n zusammengefaßt wird.

$$(3.4.5) \qquad R_o = r\, v^{l+n} s'_n$$

Unterbrochene Rente:

Bei einer unterbrochenen Rente liegt die Karenzzeit zwischen zwei Zeitabschnitten, in denen jeweils die Rente r geleistet wird. Die Abbildung 3.4.3 beschreibt die Verhältnisse detaillierter.

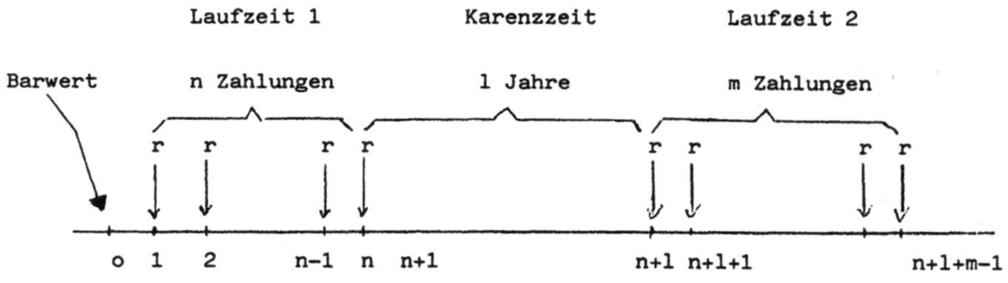

Abb. 3.4.3: Unterbrochene Rente

Bei einer unterbrochenen Rente ist der Barwert und der Endwert gegenüber der Grundform geändert. Deshalb wollen wir beide Größen ermitteln. Dazu wird zunächst der Barwert R_o zum Zeitpunkt der letzten Zahlung betrachtet. Sein Wert $R_o q^{n+l+m-1}$ setzt sich zusammen aus dem Endwert einer nachschüssigen n-jährigen Rente, der für l+m-1 Jahre zu $rs_n q^{l+m-1}$ aufzinsen ist, und dem Endwert einer nachschüssigen Rente von m Zahlungen: rs_m. Dieser Sachverhalt führt unmittelbar zu:

$$(3.4.6) \qquad R_o q^{n+l+m-1} = rs_n q^{l+m-1} + rs_m$$

Durch Auflösen nach R_o läßt sich der Barwert angeben:

$$(3.4.7) \qquad R_o = r(a_n + a_m v^{n+l-1})$$

Der Endwert einer unterbrochenen Rente R_E kann durch Aufzinsen aus 3.4.7 sofort hergeleitet werden.

$$(3.4.8) \qquad R_E = r(a_n + a_m v^{n+l-1})q^{n+l+m-1}$$
$$= r(s_n q^{l+m-1} + s_m)$$

Abgebrochene Rente:

Im Gegensatz zur aufgeschobenen Rente liegt die Karenzzeit bei einer abgebrochenen Rente am Ende der gesamten Laufzeit. In diesem Fall ist eigentlich nur der Rentenendwert interessant. Da im letzten Abschnitt der Fall der unterbrochenen Rente behandelt worden ist, können die dort gewonnenen Ergebnisse benutzt werden, denn im Falle m=o geht die unterbrochene Rente in eine abgebrochene Rente über. Da nach der Karenzzeit keine Zahlung geleistet wird, ist der Wert s_m=o und der Endwert R_E beträgt:

$$(3.4.9) \qquad R_E = r\, s_n q^{l-1}$$

In diesem Zusammenhang sei auch darauf hingewiesen, daß die Barwertformel 3.4.7 der unterbrochenen Rente zur Bestimmung des Barwertes einer aufgeschobenen Rente dienen kann.

3.5 Zeitwerte

In der Praxis treten neben den bisherigen Formen von Renten mit gleichbleibenden Beträgen Zahlungen von Einzelbeträgen zu verschiedenen Zeitpunkten auf. Wie die Überlegungen des Abschnittes über die aufgeschobene, unterbrochene und abgebrochene Rente gezeigt haben, lassen sich Einzelzahlungen und Renten auf einen gemeinsamen Bezugszeitpunkt beziehen und so miteinander verrechnen bzw. vergleichen. Bei der Wahl des Vergleichszeitpunktes, der zwar frei gewählt werden kann, sollte man dennoch problembezogen vorgehen, wie es im Abschnitt 3.4 ausführlich diskutiert worden ist.

Das Umrechnen von einem Bezugszeitpunkt auf einen anderen erfolgt durch Auf- oder Abzinsen je nachdem, ob der neue Bezugszeitpunkt nach oder vor dem alten Bezugszeitpunkt liegt. Dabei ist jedoch auf die Übereinstimmung von Rentenzahlungs- und Verzinsungsperioden zu achten. Da Abweichungen in dieser Hinsicht in der Praxis oft auftreten, werden unterjährige Rentenzahlungen in einem späteren Abschnitt gesondert behandelt. Auch Rentenzahlungen mit veränderlichen Beträgen sollen ausführlich dargestellt werden, sofern diese gewissen Gesetzmäßigkeiten unterliegen.

Beispiel: Eine ursprüngliche Vereinbarung hat eine jährliche Zahlung am Anfang eines jeden Kalenderjahres vorgesehen, und zwar in Höhe von 2.000 WE und für 15 Jahre mit einem Beginn im Jahre 1982. Da entgegen der Vereinbarung nicht gezahlt worden ist, fordert der Gläubiger zum 1.1.86 die gesamte Schuld. Wie hoch ist der zu zahlende Betrag, wenn ein Verrechnungszins von 8% p.a. festgelegt worden war?

Lösung: Zunächst kann mittels 3.2.3 der Barwert der vorschüssigen Rente bestimmt werden:

$$R_o' = ra_n' ,$$

wobei r= 2.000 und n=15 ist. Der Zeitwert zum 1.1.86 ergibt sich daraus durch ein Aufzinsen um 4 Jahre (Zeit vom 1.1.82 bis 1.1.86):

$R_z = R_o' \cdot a_{15}' \cdot q^4 = 2.000 \cdot 9{,}2442 \cdot 1{,}08^4 = 25.153{,}36$ WE. Dieser Betrag kann also vom Gläubiger verlangt werden.

3.6 Dynamische Renten

Neben den Renten mit konstanten Rentenleistungen werden oft Renten betrachtet, bei denen die Rentenzahlungen sich um einen konstanten Betrag verändern (arithmetische Renten). Ferner treten solche Renten auf, bei denen sich der Rentenbetrag von Zahlung zu Zahlung um einen konstanten Faktor bzw. prozentualen Anteil verändert (geometrische Rente). Diese beiden Rententypen stellen Spezialfälle von dynamischen Renten dar, von denen eine Vielzahl von Möglichkeiten denkbar sind. Die beiden erwähnten Typen stellen Grundfälle dar, die z.B. bei der Tilgungsrechnung gebraucht werden.

Arithmetische Rente:

Bei einer arithmetischen Rente verändert sich, von einer Anfangszahlung r ausgehend, der jährliche Rentenbetrag um einen konstanten Wert d, welcher positiv, negativ oder Null ist. So gesehen, ergibt sich für d=o die konstante Rente. Die Abbildung 3.6.1 zeigt den zeitlichen Ablauf einer arithmetischen Rente.

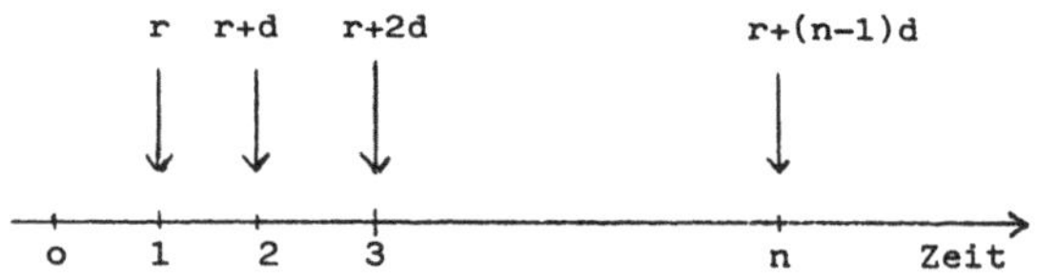

Abb. 3.6.1: Arithmetische Rente

Zunächst wollen wir diese Rente als eine Postnumerando-Rente auffassen. Hieraus kann der Fall einer Praenumerando-Rente unmittelbar hergeleitet werden. Der Barwert R_o setzt sich aus einer konstanten Rente der Höhe r und den sich ändernden Zahlungen zusammen. Bezogen auf den Zeitpunkt o erhält man:

$$R_o = ra_n + dv^2 + 2dv^3 + \ldots + (n-1)dv^n = ra_n + d(v^2 + 2v^3 + \ldots + (n-1)v^n)$$

Zur Bestimmung von R_o wird diese Gleichung mit dem Faktor 1-v multipliziert. Da 1-v=iv gleich ist, erhalten wir:

$$\begin{aligned} R_o iv &= ra_n iv + d(v^2+2v^3+\ldots+(n-1)v^n)(1-v) \\ &= ra_n iv + d(v^2+2v^3+\ldots+(n-1)v^n - v^3 - 2v^4 - \ldots - (n-2)v^n - (n-1)v^{n+1}) \\ &= ra_n iv + d(v^2+v^3+\ldots+v^n+v^{n+1}-nv^{n+1}) \\ &= ra_n iv + dv(v+v^2+\ldots+v^{n-1}+v^n-nv^n) \\ &= ra_n iv + dv(a_n - nv^n) \end{aligned}$$

Diese Gleichung folgt gemäß der Definition von a_n und der Summe einer geometrischen Folge (s. 1.2.2). Dividiert man die letzte Gleichung durch iv, so erhält man für den Barwert:

$$(3.6.1) \qquad R_o = ra_n + \frac{d}{i}(a_n - nv^n)$$

Hieraus folgt unmittelbar der Endwert der Postnumerando-Rente R_n, indem der Barwert R_o um die Laufzeit von n Jahren aufgezinst wird.

$$(3.6.2) \qquad R_n = rs_n + \frac{d}{i}(s_n - n)$$

Dabei ist der Aufzinsungsfaktor q^n mit a_n und mit v^n verrechnet worden.
In Analogie zu den Abschnitten 3.1 und 3.2 folgt für eine Praenumerando-Rente der Barwert R'_o:

$$(3.6.3) \qquad R'_o = ra'_n + \frac{d}{i}(a'_n - nv^{n-1})$$

Denn R'_o geht aus R_o durch Multiplikation q hervor. Dasselbe gilt für den Endwert R'_n einer Praenumerando-Rente, so daß direkt notiert werden kann:

$$(3.6.4) \qquad R'_n = rs'_n + \frac{d}{i}(s'_n - nq)$$

Beispiel: Wie groß ist der Barwert einer nachschüssigen Rente bei 4% p.a., wenn sie bei 3.ooo WE beginnt und während der Laufzeit von 8 Jahren jährlich um 6o WE abnimmt.

Lösung: Zur Lösung kann die Formel 3.6.1 direkt benutzt werden, wobei r=3.ooo WE, n=8 Jahre, d=-6o WE und i=o,o4 zu wählen ist.
$R_o = 3.000a_8 - 1.500(a_8 - 8v^8) = (3.000 - 1.500)a_8 + 1.500 \cdot 8 \cdot v^8$

$= 1.500 \cdot 6{,}73274 + 8 \cdot 1.500 \cdot 0{,}73069 = 18.867{,}40$ WE.
Die letzte Rate beträgt übrigens 2.58o WE.

Geometrische Rente:

Bei einer geometrischen Rente verändert sich, von einer Anfangszahlung r ausgehend, der jährliche Rentenbetrag um einen konstanten Faktor g, der größer oder kleiner als 1 ist. Im Grenzfall g gegen 1 ergibt sich der Grundfall. In der Abbildung 3.6.2 ist der zeitliche Ablauf dargestellt.

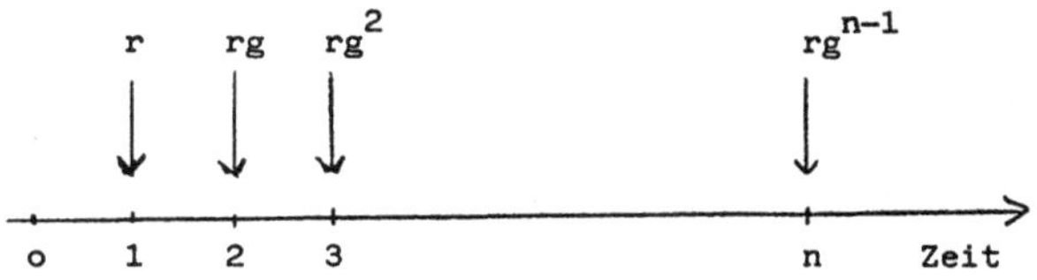

Abb. 3.6.2: Geometrische Rente

Wie in der Abbildung 3.6.2 angedeutet, soll die geometrische Rente zunächst als Postnumerando-Rente aufgefaßt werden. Ihr Barwert R_o kann unmittelbar angegeben werden:

$$R_o = rv+rgv^2+rg^2v^3+\ldots+rg^{n-1}v^n$$
$$= rv\ (1+gv+g^2v^2+\ldots+g^{n-1}v^{n-1})$$
$$= rv\ \frac{(gv)^n-1}{gv-1} \quad \text{für } gv \neq 1$$

Diese Beziehung folgt, da eine geometrische Summe mit dem Quotienten gv vorliegt. Im Fall gv=1 ist die Summe in der Klammer gleich n. Somit erhält man für R_o:

$$(3.6.5) \qquad R_o = \begin{cases} rv\ \dfrac{(gv)^n-1}{gv-1} & \text{für } gv\neq 1 \\ rvn & \text{für } gv=1 \end{cases}$$

Diese Beziehung gilt für eine Postnumerando-Rente. Zum Vergleich mit der 3.1.4 empfiehlt es sich, im Fall $gv\neq 1$ den Bruch in 3.6.5 mit $-q^n$ zu erweitern.

$$R_o = r\ \frac{1}{q^n}\ \frac{q^n-g^n}{q-g} \quad \text{für } g\neq q$$

Der Endwert läßt sich direkt aus dieser Formeln durch Aufzinsen ermitteln:

$$(3.6.6) \qquad R_n = \begin{cases} r\ \dfrac{q^n-g^n}{q-g} & \text{für } g\neq q \\ rnq^{n-1} & \text{für } g=q \end{cases}$$

Die Beziehungen 3.6.5 und 3.6.6 kann man benutzen, um für eine Praenumerando-Rente den Barwert bezogen auf den Zeitpunkt 1 einer Postnumerando-Rente (s. Abbildung 3.6.2) und den Endwert bezogen auf den Zeitpunkt n+1 zu bestimmen. Für den Endwert einer geometrischen Praenumerando-Rente erhält man:

$$(3.6.7) \qquad R'_n = \begin{cases} rq \dfrac{q^n - g^n}{q - g} & \text{für } q \neq g \\ rnq^n & \text{für } q = g \end{cases}$$

Entsprechend ist der Barwert einer geometrischen Praenumerando-Rente:

$$R'_o = \begin{cases} \dfrac{r}{q^{n-1}} \dfrac{q^n - g^n}{q - g} & \text{für } q \neq q \\ rn & \text{für } q = g \end{cases}$$

Beispiel: Ein Vertrag sieht eine jährliche, am Jahresende fällige Leistung von 30.000 WE vor. Zum Inflationsausgleich ist eine jährliche Steigerungsrate von 3% vorgesehen. Darüber hinaus ist ein jährlicher Steigerungsbetrag von 2.000 WE festgelegt, der sich in seiner Höhe nicht verändert. Welchen Barwert hat die Gesamtleistung, wenn eine Laufzeit von 10 Jahren zu erwarten und als Verrechnungszinsfuß 6 % p.a. anzusetzen ist.

Lösung: Es liegt eine geometrische Rente mit r=30.000 WE und g=1,03 vor, der eine zusätzliche arithmetische Rente mit einer Anfangszahlung von 0 WE und einer Differenz d=2.000 WE überlagert ist. Beide Renten sind nachschüssig, so daß sich aus der Kombination von 3.6.5 und 3.6.1 der folgende Wert für den Barwert ergibt:

$$R_o = 30.000 \cdot 1{,}06^{-1} \frac{(1{,}03 \cdot 1{,}06^{-1})^{10} - 1}{1{,}03 \cdot 1{,}06^{-1} - 1} + \frac{2.000}{0{,}06}(a_{10} - 10 \cdot 1{,}06^{-10})$$

$$= 30.000 \cdot 0{,}9434 \cdot 8{,}8179 + 33.333{,}33(7{,}3601 - 5{,}5839)$$

$$= 249.564{,}11 + 59.204{,}64 = 308.768{,}76 \text{ WE.}$$

Ergänzung: Wie hoch ist der Barwert, wenn eine Steigerungsrate von 6% vorgesehen ist? In diesem Fall ist der untere Teil der Formel 3.6.5 zu benutzen, um den Barwert des geometrischen Anteils zu bestimmen. Somit ist:

$R_o = 30.000 \cdot 10 : 1{,}06 + 59.204{,}64 = 283.018{,}87 + 59.204 = 342.223{,}47$ WE.

3.7 Unterjährige Renten

In den voranstehenden Abschnitten ist stets davon ausgegangen, daß die Rentenzahlungen am Jahresanfang bzw. am Jahresende einmalig im Jahr erfolgt. Bei vielen Anwendungen in der Praxis, wie z.B. bei Unterhaltszahlungen, Mieten u.dgl.m., erfolgen die Zahlungen jedoch in kleineren Zeitabständen.

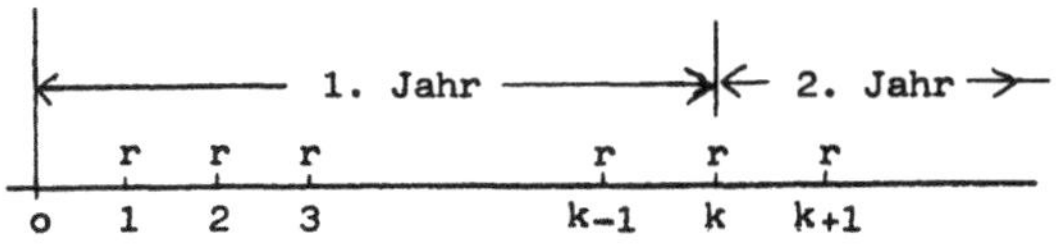

Abb. 3.7.1: Unterjährige Rente (nachschüssig)

Bei einer unterjährigen Rente sind verschiedene Fälle voneinander zu unterscheiden. Einerseits gibt es eine vorschüssige und nachschüssige Rente, wie wir sie bereits in früheren Kapiteln kennengelernt haben. Im folgenden wird die nachschüssige unterjährige Rente behandelt, da die Überlegung für eine vorschüssige Rente analog dazu ist und im Vergleich zu den Abschnitten 3.1 und 3.2 durchgeführt werden kann.
Eine weitere Unterscheidung ergibt sich durch die Zinsperiode. Es gibt viele Bereiche, in denen von der jährlichen Verzinsung im Zusammenhang mit Rentenzahlungen abgewichen wird. So erfolgt bei den verschiedenen Bausparinstituten beispielsweise die Verzinsung in monatlichen, vierteljährlichen oder viermonatlichen Zeitabschnitten in der Tilgungsphase. Im ersten Schritt soll zunächst die unterjährige Rentenzahlung bei jährlicher Verzinsung behandelt werden.

Unterjährige Rente bei jährlicher Verzinsung

Die Abbildung 3.7.1 stellt die Situation graphisch dar. Das Jahr wird in k Teile aufgegliedert, zu denen am Ende jeweils eine Zahlung von r WE erfolgt. In der Regel ist nicht zu erwarten, daß die gesamte Laufzeit einer Rente genau volle Jahre ergibt. Wir wollen deshalb die Laufzeit so zerlegen, daß n_1 Zahlungen im ersten Jahr, kn Zahlungen in den n vollen Jahren und schließlich n_2 Zahlungen im letzten angebrochenen Jahr erfolgen (s. Abbildung 3.7.2).

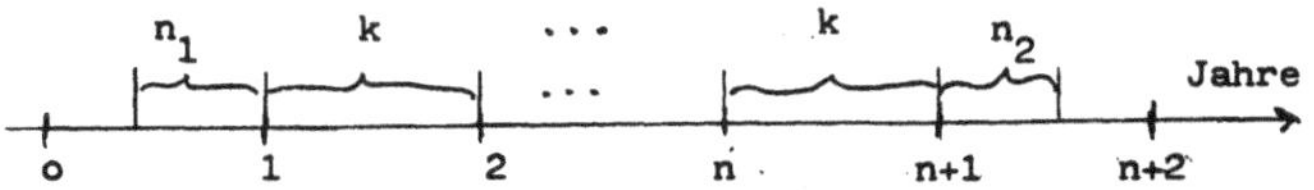

Abb. 3.7.2: Zerlegung der Laufzeit

Dieser allgemeine Fall wird in folgender Weise gelöst: Im ersten Jahr werden die Zahlungen zu einer jährlichen Ersatzzahlung Z_1 zusammengefaßt.
Für jedes der vollen Jahre wird eine Ersatzrente R_E als nachschüssige Rente ermittelt, während im letzten angebrochenen Jahr eine Ersatzzahlung Z_2 ermittelt wird. Sämtliche Beträge werden schließlich auf den Endtermin der Rentenzahlung aufgezinst, um den Rentenendwert zu erhalten.

Zunächst wird also Z_1 ermittelt. Die n_1 Zahlungen im 1. Jahr werden zum Jahresende **linear aufgezinst**. Dabei ist die erste Zahlung für n_1-1 Teilperioden zu verzinsen, die zweite für n_1-2 usw.

$$Z_1 = r+ri\,\frac{n_1-1}{k} + r+ri\,\frac{n_1-2}{k} + \ldots + r+ri\,\frac{1}{k} + r$$

Dabei ist die letzte Zahlung nicht mehr zu verzinsen, da diese am Jahresende geleistet wird. Dieser Ausdruck für Z_1 kann durch Umstellen vereinfacht werden. Es ergibt sich:

$$Z_1 = n_1r + ri\cdot\frac{1}{k}(\,n_1-1 + n_1-2 + \ldots + 1)$$

Wendet man für den Summenausdruck die Formel 1.1.2 im Spezialfall a=1 und d = 1 an, so läßt sich der Klammerausdruck folgendermaßen vereinfachen:

$$Z_1 = n_1r + r\cdot\frac{i}{k}\cdot\frac{(n_1-1)n_1}{2}$$

Für die vollen Jahre kann eine Ersatzzahlung R_E bestimmt werden, die sämtliche Zahlungen innerhalb eines Jahres zu einer Zahlung am Jahresende zusammenfaßt. Die soeben notierte Beziehung läßt sich für R_E übernehmen, wenn für n_1 der Wert k gesetzt wird, da in einem derartigen Jahr k Zahlungen getätigt werden. Es folgt demnach:

$$(3.7.o) \qquad R_E = kr + r\,\frac{i}{k}\,\frac{(k-1)k}{2} = r(k + i\,\frac{k-1}{2})$$

Schließlich ist noch das letzte Jahr mit den n_2 Zahlungen zu berücksichtigen. Wie bereits oben angedeutet, werden diese Zahlungen auf den Zeitpunkt der letzten Zahlung aufgezinst. Auch für diesen Fall kann die Formel für Z_1 in Analogie benutzt werden. Für Z_2 folgt dann:

$$Z_2 = n_2r + r\,\frac{i}{k}\,\frac{(n_2-1)n_2}{2}$$

Um nunmehr den Endwert der Gesamtzahlung zu ermitteln, ist die Zahlung Z_1 um n Jahre und n_2 Teilperioden **aufzuzinsen und die jährlichen Zahlungen** R_E als Rente für n Jahre zu berücksichtigen. Der Endwert R_e zum Zeitpunkt der letzten Zahlung ist demnach:

$$(3.7.1) \qquad R_e = Z_1q^n(1+i\,\frac{n_2}{k}) + R_E\,\frac{q^n-1}{q-1}\,(1+i\frac{n_2}{k}) + Z_2$$

Beispiel: Bei einem Abzahlungskredit ist erstmalig am 3o.6. eine Rate in Höhe von 5oo WE und im folgenden jeweils am Monatsende in gleicher Höhe zu entrichten. Insgesamt sind 5o Raten vorgesehen. Wie hoch ist der Endwert, wenn die Bank einen Zinsfuß von 8% p.a. vorschreibt und die Abrechnung der Zinsen zum **Ende des** Kalenderjahres vornimmt.

Lösung: Gemäß der Überlegung dieses Abschnittes sind die 5o Zahlungen in 7 Zahlungen im ersten Jahr, 36 Zahlungen in den drei darauffolgenden Kalenderjahren und 7 Zahlungen im fünften Kalenderjahr zu zerlegen. Die letzte Zahlung erfolgt in diesem Jahr am 31.7. Damit ist n_1=7, n=3 und n_2=7. Da die Zahlungen monatlich erfolgen, folgt m=12. Für r =5oo und q=1,o8 bzw. i=o,o8 liefert 3.7.1 den Wert

$$R_e = Z_1\cdot 1{,}o8^3(1+o{,}o8\cdot\frac{7}{12}) + R_E\,\frac{1{,}o8^3-1}{o{,}o8}\cdot(1+o{,}o8\cdot\frac{7}{12}) + Z_2$$

Darin hat Z_1 den Wert: $Z_1 = 7 \cdot 500 + 500 \frac{o,08}{12} \cdot \frac{6 \cdot 7}{2} = 3.570$ WE. Für R_E folgt

$R_E = 12 \cdot 500 + 500 \cdot 0,08 \cdot \frac{11}{2} = 6.220$ WE und schließlich $Z_2 = 3.500$ WE.
Insgesamt läßt sich damit R_e numerisch ermitteln:

$R_e = 3.570 \cdot 1,3185 + 6.220 \cdot 3,3979 + 3.570 = 29.411,97$ WE.

Unterjährige Rente bei unterjähriger Verzinsung

Im Fall unterjähriger Rentenzahlungen und unterjähriger Verzinsung kann man zunächst zwischen den Zahlungsperioden und den Verzinsungsperioden unterscheiden. In der Praxis werden oft diese Perioden identisch gewählt, so daß wir unter diesem Aspekt die Überlegungen vereinfachen können. Wird ein Jahr in m Teile zerlegt, so kann zur Verzinsung der relative Zinsfuß für eine Verzinsungsperiode gewählt werden (s. Abschnitt 2.6) $\beta = p/m$. Beträgt die Laufzeit n Jahre, so läßt sich die Formel 3.1.1 analog bei einer nachschüssigen Rente anwenden, wobei q der zu dem relativen Zinasfuß gehörende Aufzinsungsfaktor ist. Man erhält somit für den Endwert R_e in diesem Fall:

(3.7.2) $$R_e = r \frac{(1 + \frac{p}{100\, m})^{nm} - 1}{\frac{p}{100\, m}}$$

Zur Berechnung des Barwertes einer derartigen Rente ist der Wert aus 3.7.2 mittels der Beziehung 2.6.3 für mn Zinsperioden abzuzinsen. Man erhält somit

(3.7.3) $$R_b = r \frac{(1 + \frac{p}{100m})^{nm} - 1}{(1 + \frac{p}{100m})^{nm} \frac{p}{100m}}$$

Übrigens gehen die Beziehungen 3.6.2 und 3.6.3 für den Fall m=1 in die Formeln 3.1.1 bzw. 3.1.4 über.

Beispiel: Wie im vorangehenden Beispiel, jedoch sollen die Zinsen zum Monatsende kapitalisiert werden.

Lösung: In diesem Fall liefert 3.7.2 das Ergebnis. Dabei ist n=5o.

$R_e = 500 \cdot \frac{1,0067^{50} - 1}{0,0067} = 29.555,21$ WE. Im Vergleich zu dem Ergebnis oben ergibt sich nur ein geringfügiger Unterschied von o,8% .

Die Überlegungen in diesem Abschnitt spielen bei der Bestimmung des Effektivzinsfußes in vielen praktischen Anwendungen eine Rolle, da die vertraglichen Vereinbarungen unterschiedlich ausfallen und so ein nominaler Zinsfuß marktgerecht angepaßt wird.

Im Fall einer Praenumerando-Rente, die unterjährig zu zahlen ist und die unterjährig verzinst wird, folgt der Endwert durch Aufzinsen um ein Jahr unmittelbar aus 3.7.2.

$$(3.7.3') \qquad R'_e = r\cdot\left(1+\frac{p}{100m}\right)\cdot\frac{\left(1+\frac{p}{100m}\right)^{nm}-1}{\frac{p}{100m}}$$

Für den Barwert der zugehörigen Praenumerando-Rente folgt hieraus durch entsprechendes Abzinsen um nm Zinsperioden:

$$(3.7.4) \qquad R'_b = r\left(1+\frac{p}{100m}\right)^{1-nm}\frac{\left(1+\frac{p}{100m}\right)^{nm}-1}{\frac{p}{100\,m}}$$

Nun betrachten wir den Fall, daß die unterjährigen Zahlungsperioden für die Rentenzahlungen von den Verzinsungsperioden sich in der Länge unterscheiden. Dazu sind die beiden Grundfälle zu trennen: Erstens kann die Anzahl m der Verzinsungen pro Jahr größer als die Anzahl k der Rentenzahlungen pro Jahr sein, z.B. monatliche Verzinsung bei einer Quartalsrente oder die Verzinsungsperioden sind länger als die Zahlungsperioden. Wir wollen hier nur die beiden Fälle betrachten, daß m ein ganzzahliges Vielfaches von k und umgekehrt ist.

Fall: $m = j\cdot k$

In der Abbildung 3.7.3 ist für ein Jahr die Situation skizziert. Die erste Rentenzahlung ist bezüglich der Verzinsung für n-1 Jahre und (k-1)j Verzinsungsperioden des ersten Jahres zu berücksichtigen. Insgesamt somit für

$$(n-1)m+(k-1)j = (n-1)jk+(k-1)j=$$
$$njk-jk+jk-j = (nk-1)j$$

Verzinsungsperioden. Der Endwert dieser Zahlung ist demnach

$$r\,q_m^{(nk-1)j},$$

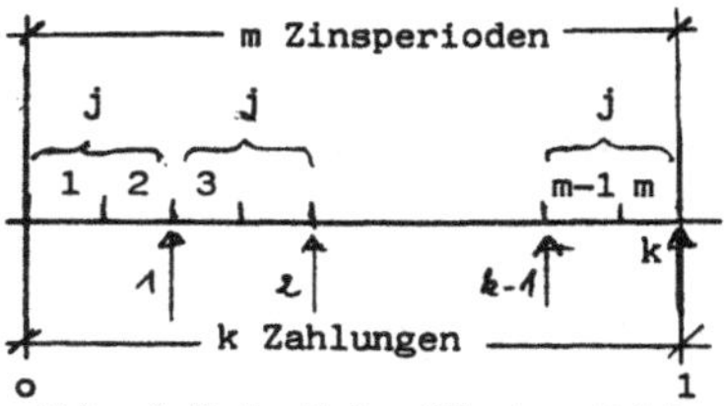

Abb. 3.7.3: Unterjährige Zahlungen bei unterjähriger Verzinsung

falls man für $q_m = 1+\frac{p}{100m}$ gewählt hat. Die nächste Zahlung ist um j Verzinsungsperioden kürzer als die erste Zahlung aufzuzinsen. So beträgt ihr Endwert $rq_m^{(nk-2)j}$, usw. Die vorletzte Zahlung ist um j Perioden aufzuzinsen. Deshalb ist ihr Endwert rq_m^j. Die letzte Zahlung r braucht nicht mehr aufgezinst zu werden. Um den Endwert der gesamten Rente zu erhalten sind diese Einzelbeträge zu addieren. Für den Endwert R_e erhält man so zunächst:

$$R_e = rq_m^{(nk-1)j} + rq_m^{(nk-2)j} + \ldots + rq_m^j + r$$

Dabei handelt es sich um eine geometrische Summe (vgl. 1.2.2) mit nk Summanden. Die jeweils benachbarten Summanden unterscheiden sich um einen Faktor, und zwar den Faktor q_m^j . Für den Summenwert R_e erhält man deshalb:

$$(3.7.5) \qquad R_e = r \frac{q_m^{nkj} - 1}{q_m^j - 1} = r \frac{q_m^{nm} - 1}{q_m^{m/k} - 1}$$

Aus dem Endwert kann der Barwert leicht durch diskontieren bestimmt werden, indem man den Wert R_e um nm Zinsperioden abzinst. Für den Barwert ergibt sich so der Wert R_b zu:

$$(3.7.6) \qquad R_b = r \frac{1}{q_m^{nm}} \frac{q_m^{nm} - 1}{q_m^{m/k} - 1}$$

Bisher ist die Situation betrachtet worden, daß für die unterjährigen Zeitintervale die Rente nachschüssig gezahlt wird. Der Endwert einer vorschüssigen Rente R_e' ergibt sich in diesem Fall aus der oben angegebenen Summe,bei der nun jeder Summand wegen der längeren Verzinsung mit q_m^j multipliziert werden muß. Durch Ausklammern aus jedem Summand folgt für diesen Endwert aus 3.7.5:

$$(3.7.7) \qquad R_e' = r\, q_m^j \frac{q_m^{nm} - 1}{q_m^{n/k} - 1} = r\, q_m^{m/k} \frac{q_m^{nm} - 1}{q_m^{m/k} - 1}$$

Durch Diskontieren um nm Verzinsungsperioden kann man den Barwert R_b' einer vorschüssigen Rente in diesem Fall bestimmen.

$$(3.7.8) \qquad R_b' = r \frac{q_m^{m/k}}{q_m^{nm}} \frac{q_m^{nm} - 1}{q_m^{m/k} - 1}$$

Beispiel: Auf einem Tagesgeldkonto (tägliche Verzinsung) werden anfangs 2o.ooo WE angelegt und nach jeweils einem Monat weitere 2o.ooo WE. Auf welchen Betrag ist das Guthaben nach 17 Monaten bei 5,5% p.a. angewachsen?

Lösung: Die Frage ist auf den Endwert einer vorschüssigen Rente gerichtet. Dabei ist in 3.7.7 für k=12,für m=36o und nm=17·3o , also nm=51o zu setzen. Ferner ist r=2o.ooo WE. Mittels 3.7.7

folgt $R_e' = 20.000 \cdot 1{,}00015^{30} \cdot \frac{1{,}00015^{510} - 1}{1{,}00015^{30} - 1} =$

$= 20.000 \cdot 1{,}0046 \cdot 17{,}6393 = \underline{354.406{,}49 \text{ WE}}$

Übrigens geht die Formel 3.7.5 im Spezialfall m=k in die Formel 3.7.2 über. Für die anderen hergeleiteten Beziehungen gilt Ähnliches. Wir wollen uns nun dem Fall zuwenden, daß die Verzinsungsperioden mehrere Zahlungsperioden umfassen.

Fall: $k = j \cdot m$

In der Abbildung 3.7.4 ist für eine nachschüssige Rente der Zeitablauf im ersten Jahr festgehalten. Danach ist für die erste Rentenzahlung von r Währungseinheiten zunächst eine lineare Verzisung bis zum Ende der ersten Zinsperiode vorzusehen. Ähnliches gilt überhaupt für die ersten j Zahlungen. Faßt man nämlich jeweils j Zahlungen einer Verzinsungsperiode zu einer Ersatzzahlung R_E zusammen, so kann man 3.7.2 zur Bestimmung des Endwertes R_e verwenden. Man sieht sofort:

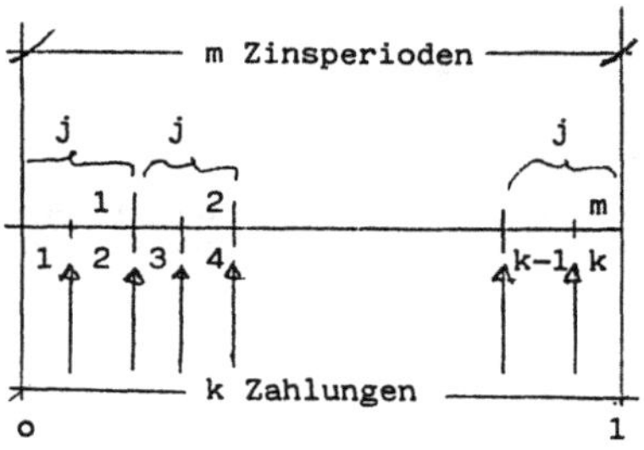

Abb. 3.7.4: Unterjährige Zahlungen bei unterjähriger Verzinsung (Fall: k=jm)

$$R_e = R_E \frac{q_m^{nm} - 1}{q_m - 1}$$

falls man $q_m = 1 + \frac{p}{100m}$ setzt. Es ist nunmehr noch R_E unbekannt. Wählt man $p_m = \frac{p}{m}$ oder $i_m = \frac{p}{100m}$, so läßt sich R_E folgendermaßen angeben:

$$R_E = r(1+ \frac{j-1}{j} i_m) + r(1+ \frac{j-2}{j} i_m) + \dots + r(1+ \frac{1}{j} i_m) + r.$$

Die erste Zahlung ist nämlich linear für j-1 Zahlungsperioden der insgesamt j Zahlungsperioden innerhalb einer Verzinsungsperiode zu verzinsen. Die zweite Zahlung ist demnach um eine Zahlungsperiode kürzer zu verzinsen usw. Durch Umstellen erhält man:

$$R_E = r\left[j + \frac{i_m}{j} \left((j-1) + (j-2) + \dots + 1 + 0\right)\right]$$

Die Summe in der inneren Klammer kann als Summe der ersten j-1 Zahlen 1.1.2 berechnet werden. Für R_E folgt so vereinfacht:

$$R_E = r \cdot (j + \frac{i_m}{j} \cdot \frac{j(j-1)}{2}) = r \cdot (j + i_m \cdot \frac{j-1}{2})$$

Nunmehr können wir den Endwert der Rente in diesem Fall angeben.

$$(3.7.9) \qquad R_e = r \cdot (j + i_m \frac{j-1}{2}) \cdot \frac{q_m^{nm} - 1}{q_m - 1}$$

worin $j = \frac{k}{m}$ ist.

Den Barwert dieser nachschüssigen Rente R_b ergibt sich aus dem Endwert, indem man den Endwert R_e um nm Zinsperioden abzinst und dabei den Abzinsungsfaktor $\frac{1}{q_m}$ verwendet. So folgt für den Barwert:

$$(3.7.1o) \qquad R_b = r\cdot(j+i_m \frac{j-1}{2})\cdot\frac{1}{q_m^{nm}}\cdot\frac{q_m^{nm}-1}{q_m-1}$$

Will man den Endwert R_e' für eine vorschüssige Rente in diesem Fall bestimmen, so muß man etwas anders als bei der nachschüssigen Rente vorgehen. Die Ersatzzahlung R_E' pro Zinsperiode ist nämlich etwas höher, da jede Einzahlung r um eine Einzahlungsperiode länger zu verzinsen ist. Dieses führt zu der Ersatzzahlung R_E' pro Zinsperiode:

$$R_E' = r(1+\frac{j}{j}i_m) + r(1+\frac{j-1}{j}i_m) + \ldots + r(1+\frac{2}{j}i_m) + r(1+\frac{1}{j}i_m).$$

Durch Umstellen erhält man:

$$R_E' = r\left[j + \frac{i_m}{j}(j + (j-1) + \ldots + 2 + 1)\right]$$

Da der innere Klammerausdruck die Summe der ersten j Zahlen darstellt, kann man einfacher notieren:

$$R_E' = r(\ j + \frac{i_m}{j}\ \frac{j(j+1)}{2}\ ) = r(j+i_m\frac{j+1}{2})$$

Diese Ersatzzahlung ist nunmehr für nm Zinsperioden zu berücksichtigen, in denen jeweils am Ende diese Zahlung zu verrechnen ist. Man erhält für den Endwert der vorschüssigen Rente:

$$(3.7.11) \qquad R_e' = r(j + i_m \frac{j+1}{2})\cdot\frac{q_m^{nm}-1}{q_m-1}$$

Der Wert R_b' dieser vorschüssigen Rente kann hieraus leicht durch diskontieren um nm Zinsperioden bestimmt werden. Man erhält deshalb:

$$(3.7.12) \qquad R_b' = r(j + i_m \frac{j+1}{2})\cdot\frac{1}{q_m^{nm}}\cdot\frac{q_m^{nm}-1}{q_m-1}$$

In den beiden Formeln 3.7.11 und 3.7.12 ist jeweils für den Wert von j der Quotient $\frac{k}{m}$ zu setzen.

Im Rahmen der Zinseszinsrechnung ist im Abschnitt 2.7 die stetige Verzinsung behandelt worden. Es erhebt sich die Frage: Kann man auch Rentenzahlungen bei einer stetigen Verzinsung berechnen? In der Tat liefert der Fall $m=j\cdot k$ die Hilfsmittel zur Betrachtung von Renten bei stetiger Verzinsung.

Renten bei stetiger Verzinsung:

Die Formel 3.7.5 für k Rentenzahlungen pro Jahr bei m unterjährigen Zinsperioden und $m > k$ erlaubt den erforderlichen Grenzwertübergang für $m \to \infty$ durchzuführen, wie er bereits im Abschnitt 2.7 dargestellt worden ist.
Schreiben wir gemäß 3.7.5 den Endwert R_e als Grenzwert bei stetiger Verzinsung, so erhalten wir:

$$(3.7.13) \qquad R_e = \lim_{m \to \infty} r \frac{q_m^{nm} - 1}{q_m^{m/k} - 1}$$

$$= r \lim_{m \to \infty} \frac{(1 + \frac{i}{m})^{nm} - 1}{(1 + \frac{i}{m})^{m/k} - 1}$$

$$= r \lim_{x \to \infty} \frac{\left[(1 + \frac{1}{x})^x\right]^{in} - 1}{\left[(1 + \frac{1}{x})^x\right]^{i/k} - 1}$$

$$= r \frac{e^{in} - 1}{e^{i/k} - 1}$$

Dabei ist im vorletzten Schritt analog zur Betrachtung aus 2.7 für $x = \frac{m}{i}$ gesetzt worden. Im letzten Schritt wurde der Grenzwert für e substituiert:

$$\lim_{x \to \infty} (1 + \frac{1}{x})^x = e$$

3.8 Ewige Rente

Bei Stiftungen oder älteren Rechten steht die Frage nach Renten mit praktisch unbegrenzter Laufzeit im Vordergrund. Derartige Renten werden als ewige Renten bezeichnet. Die Formeln 3.1.4 und 3.2.3 erlauben für nach- bzw. vorschüssige Renten den jeweiligen Barwert zu bestimmen. Dabei ist der Grenzübergang für eine unbegrenzte Laufzeit $n \to \infty$ notwendig. Dazu wird 3.1.4 folgendermaßen umgeformt:

$$R_o = r \frac{1 - \frac{1}{q^n}}{q-1}$$

Im Grenzfall $n \to \infty$ geht der Ausdruck $\frac{1}{q^n}$ in der Formel gegen Null. Somit ergibt sich für den Barwert einer ewigen Rente R_o^e

$$(3.8.1) \qquad R_o^e = r \frac{1}{q-1}$$

Bei einer vorschüssigen Rente ist die Überlegung fast gleich. 3.2.3 wird zunächst umgeformt.

$$R_o' = r \frac{1}{q^{n-1}} \frac{q^n-1}{q-1} = r\,q \frac{1 - \frac{1}{q^n}}{q-1}$$

Analog zur obigen Betrachtung ergibt sich im Grenzfall $n \to \infty$ für den Barwert einer vorschüssigen ewigen Rente $R_o'^e$

$$(3.8.2) \qquad R_o'^e = r \frac{q}{(q-1)}$$

Beispiel: Für eine Stiftung soll ein Kapitalstock so gebildet werden, daß jährlich ein Betrag von 2o.ooo WE abgezweigt werden kann, ohne den Kapitalstock zu verändern. Es wird mit einer langfristigen Verzinsung von 5% p.a. gerechnet. Wie hoch ist die Kapitalausstattung zu wählen, wenn die 2o.ooo WE am Jahresende entnommen werden?
Lösung: 3.8.1 liefert hier die Lösung für r=2o.ooo und q=1,o5 zu
R_o^e = 2o.ooo: o,o5 = 4oo.ooo WE.

Den Faktor $\frac{1}{q-1}$ in der Formel 3.8.1 nennt man den Kapitalisierungsfaktor. Wegen q=1+i ist er gleich $\frac{1}{i}$. Er ist stets größer als ein Barwertfaktor für eine nachschüssige Rente.

4. Kapitel: Tilgungsrechnung

Die Tilgungsrechnung ist derjenige Teil der Finanzmathematik, der sich mit denjenigen Fragestellungen beschäftigt, die sich bei der Rückzahlung von Schulden ergeben. Wegen der in der Praxis auftretenden recht unterschiedlichen Schuldenarten tritt ein breites Spektrum von Fragen, von denen in diesem Rahmen nur einige behandelt, und zwar derartige mit grundlegender Bedeutung.

Zunächst sind einige Begriffe zu klären. Unter der Annuität oder jährlichen Rate wollen wir den in einem Jahr geleisteten Gesamtbetrag verstehen, der sich in der Regel aus einem Zinsbetrag und einer Tilgungsrate oder Tilgung zusammensetzt. So gesehen, kann man verschiedene Schuldarten unterscheiden. Bei der " Zinsschuld" enthält die Annuität keine Tilgung, so daß nur die Zinsen berücksichtigt werden. Die Tilgung erfolgt in diesem Fall am Ende der Laufzeit durch eine einmalige Leistung. Im Extremfall einer Zinsschuld werden überhaupt keine Annuitäten geleistet, dann fallen neben der Kapitalschuld auch die Zinsen einschließlich Zinseszinsen am Ende der Laufzeit an. Diese Schuldenart kann mit Hilfe der Zinseszinsrechnung beschrieben werden. Sie spielt deshalb in diesem Kapitel keine Rolle. Die übrigen Schuldenarten fallen in die Gruppe der "Amortisationsschulden". Als Spezialfälle dieser Amortisationsschulden treten die "Ratenschulden" mit jährlich konstanter Tilgung und die "Annuitätenschulden" mit jährlich konstanter Annuität in der Praxis besonders oft auf.
Zunächst wird bei den Überlegungen davon ausgegangen, daß die Annuitäten tatssächlich durch eine einmalige Leistung im Jahr bewirkt wird. In vielen praktischen Fällen erfolgen die Zahlungen in unterjährigen Abschnitten. Diesbezüglich werden die Ergebnisse aus der Rentenrechnung sinngemäß übernommen. Das gleiche gilt auch für nicht ganzzahlige Laufzeiten.

4.1 Ratentilgung

Im Falle der Ratentilgung werden die jährlichen Tilgungen konstant gehalten. Durch die Tilgungen verringert sich der Schuldenbetrag von Jahr zu Jahr und damit die Zinslast, was zu einer Verringerung der Annuität führt. Geht man von den Darlehenskonditionen aus, welche den Zinsfuß von p % p.a. und den Tilgungsanteil von t % pro Jahr festlegen, so ergibt sich für eine Anfangsschuld zum Zeitpunkt o folgendes:
Die Tilgung $T = \frac{K_o}{n} = K_o \frac{t}{100}$ führt zu einer Laufzeit $n = \frac{100}{t}$. Damit erhält man für die Restschuld am Ende des m-ten Jahres, die mit K_m bezeichnet sei

$$(4.1.1) \qquad K_m = K_o - \frac{K_o}{n} m = K_o \left(1 - \frac{m}{n}\right)$$

Die Zinsen Z_m im m-ten Jahr können aus der Restschuld am Ende des (m-1)-ten Jahres K_{m-1} ermittelt werden:

$$(4.1.2) \qquad Z_m = K_{m-1} \frac{p}{100} = K_o\left(1 - \frac{m-1}{n}\right) i$$

Da sich die Annuität aus der Summe von Tilgung und Zinsen zusammensetzt, beträgt die Annuität A_m im m-ten Jahr:

$$(4.1.3) \qquad A_m = K_o\left(\frac{1}{n} + i\left(1 - \frac{m-1}{n}\right) \right)$$

Da die Differenz zwischen Z_m und A_m konstant gleich T ist, gilt:

$$\Delta A_m = A_{m+1} - A_m = Z_{m+1} - Z_m = K_o i(1 - \frac{m}{n} - 1 + \frac{m-1}{n})$$

$$= -K_o i \frac{1}{n} = -Ti$$

Somit können die Zahlungen A_m als eine Folge von Zahlungen einer arithmetischen Rente aufgefaßt werden, deren Barwert nach 3.6.1 bestimmt werden kann. Der Barwert A_o der Annuitäten einer Ratenschuld ergibt sich demnach zu folgendem Wert:

(4.1.4) $$A_o = A_1 a_n + \frac{-Ti}{i}(a_n - nv^n) = K_o(\frac{1}{n} + i): a_n - T(a_n - nv^n)$$

$$= K_o i a_n - Tnv^n = K_o(ia_n - v^n) = K_o$$

Dabei folgt die letzte Beziehung unmittelbar aus 3.3.3. Wegen der obigen Bemerkung über Z_m und A_m ergibt sich für den Barwert Z_o der Zinsleistungen bei einer Ratenschuld:

(4.1.5) $$Z_o = A_o - Ta_n = K_o - Ta_n$$

Da die Zinsleistungen den Nießbrauch eines Kapitalvermögens darstellen, nennt man Z_o auch den Barwert des Nießbrauches.

Für den praktischen Gebrauch sind die Formeln 4.1.1 bis 4.1.3 als Näherungen zu verwenden, denn bei der Berechnung von Zinsen und Tilgungsleistungen sind die theoretischen Werte gemäß dem Rechnen mit Währungen zu runden. Zur Übersicht über die Entwicklung des Schuldenstandes stellt man einen Tilgungsplan auf. Daraus kann man den Schuldenstand am Jahresanfang und die Zins-, Tilgungs- und Annuitätenleistung am Jahresende entnehmen. Im Anhang ist das Programm 5 angegeben, mit dessen Hilfe der Tilgungsplan der Tabelle 4.1.1 ermittelt worden ist.

Tilgungsplan

Anfangsschuld: 150000 WE, Zinsfuss: 8.00 %, Laufzeit: 13 Jahre

Jahr	Schuld Jahresanfang	Zinsen	Tilgung	Annuitaet
1	150000.00	12000.00	11538.46	23538.46
2	138461.54	11076.92	11538.46	22615.38
3	126923.08	10153.84	11538.46	21692.30
4	115384.62	9230.76	11538.46	20769.22
5	103846.16	8307.69	11538.46	19846.15
6	92307.70	7384.61	11538.46	18923.07
7	80769.24	6461.53	11538.46	17999.99
8	69230.78	5538.46	11538.46	17076.92
9	57692.32	4615.38	11538.46	16153.84
10	46153.86	3692.30	11538.46	15230.76
11	34615.40	2769.23	11538.46	14307.69
12	23076.94	1846.15	11538.46	13384.61
13	11538.48	923.07	11538.48	12461.55

Tabelle 4.1.1: Tilgungsplan (Ratenschuld)

Neben dem bisher behandelten Fall einer einfachen Ratenschuld gibt es den Fall einer Ratenschuld mit Aufgeld, bei der außer den Tilgungs- und Zinsleistungen eine weitere Leistung in Höhe von α% der Tilgungsleistung gezahlt wird. Das Aufgeld im m-ten Jahr beträgt demnach bei einer Ratenschuld $a_m = \frac{\alpha}{100}$ T und ist somit konstant. Im Tilgungsplan ist eine weitere Spalte einzufügen und zwar für das Aufgeld. Ferner erhöht sich die Annuität um den konstanten Wert des Aufgeldes, was entsprechend auch für A_m in der Formel 4.1.3 gilt.

4.2 Annuitätentilgung

Bei der Annuitätentilgung wird die Annuität konstant gehalten, d.h., daß A_m=A ist. Damit sich der Schuldenbetrag ermäßigt, muß die Annuität größer als die Zinsen im ersten Jahr der Laufzeit sein. Dadurch verändert sich im folgenden Jahr die Zinsleistung und damit auch die Tilgung, die größer wird. In der Praxis wird neben dem Kapitalbetrag für Anfangsschuld K_0 der Zinsfuß von p % p.a. und der Tilgungsprozentsatz **t** % für das erste Jahr angegeben. Der Sachverhalt, daß eine Annuitätenschuld vorliegt, ergibt sich durch Formulierungen wie: die Tilgung beträgt t % zuzüglich ersparter Zinsen. Für das erste Jahr betragen Zinsen und Tilgung:

$$(4.2.1) \qquad Z_1 = K_0 \cdot \frac{p}{100} \quad \text{und} \quad T_1 = K_0 \cdot \frac{t}{100}$$

Da in m-ten Jahr die Zinsen um die Zinsen der Tilgung T_{m-1} des (m-1)-ten Jahres niedriger sind, gilt:

$$(4.2.2) \qquad Z_m = Z_{m-1} - T_{m-1} i.$$

Da

$$(4.2.3) \qquad A = Z_j + T_j \quad \text{für } j=1,\ldots,n \text{ mit der Laufzeit } n$$

ist, ergibt sich T_m zu

$$(4.2.4) \qquad T_m = A - Z_m = Z_{m-1} + T_{m-1} - Z_m = Z_{m-1} + T_{m-1} - Z_{m-1} + T_{m-1} i$$
$$= T_{m-1} \cdot (1+i) = T_{m-1} q.$$

Damit ist nachgewiesen, daß die Zahlenfolge der Tilgungswerte T_m eine geometrische Folge ist und wegen 1.2.1

$$(4.2.5) \qquad T_m = T_1 \cdot q^{m-1}$$

ist. Für die Summe der Tilgungsleistungen während der Laufzeit von m Jahren, wobei m zunächst als ganzzahlig vorausgesetzt wird, folgt dann nach 1.2.2 der Wert $T_1 \frac{q^m-1}{q-1} = T_1 s_m$. Dieser Wert stellt die bis dahin erfolgte Tilgungsleistung dar, so daß die Differenz zwischen der ursprüglichen Schuld K_0 und der Restschuld nach m Jahren diesem Wert gleich ist. Man erhält somit:

$$(4.2.6) \qquad K_m = K_0 - T_1 s_m.$$

Am Ende der Gesamtlaufzeit von n Jahren ist die Restschuld K_n=o, weshalb

(4.2.7) $$K_o = T_1 \cdot s_n$$

ist. Gegebenenfalls kann man aus 4.2.7 den Wert für T_1 bestimmen, wenn K_o bekannt ist. Die Formeln 4.2.6 und 4.2.7 bezeichnet man als "Tilgungsformeln", da in ihnen die erste Tilgungsrate T_1 als Rechengröße auftritt. Die letzte der Tilgungsformeln läßt sich auch folgendermaßen formulieren: Die Gesamtschuld ist gleich der Summe aller Tilgungsleistungen.

Wegen $A = Z_1 + T_1 = K_o i + T_1$ folgt $T_1 = A - K_o i$. Setzt man diese Beziehung in 4.2.6 ein, so erhält man eine "Annuitätenformel"

(4.2.8) $$K_m = K_o - (A - K_o i)s_m = K_o(1-(q^m-1)) - As_m$$
$$= K_o q^m - A\, s_m$$

Für das n-te Jahr folgt in Analogie zu 4.2.7 die Annuitätenformel

(4.2.9) $$K_o = A\,\frac{1}{q^n}\,s_n = A \cdot a_n$$

Die Gesamtschuld K_o ist somit gleich dem Barwert sämtlicher Annuitätenleistungen.

Tilgungsplan

Anfangsschuld: 150000 WE Zinsfuss: 8.00 %, Tilgung: 1.00 %

Jahr	Schuld Jahresanfang	Zinsen	Tilgung	Annuitaet
1	150000.00	12000.00	1500.00	13500.00
2	148500.00	11880.00	1620.00	13500.00
3	146880.00	11750.40	1749.60	13500.00
4	145130.40	11610.43	1889.57	13500.00
5	143240.83	11459.26	2040.74	13500.00
6	141200.09	11296.00	2204.00	13500.00
7	138996.09	11119.68	2380.32	13500.00
8	136615.77	10929.26	2570.74	13500.00
9	134045.03	10723.60	2776.40	13500.00
10	131268.63	10501.49	2998.51	13500.00
11	128270.12	10261.60	3238.40	13500.00
12	125031.72	10002.53	3497.47	13500.00
13	121534.25	9722.74	3777.26	13500.00
14	117756.99	9420.55	4079.45	13500.00
15	113677.54	9094.20	4405.80	13500.00
16	109271.74	8741.73	4758.27	13500.00
17	104513.47	8361.07	5138.93	13500.00
18	99374.54	7949.96	5550.04	13500.00
19	93824.50	7505.96	5994.04	13500.00
20	87830.46	7026.43	6473.57	13500.00
21	81356.89	6508.55	6991.45	13500.00
22	74365.44	5949.23	7550.77	13500.00
23	66814.67	5345.17	8154.83	13500.00
24	58659.84	4692.78	8807.22	13500.00
25	49852.62	3988.20	9511.80	13500.00
26	40340.82	3227.26	10272.74	13500.00
27	30068.08	2405.44	11094.56	13500.00
28	18973.52	1517.88	11982.12	13500.00
29	6991.40	559.31	6991.40	7550.71

Tabelle 4.2.1: Tilgungsplan (Annuitaetenschuld)

Im praktischen Gebrauch stellt sich oft die Frage nach der Laufzeit einer Annuitätenschuld bei vorgegebener Verzinsung und Anfangstilgung. Aber auch umgekehrt kann die Laufzeit und der Zinsfuß bekannt sein, und der prozentuale Anteil für die erste Tilgungsrate ist gesucht. Der Zusammenhang wird durch die Beziehung 4.2.1 zusammen mit 4.2.7 beschrieben. Durch Einsetzen erhält man:

$$K_o = \frac{K_o t}{100} s_n \quad \text{oder}$$

$$(4.2.10) \qquad t = \frac{100}{s_n} = \frac{100\, i}{q^n - 1} = \frac{p}{q^n - 1}$$

In der Tabelle 4.2.2 sind für die verschiedenen Zinsfußwerte von 4 % bis 9 % und für die Laufzeiten von 5 bis 35 Jahren mit einigen Zwischenwerten die Prozentsätze für die erste Tilgungsrate zusammengestellt. Bei gleicher Laufzeit verringert sich die Tilgungsrate bei steigendem Zinsfuß, da bei steigendem Zinsfuß sich die Werte für die ersparten Zinsen im zweiten Jahr und den Folgejahren steigern. Es ist dagegen leicht zu sehen, daß bei konstantem Zinsfuß und längerer Laufzeit die erste Tilgungsrate niedriger ausfallen muß.

Retrospektive und prospektive Formeln:

Die Formeln 4.2.6 und 4.2.8 bezeichnet man als retrospektiv, da durch sie auf Grund geleisteter Annuitäten oder Tilgungen im nachhinein der Wert für die Restschuld ermittelt wird. Durch Umformung wird nun die Formel 4.2.11 hergeleitet, bei der durch die noch ausstehenden, also zukünftigen Leistungen der Schuldenrest ermittelt wird. Diese Beziehung wird deshalb als prospektiv bezeichnet. Aus 4.2.7 und 4.2.8 folgt durch Einsetzen:

$$K_m = A a_n q^m - A s_m = A\left(\frac{1}{q^n}\,\frac{q^n-1}{q-1}\, q^m - \frac{q^m-1}{q-1}\right)$$

$$= A\,\frac{q^{n+m} - q^m - q^{m+n} + q^n}{q^n\,(q-1)} = A\,\frac{q^n - q^m}{q^n(q-1)} = A\,\frac{(q^{n-m}-1)q^m}{(q-1)q^n}$$

Durch Kürzen des Bruchs folgt:

$$(4.2.11) \qquad K_m = A\,\frac{1}{q^{n-m}}\,\frac{q^{n-m}-1}{q-1} = A a_{n-m}$$

Danach ist die Restschuld gleich dem Barwert der noch ausstehenden Annuitätenleistungen.

Tilgungsrate

Zeit/P	4.0%	5.0%	6.0%	7.0%	8.0%	9.0%
5	18.4627	18.0975	17.7396	17.3991	17.0456	16.7092
10	8.3291	7.9505	7.5868	7.2378	6.9029	6.5820
15	4.9941	4.6342	4.2963	3.9795	3.6830	3.4059
20	3.3582	3.0243	2.7185	2.4393	2.1852	1.9546
25	2.4012	2.0952	1.8227	1.5811	1.3679	1.1806
30	1.7830	1.5051	1.2649	1.0586	.8827	.7336
35	1.3577	1.1072	.8974	.7234	.5803	.4636

Tabelle 4.2.2: Prozentsatz fuer die erste Tilgungsrate

Laufzeit:

Im praktischen Gebrauch stellt sich oft die Frage nach der Laufzeit einer Annuitätenschuld bei vorgegebener Verzinsung und Anfangstilgung. Nun liefert 4.2.1 zusammen mit 4.2.7 einen Zusammenhang zwischen der ersten Tilgungsrate, der Verzinsung und der Laufzeit:

$$K_o = \frac{K_o \cdot t}{100} s_n$$

Löst man nach dem Ersetzen von s_n durch den Ausdruck 3.1.2 nach n auf, so erhält man in einem ersten Zwischenschritt:

$$q^n - 1 = \frac{p}{100} \cdot \frac{100}{t} = \frac{p}{t}$$

oder schließlich:

$$q^n = \frac{p+t}{t}$$

Logarithmieren gemäß 1.3.1 liefert den Wert für n zu:

$$(4.2.10') \qquad n = \frac{\ln\left(\frac{p+t}{t}\right)}{\ln(q)}$$

Beispiel: Für eine Schuld mit einer Verzinsung von 8% wird eine nachschüssig fällige Annuität konstanter Höhe so vereinbart, daß die Anfangstilgung 1% der Anfangsschuld beträgt. Wie lange läuft dieses Darlehen?

Lösung: Da p+t=9 und p=8 zu wählen ist, wird für q=1,o8 gestzt. Aus 4.2.1o' erhält man n=2,1972:o,o77o = 28,55 Jahre. Somit beträgt die Laufzeit 28,55 Jahre.

Bei längerfristigen Schulden wird immer wieder von der ursprünglichen Zahlungsweise dadurch abgewichen, daß Sondertilgungen geleistet werden oder eine Aussetzung von Leistungen im Nachhinein vereinbart werden. Im Falle von Sondertilgungen sind zwei Fälle möglich. Man kann zum einen die Laufzeit verkürzen, indem die Annuität beibehalten wird, oder bei unveränderter Laufzeit die Annuitäten herabsetzen, die nach der Sondertilgung zu leisten sind. Für das Aussetzen gilt Analoges.
Wenden wir uns zunächst der Frage zu, wie verändert sich die Laufzeit einer Annuitätenschuld, wenn nach m Jahren eine Sondertilgung in Höhe von H Währungseinheiten geleistet wird und die Annuität unverändert bleibt. Die Restschuld am Ende des m-ten Jahres nach der Zahlung der turnusmäßigen Rate beträgt K_m, das gemäß 4.2.8 zu bestimmen ist. Wird anschließend die Sondertilgung H verrechnet, so bleibt als Restschuld K_m-H. Dieser Betrag ist als Anfangsschuld einer Schuld mit der Ausgangsannuität A anzusehen. Damit kann gemäß 4.2.9 angesetzt werden, wenn die Restlaufzeit mit l bezeichnet wird:

$$K_m - H = A \cdot a_l = A \cdot \frac{q^l - 1}{q^l i}$$

Multipliziert man die Gleichung mit q^l, so gilt: $(K_m - H) i q^l = A q^l - A$

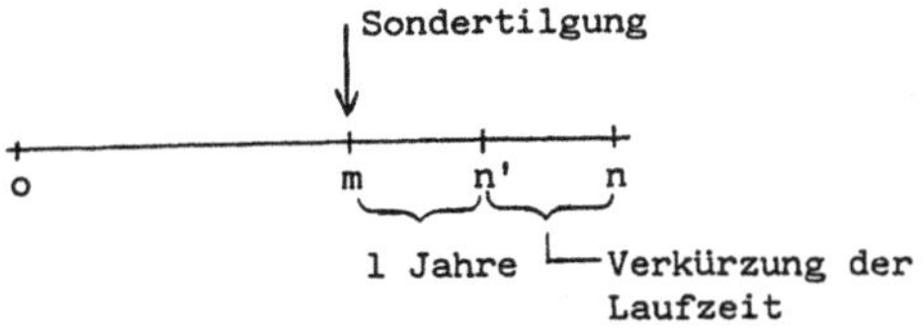

Abb. 4.2: Laufzeitverkürzung bei Sondertilgung

Durch Umstellen der Glieder erhält man: $A=(A-(K_m-H)i)q^l$ oder nach der Division durch den Faktor von q^l

$$q^l = \frac{A}{A-(K_m-H)}$$

Logarithmiert man nun noch nach 1.3.1, und formt man nach 1.3.2 um, so läßt sich l angeben.

$$(4.2.11') \quad l = \frac{\ln(A) - \ln(A-(K_m-H)i)}{\ln(q)}$$

Ohne Sondertilgung ergibt sich die Restlaufzeit n-m aus 4.2.11', indem man für H den Wert o einsetzt. Die Differenz der Laufzeiten beträgt deshalb:

$$(n-m) - l = \frac{\ln(a)-\ln(A-K_m i)}{\ln(q)} - \frac{\ln(A)-\ln(A-(K_m-H)i)}{\ln(q)}$$

$$= \frac{\ln(A-(K_m-H)i) - \ln(A-K_m i)}{\ln(q)}$$

Wählt man bei einer Sondertilgung den anderen Weg, die Annuität für die Restlaufzeit herabzusetzen, so kann die neue Annuität A' aus 4.2.9 für die Restlaufzeit n-m und eine Schuld von K_m-H herleiten:

$$K_m - H = A' \, a_{n-m} \qquad \text{oder} \qquad A' = \frac{K_m - H}{a_{n-m}}$$

Dabei ist die neue Annuität mit A' bezeichnet. Das Verhältnis zwischen der alten und der neuen Annuität in der Form:

$$(4.2.12) \qquad \frac{A'}{A} = \frac{K_m - H}{K_m}$$

Denn ohne Sondertilgung, d.h. in obiger Beziehung für H gleich o gesetzt, ergibt sich die vorherige Annuität A. Somit ermäßigt sich die Annuität bei einer Sondertilgung im Verhältnis der neuen Restschuld zu derjenigen ohne Sondertilgung.

Beispiel: Eine Hypothek über 15o.ooo WE wird als Annuitätenschuld zu 8%
Zinsen und 1% Tilgung ausgegeben. Nach 6 Jahren kann eine Sondertilgung über 4o.ooo WE neben der turnusmäßigen Rate geleistet
werden.

    a) Wie verändert sich bei gleichbleibender Annuität die Laufzeit
    der Hypothek?

    b) Wie hoch ist die zukünftige Annuität anzusetzen, wenn die
    ursprüngliche Laufzeit beibehalten wird?

Lösung: Anzumerken ist, daß im vorangegangenen Beispiel die ursprüngliche Gesamtlaufzeit mit 28,55 Jahren bereits ermittelt worden ist. Der Kapitalstand K_m am Ende des m-ten Jahres (m=6) ergibt sich aus der Formel 4.2.11 zu:

$$K_6 = Aa_{22,55} = o,o9K_o \cdot a_{22,55} = 138.996,11 \text{ WE}$$

Damit kann die Frage a folgendermaßen gelöst werden, wenn man die
Formel 4.2.11 f für die Differenz der Laufzeiten verwendet.

$$(n-m)-1 = \frac{\ln(13.5oo - (138.996,11-4o.ooo)o,o8) - \ln(13.5oo-138996,11 \cdot o,o8)}{\ln(1,o8)}$$

$$= \frac{\ln(5.58o,31) - \ln(2.38o,31)}{\ln(1,o8)} = 11,o7 \text{ Jahre}$$

Somit ist die Schuld nach einer Gesamtlaufzeit von 17,47 Jahren
durch die Sondertilgung bezahlt.

Im Fall der Frage b ist die Formel 4.2.12 zu verwenden. Sie liefert
nach A', der neuen Annuität, aufgelöst:

$$A' = A \cdot \frac{K_6 - H}{K_6} = 13.5oo \cdot \frac{138.996,11 - 4o.ooo}{138.996,11} = 9.615,oo \text{ WE}$$

Durch die Sondertilgung von 4o.ooo WE am Ende des 6. Jahres hat
sich die ursprüngliche Annuität auf ca. 71% reduziert. Dieser
Wert wird bei gleicher Sondertilgung kleiner, je später die Sondertilgung erfolgt.

Barwerte:

Analog zu den Betrachtungen bei der Ratentilgung kann man die Barwerte für
die Tilgungsleistungen und der Zinsen bestimmen. Für die Tilgungsleistungen ist die Beziehung 4.2.5 wichtig. Für die Ermittlung des zugehörigen
Barwerts sind die Tilgungsbeträge T_m um m Jahre zu diskontieren und aufzu-
summieren:

$$T_o = \sum_{m=1}^{n} T_m v^m = \sum_{m=1}^{n} T_1 q^{m-1} q^{-m} = \sum_{m=1}^{n} T_1 q^{-1}$$
$$= nT_1 v$$

Da der Barwert der Annuitäten nach 4.2.9 gleich der ursprünglichen Schuld
ist und die Zinsen als Differenz zwischen der Annuität und der Tilgung angesehen werden kann, folgt für den Barwert der Zinsen einer Annuitätenschuld

$$(4.2.13) \qquad Z_o = K_o - nT_1 v$$

Einbezogenes Aufgeld:

Wird bei einer Annuitätenschuld ein zusätzliches Aufgeld von a% zu jedem Tilgungsbetrag verlangt, so ändern sich die bisherigen Überlegungen. Wird nämlich dieses Aufgeld zu jeder Annuität dazugeschlagen, so bleibt wegen der sich ändernden Tilgungsbeträge die Annuität nicht mehr konstant. Deshalb gilt in diesem Fall für die neue Annuität A' im m-ten Jahr:

(4.2.13) $$A' = Z'_m + T'_m + \frac{a}{100} T'_m = Z'_m + T'_m(1 + \frac{a}{100})$$

$$= Z'_{m-1} + T'_{m-1}(1+ \frac{a}{100})$$

Aus 4.2.13 folgt durch Auflösen nach T'_m:

$$T'_m = \frac{1}{1 + \frac{a}{100}} (Z'_{m-1} - Z'_m + T'_{m-1}(1+ \frac{a}{100}))$$

Nun ist $Z'_{m-1} - Z'_m = T'_{m-1} i$ und somit gilt:

(4.2.14) $$T'_m = \frac{1}{1 + \frac{a}{100}} \cdot (T'_{m-1} i + T'_{m-1}(1+ \frac{a}{100}))$$

$$= \frac{1}{1+\frac{a}{100}} \cdot (i + (1+\frac{a}{100}))\; T'_{m-1}$$

Ersetzt man den Klammerausdruck durch $q' = 1+\frac{i}{1+\frac{a}{100}}$, so ist:

(4.2.15) $$T'_m = T'_{m-1} \cdot q'$$

Diese Beziehung zeigt, daß T'_m als eine geometrische Zahlenfolge aufzufassen ist. Die Summe der Tilgungen in den ersten m Jahren ergibt sich somit nach der Formel 1.2.2. Die Restschuld am Ende des m-ten Jahres ist deshalb:

$$K'_m = K_0 - T'_1 \cdot \frac{q'^m - 1}{q' - 1}$$

Für das Ende der Laufzeit ist die Restschuld $K_n = 0$. Deshalb kann K_0 folgendermaßen notiert werden:

(4.2.16) $$K_0 = T'_1 \frac{q'^n - 1}{q' - 1} = T'_1 (s_n)' \quad \text{oder} \quad T'_1 = K_0 : (s_n)'$$

Diese Bezeichnung ist völlig gleich zu derjenigen 4.2.7 für eine Annuitätenschuld ohne Aufgeld. Die Formel 4.2.7 kann in 4.2.16 überführt werden, wenn man in 4.2.7 an Stelle von p einen Ersatzzinsfuß p' einführt.

Dieser Ersatzzinsfuß P' ist gleich:

$$P' = \frac{p}{1 + \frac{a}{100}}$$

Für die Annuität A' folgt speziell für das 1. Jahr aus 4.2.13:

$$A' = K_o i + \frac{K_o}{s'_n}\left(1 + \frac{a}{100}\right) = K_o\left(1 + \frac{a}{100}\right)\left(i' + \frac{1}{s'_n}\right) \text{ oder}$$

$$(4.2.17) \qquad A' = K'_o : a'_n \quad \text{mit } K'_o = K_o\left(1 + \frac{a}{100}\right)$$

Der Wert K'_o stellt das "Ersatzkapital", das insgesamt einschließlich des Aufgeldes aufzubringen ist. In dieser Formulierung ist 4.2.17 zu 4.2.9.

Beispiel: Eine Annuitätenschuld über 1.000.000 WE ist in 5 Jahren mit einem Aufgeld von 12% und einem Zinsfuß von 3,5% zu tilgen. Wie hoch ist die Annuität anzusetzen?

Lösung: p' = 3,5:1,12 = 3,125% ist der Ersatzzinsfuß. Das Ersatzkapital K'_o ist 1.120.000 WE. Deshalb liefert 4.2.17 für die Annuität A' = 1.120.000: a'_5 = 1.120.000: 4,5634 = 245.430,63 WE.

Die erste Tilgungsrate beträgt übrigens nach 4.2.16

T'_1 = 187.884,49 WE. Wäre kein Aufgeld zu leisten, betrüge sie T_1 = 186.481,37 WE und ist deshalb um 1.403,12 WE **niedriger** als T'_1.

Neben dem einbezogenen Aufgeld bei Annuitätenanleihen gibt es noch die Möglichkeit des zusätzlichen Aufgeldes. Bei Prämienanleihen (Lotterie-, Losanleihen u. dgl.) wird dieses zusätzliche Aufgeld nicht im Verhältnis zur Tilgung ausgezahlt, sondern die enstprechenden Stücke werden in Nieten und Treffer aufgeteilt. Dadurch gibt sich für die Nieten eine andere Effektivverzinsingung (s. Abschnitt 5) als für die Treffer.

Anzumerken bleibt noch, daß die Überlegungen in diesem Abschnitt unter der Bedingung hergeleitet sind, daß die Laufzeit eine ganze Zahl ist. Für Teile eines Jahres kann, wie im Abschnitt 2.11 über die gemischte Verzinsung angegeben, vorgegangen werden. Eine andere in der Praxis benutzte Methode ist die der Ausgleichszahlung. Dabei wird entweder zu Beginn des angebrochenen Jahres oder zum Ende die Restschuld als Ausgleichszahlung geleistet. Bei der Bestimmung der Höhe der Ausgleichszahlung wird linear ab- oder aufgezinst.

4.3 Verrechnung von Gebühren und Provisionen

Ist neben den Zinsen eine Provision, eine Gebühr oder sind Verwaltungskosten (z.B. bei Auslandsanleihen) zu zahlen, so sind diese Beträge bei den Annuitäten zu berücksichtigen. In der Regel ist der Betrag der Gebühr G_m im m-ten Jahr ein fester Pozentsatz g des Schuldenrestes zu Beginn des laufenden Jahres. Es gilt dann:

$$(4.3.1) \qquad G_m = \frac{g}{100} \cdot K_{m-1}$$

Die Annuität ist somit $A_m = Z_m + T_m + G_m$. Der Betrag G_m kann als ein Zuschlag zu den Zinsen Z_m angesehen werden. Für die Zins- und die Ratenschuld sind damit die Zusammenhänge beschrieben. Man kann ersatzweise $Z'_m = Z_m + G_m$ setzen und erhält folgende Beziehungen:

$$(4.3.2) \qquad G_m = \frac{g}{p} \cdot Z_m \quad \text{und} \quad G_m = \frac{g}{p+g} \cdot Z'_m$$

Ratenschuld:

Für eine Ratenschuld läßt sich aus 4.1.2 G_m ermitteln:

$$(4.3.3) \qquad G_m = \frac{g}{100} \cdot K_o \cdot \left(1 - \frac{m-1}{n}\right)$$

Da $\Delta G = G_m - G_{m-1} = -\frac{g}{100} \cdot T$ konstant ist, lassen sich die Gebührenzahlungen als eine arithmetische Rente auffassen. Für den Barwert dieser Gebühren G_o erhält man wegen 3.6.1 den Wert

$$(4.3.4) \qquad G_o = G_1 a_n - \frac{g}{100} \cdot \frac{T}{i} \cdot (a_n - nv^n) = \frac{g}{p}\,(K_o - Ta_n)$$

Dieser Barwert faßt sämtliche Gebührenzahlungen während der Laufzeit eines Darlehens zu einem Wert zusammen. Man nennt diesen Wert die "Zuzählprovision", wenn er bei der Begebung gezahlt wird, wodurch die laufenden jährlichen Gebühren entfallen.

Annuitätenschuld:

Bei Annuitätenschulden gibt es 2 in der Praxis genutzte Vorgehensweisen. Man kann die Gebühren in die gleichbleibende Annuität einbeziehen. Dann ist $A = A_m = T_m + (Z_m + G_m)$, was dazu führt, daß man den Zinsfuß $\hat{p} = p + g$ einführt. Mittels dieses Zinsfußes kann man aus der Formel 4.2.9 den Wert für A bestimmen:

(4.3.5) $A = K_o : \hat{a}_n$

Dabei ist beim Rentenbarwertfaktor der oben angegebene Zinsfuß $\hat{p}$ einzusetzen. Die in diesen Annuitätetn enthaltenen Gebühren und Zinsleistungen Z'_m besitzen eine Barwert, der sich 4.2.12 zu

(4.3.6) $Z'_o = K_o - nT_1\hat{v}$

ermitteln läßt. Wegen 4.3.2 können die in den Jahresleistungen enthaltenen Gebühren zu dem Barwert G_o zusammengefaßt werden:

(4.3.7) $G_o = \frac{g}{g+p}(K_o - n\,T_1\hat{v})$

Dieser Wert hat allerdings nur theoretische Bedeutung. Wird bei einer Annuitätenschuld die Gebühr durch eine einmalige Leistung zu Beginn der Laufzeit in Form einer "Zuzähl- oder Zuteilungsprovision" ausgeglichen, ergibt sich für die Annuität A der gewöhnliche Wert nach 4.2.9 zu

$A = K_o : a_n$

Darin wird der Zinsfuß p eingesetzt. Da der Barwert der Zinszahlungen nach 4.2.13 bestimmt werden kann und die Beziehung 4.3.2 gilt, folgt für den Barwert der Gebührenzahlungen in diesem Fall:

(4.3.8) $G_o = \frac{g}{p}(K_o - n\,T_1 v)$

Dieser Wert hat im Gegensatz zu demjenigen aus 4.3.7 insoweit praktische Bedeutung, als er in Form der Zuzählprovision in der Regel bei der Darlehensauszahlung vom Darlehensbetrag abgezogen wird.

Beispiel: Ein Darlehen über 2.000.000 WE, das über eine Auslandsbank abgewickelt wird, ist neben den Zinsen von 4.5 % p.a. mit einer Verwaltungsgebühr von 5 ‰ belastet, die sich nach der Höhe der jeweiligen Restschuld bestimmt. In den Darlehensbedingungen ist vorgesehen, daß die Gebühr bei der Auszahlung des Darlehensbetrags in einer Summe fällig ist, die Laufzeit 2o Jahre beträgt und gleichbleibende Annuitäten zu zahlen sind.

a) Wie hoch ist die Annuität?
b) Wie wäre sie, wenn die Provision jährlich in die Annuität einbezogen wird?
c) Wie hoch ist der Barwert der Gebühren im Fall b?

Lösung: a) Da eine Annuitätenschuld vorliegt, kann die Annuität A nach der Formel 4.2.9 ermittelt werden. Für p=4,5% ist ihr Wert A= 2.ooo.ooo:13,oo79 = 153.752,28 WE, da n=2o ist.
b) In diesem Fall ist die Beziehung 4.3.5 zu verwenden. Für $\hat{p}$=4,5 % ist die Annuität A= 2.ooo.ooo:12,4622 = 16o.485,17 WE. Sie liegt also über derjenigen im Fall a, da nunmehr die Gebühren enthalten sind.

c) Im Fall a folgt aus der Annuität A und dem Zinsfuß von 4,5 % für die erste Tilgungsrate T_1 = 63.752,28 WE und damit gemäß 4.3.8 die Zuzählprovision G_0 = o,5:4,5(K_0-n$T_1 v$) = 86.651,18 WE.

Dieser Betrag wird vertragsgemäß von dem Darlehensbetrag bei der Auszahlung abgezogen.

d) Dagegen stellt der Wert nach 4.3.7 nur einen Vergleichswert dar. Nach b folgt für T_1 = 6o.485,17 WE und damit für den Barwert der Gebühren G_0= o,5:5(K_0-n$T_1 \hat{v}$) = 84.79o,15 WE, womit für $\hat{p}$= 4,5+o,5 gesetzt ist. Der Unterschied zur Lösung c erklärt sich durch den abweichenden jährlichen Schuldenstand.

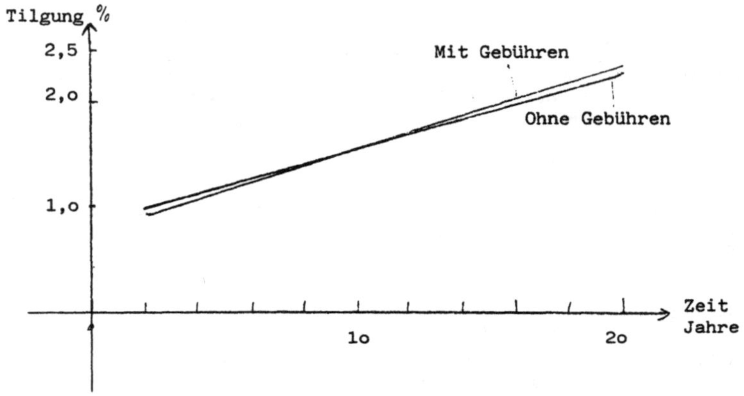

Abb. 4.3.1: Vergleich der Tilgungsrate mit und ohne Einbeziehen von Gebühren

Die Abbildung 4.3.1 zeigt, wie sich die Tilgungsrate während der Laufzeit entwickelt. Zunächst ist die Tilgungsrate niedriger, wenn die Gebühren in der Annuität berücksichtigt werden. In den späteren Jahren steigt die Tilgungsrate in diesem Fall über diejenige im Fall ohne Gebühren.

4.4 Doppelter Zinsfuß

Neben den in den Abschnitten 4.1 und 4.2 behandelten Tilgungsformen tritt in der Praxis die Tilgung mittels eines Tilgungsfonds auf. Dabei werden die Tilgungsbeträge nicht dem Schuldkonto unmittelbar gutgeschrieben, sondern zunächst auf einem selbständigen Konto angesammelt, das eventuell sogar bei einem anderen Kreditinstitut geführt wird, wie es bei der Vorfinanzierung von Bausparkrediten auftreten kann. Die Abbildung spiegelt schematisch die Situation wider. Dabei zeigt das Schuldkonto links ein Anwachsen des Schuldbetrages, wenn zwischenzeitlich keine Zinsen entrichtet werden. Das Guthabenkonto rechts wächst mit den Tilgungsbeträgen und den Zinsen so lange an, bis sein Wert gleich demjenigen des Schuldkontos ist.

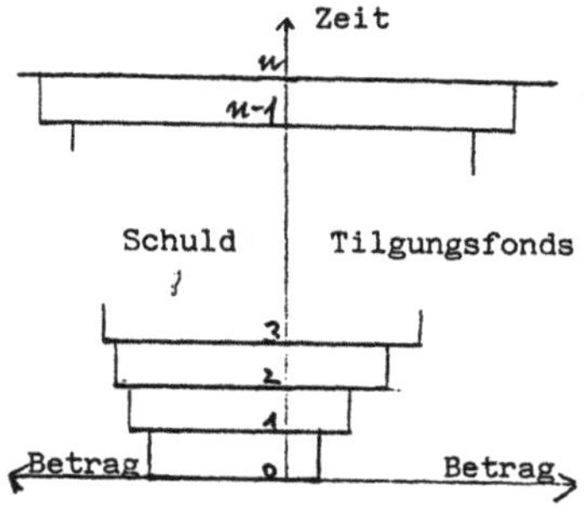

Abb. 4.4.1: Tilgungsfonds

Wir wollen zunächst den Fall untersuchen, daß die jährlich zu entrichtenden Schuldzinsen unmittelbar auf dem Schuldkonto verrechnet werden, während die Tilgungsleistungen auf dem Guthabenkonto (Tilgungsfonds) geführt werden. Setzt man für den Tilgungsfonds einen Zinsfuß $\hat{p}$ an, so setzt sich die neue Annuität A' aus den Zinsen für die konstant bleibende Schuld K_o und einer Tilgung T' zusammen. Der Wert für T' bestimmt sich aus K_o und der Laufzeit n.

$$(4.4.1) \qquad A' = K_o i + T' = K_o i + K_o \frac{1}{\hat{s}_n} = K_o\left(i + \frac{1}{\hat{s}_n}\right)$$

Vergleicht man nun diesen Wert mit einer Annuität A'' für eine Schuld K_o mit dem Zinsfuß $\hat{p}$, so gilt $A''=K_o:\hat{a}_n = K_o(1:\hat{s}_n+\hat{i})$. So liefert 4.4.1 den Ausdruck

$$(4.4.2) \qquad A' = K_o(i-\hat{i}) + A''$$

Diese Beziehung kann folgendermaßen interpretiert werden: Die zum Ansammeln des Kapitals K_o auf dem Guthabenkonto notwendige Annuität A'' ist um die Zinsdifferenz zwischen der Verzinsung auf dem Schuldkonto und dem Guthabenkonto zu niedrig. Diese Differenz bezeichnet man als "Tilgungszuschlag".

Eine andere Möglichkeit des Tilgungsfonds erlaubt es, auf Zinszahlungen auf das Schuldkonto zu verzichten, wenn die Zahlung der Schuld anderweitig, etwa durch Bausparverträge in ausreichender Höhe sichergestellt ist. Die jährliche Annuität für das Guthabenkonto B ergibt sich dann aus der Endschuld $K_o q^n$ und dem Rentenendwertfaktor $\hat{s}_n$:

(4.4.3) $$B = K_o q^n \frac{1}{\hat{s}_n}$$

Beispiel: Eine Schuld über 15o.ooo WE soll über einen Tilgungsfond, der zu 8 % p.a. verzinst wird, getilgt werden. Die Laufzeit beträgt 8 Jahre. Der Zinsfuß der Sollzinsen beträgt 13 % p.a. Wie hoch ist die Annuität für diese Annuitätenschuld zu wählen, wenn
a) das Schuldkonto und der Tilgungsfond völlig unabhängig voneinander während der Laufzeit geführt werden?
b) die jährlichen Sollzinsen vom Tilgungsfond

Beispiel: Eine Schuld über 15o.ooo WE soll über einen Tilgungsfonds, der zu 8 % p.a. verzinst wird, getilgt werden. Die Laufzeit beträgt 8 Jahre. Der Zinsfuß für die Sollzinsen beträgt 13 % p.a. Wie hoch ist die Annuität für diese Annuitätenschuld zu wählen, wenn
a) das Schuldkonto und der Tilgungsfonds völlig unabhängig voneinander während der Laufzeit geführt werden?
b) die jährlichen Sollzinsen vom Tilgungsfonds abgebucht werden?
c) die beiden Zinsfüße für die Schuld und für den Tilgungsfonds gleich groß wären, und zwar p=p'=13 %?
Für die Fälle a) und b) sind die Tilgungspläne aufzustellen.

Lösung: Für die Annuität A der Schuld sich gemß 4.4.1 der Wert A= 15o.ooo:4,7988 = 31.258 WE.
a) In diesem Fall liefert die Formel 4.4.3 den Wert
B = 15o.ooo:1o,6366 = 37.489,94 WE.
b) Nach 4.4.2 folgt A'= 15o.ooo o,o5 + 15o.ooo:5,7466 = 33.6o2,21 WE.
c) Hier liefert 4.4.1 die Lösung A'=15o.ooo:4,7988 = 31.258,o1 WE.

Die nachfolgenden Tilgungspläne sind mit Hilfe Tabellenkalkulationsprogramms aufgestellt worden.

Tilgunsplan: Fall a

Schuldkonto			I	Tilgungsfonds		
Jahr	Schuld am Jahresanfang	Zinsen	I	Guthaben	Annuität	Zinsen
1	150000.00	19500.00	I	0.00	37489.95	0.00
2	169500.00	22035.00	I	37489.95	37489.95	2999.20
3	191535.00	24899.55	I	77979.10	37489.95	6238.33
4	216434.55	28136.49	I	121707.37	37489.95	9736.59
5	244571.04	31794.24	I	168933.91	37489.95	13514.71
6	276365.28	35927.49	I	219938.58	37489.95	17595.09
7	312292.76	40598.06	I	275023.61	37489.95	22001.89
8	352890.82	45875.81	I	334515.45	37489.95	26761.24
9	398766.63		I	398766.64		

Tilgungsplan: Fall b

Schuldkonto			I	Tilgungsfonds		
Jahr	Schuld am Jahresanfang	Zinsen	I	Guthaben	Annuität	Zinsen
1	150000.00	19500.00	I	0.00	33602.21	-19500.00
2	150000.00	19500.00	I	14102.21	33602.21	-18371.82
3	150000.00	19500.00	I	29332.60	33602.21	-17153.39
4	150000.00	19500.00	I	45781.41	33602.21	-15837.49
5	150000.00	19500.00	I	63546.14	33602.21	-14416.31
6	150000.00	19500.00	I	82732.04	33602.21	-12881.44
7	150000.00	19500.00	I	103452.81	33602.21	-11223.78
8	150000.00	19500.00	I	125831.25	33602.21	-9433.50
9	150000.00		I	149999.96		

4.5 Vorzugsanleihe und Stammanleihe

In der Regel bilden sich auf dem Markt verschiedene Zinssätze für Anleihen aus, die sich durch die Laufzeit unterscheiden. Man unterscheidet zwischen kurz-, mittel- und langfristigen Anleihen, wobei die kurzfristigeren Anleihen in der Regel einen niedrigeren Zinssatz haben und Laufzeiten von 3-4 Jahren aufweisen. Langfristigere Anleihen dagegen haben einen höheren Zinssatz und Laufzeiten über 1o-12 Jahre. Wird eine kurzfristige und eine langfristige Anleihe zu einer Gesamtanleihe verknüpft, so wird die kurzfristigere auch als "Vorzugsanleihe" und die langfristigere als "Stammanleihe" bezeichnet. Bei einer derartigen Verbindung wird die Tilgung der Stammanleihe während der Tilgungsphase der Vorzugsanleihe ausgesetzt, damit die Belastung für den Schuldner in den ersten Jahren nicht zu hoch ist.

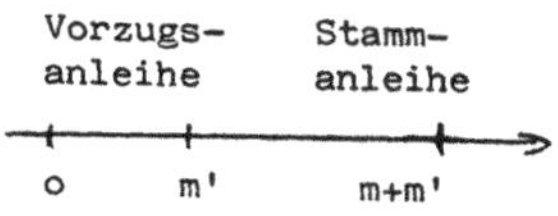

Abb. 4.5.1: Vorzugs- u. Stammanleihe

Zum Aufstellen des zugehörigen mathematischen Modells wollen wir die Laufzeit der Vorzugsanleihe mit m', ihren Betrag mit K'_o und den Zinsfuß mit p' bezeichnen. Die entsprechenden Größen für die Stammanleihe seien m, K_o und p.

Im einfachsten Fall stehend die beiden Schuldarten nebeneinander. Im Falle einer Annuitätenschuld ergibt sich für die ersten m' Jahre fol- Annuität:

$$(4.5.1) \qquad A' = \frac{K'_o}{a'_{m'}} + K_o i$$

In dieser Formel bedeutet $a'_{m'}$, den Barwertfaktor zum Zinsfuß p' für eine nachschüssige Rente mit der Laufzeit m'. Für die nächsten m Jahre, während deren die Stammanleihe getilgt wird, beträgt die Annuität:

$$(4.5.2) \qquad A = \frac{K_o}{a_m}$$

In der Regel sind die Werte für A' aus 4.5.1 und A aus 4.5.2 verschieden. Soll jedoch die Annuität während der Gesamtlaufzeit der m'+m Jahre konstant bleiben, so ergibt sich ein Zusammenhang zwischen m',p' und K'_o einerseits und m,p und K_o andererseits, da A'=A ist:

$$(4.5.3) \qquad K'_o : a'_{m'} = K_o : a_m - K_o i = K_o : s_m$$

Dieses bedeutet, daß eine der Größen aus den jeweiligen anderen ermittelt werden kann. Da in der Praxis oft die Werte für p und p' festliegen, wird bei vorgegebenem Verhältnis der Schuldbeträge aus dem Wert von m' derjenige von m bestimmt. Das folgende Beispiel verdeutlicht die Fragestellung.

Beispiel: Eine Anleihe von 1.ooo.ooo WE wird in eine Vorzugsanleihe in Höhe von 13o.ooo WE und in eine Stammanleihe von 87o.ooo WE aufgeteilt. Die Anleihebedingungen sehen für die Vorzugsanleihe eine Laufzeit von 1o Jahren bei einem Zinsfuß von 1o% vor, während für die Stammanleihe ein Zinsfuß von 13% verrechnet wird. Wann ist die Gesamtschuld getilgt, wenn gleichbleibende Annuitäten vorgesehen sind?

Lösung: Nach 4.5.3 ist $K_o' = 130.000$ und $K_o = 870.00$, $p'=10$ und $p=13$, sowie $m'= 10$ zu setzen und der interessante Wert für s_m beträgt: $s_m = K_o a_{m'}' : K_o' = \frac{870.000 \cdot 6,1446}{130.000} = 41,1213.$

Auf Grund der Definition 3.1.2 folgt für $q^m = 6,3458$ und schließlich für $m = 15,1188$ Jahre. Dieses bedeutet, daß die Gesamtschuld nach etwa 25 Jahren und 1 Monat getilgt ist.
Die Annuität beträgt somit 134.256,92 WE. Übrigens ist in diesem Fall eine Ausgleichszahlung vorzusehen, da die Laufzeit der Stammanleihe nicht ganzzahlig ist (s. Abschnitt 4.2). Es kann eine Ausgleichszahlung am Ende des 25. Jahres in Höhe von $870.000\ 1,13^{15} - 134.256,92 s_{15}' = 14.890,94$ WE neben der Annuität für das 25. Jahr geleistet werden oder eine Ausgleichzahlung am Ende des 26. Jahres in Höhe von $14.890,94 q' = 16.826,76$ WE.

4.6 Tilgung von Serienanleihen

Bei großen Anleihen stehen einem Schuldner viele Gläubiger gegenüber, da in der Regel ein Gläubiger den Kapitalbedarf nicht decken kann. Dieses führt dazu, daß die Anleihe "gestückelt" wird. Dazu wird der Schuldenbetrag in kleine Beträge aufgegliedert. Es kann dann Stücke zu 1oo WE, 5oo WE, oder 1.ooo WE geben, wobei allerdings auch andere Stückelungen denkbar sind und auftreten. Man unterscheidet Anleihen mit gleicher Stückelung mit Anteilen nur einer einzigen Höhe und Anleihen mit ungleicher Stückelung, bei der die Anteile in unterschiedlicher Höhe ausgestellt werden.

Im Gegensatz zu den bisherigen Überlegungen ergeben sich bei gestückelten Anleihen insoweit Abweichungen von den Tilgungsplänen, als bei Annuitätenschulden die zu tilgenden Beträge ganzzahlige Vielfache der Stücke sein müssen. Die jeweils zu tilgende Stücke werden normalerweise durch das Los ermittelt. Die noch im Umlauf befindlichen Stücke werden als aufrechte Stücke bezeichnet. Wegen der erwähnten Abweichungen vom theoretischen Tilgungsplan ist ein weiterer praktisch realisierbarer Tilgungsplan für gestückelte Anleihen aufzustellen. Dabei ist bei Anleihen mit gleicher und ungleicher Stückelung unterschiedlich vorzugehen.

Anleihen mit gleicher Stückelung

Wie bei jeder Anleihe kann für die vorliegende Annuitätenanleihe ein Tilgungsplan aufgestellt werden. Da er nicht praktikabel ist, heißt er der theoretische Tilgungsplan. Er stellt jedoch die Grundlage für das weitere Vorgehen dar, als durch Auf- oder Abrunden der Restschuld auf ein Vielfaches der Stückelung sich in der jeweiligen Tilgungsrate auch ein Vielfaches der Stückelung einstellt. Durch das Runden ist die Abweichung des praktizierten Tilgungsplans vom theoretischen nicht größer als ein Stück und damit möglichst klein. Die Differenz zwischen dem theoretischen und praktizierten Tilgungsplan in Bezug auf die Restschuld nennt man den Überhang. Der Überhang kann positiv,negativ oder null sein.

Beispiel: Eine Anleihe mit einem gesamtwert von 13.ooo.ooo WE mit einer Laufzeit von 7 Jahren und einer Nominalverzinsung von 8 % p.a. soll in 1oo-WE-Stücken auf den Markt gebracht werden. Wie sieht der Tilgungsplan aus?

Lösung: In der Tabelle 4.6.1 ist zunächst der theoretische Tilgungsplan angegeben. Hieraus leitet sich der praktisch durchführbare Tilgungsplan ab, der in der Tabelle 4.6.2 zu sehen ist.

Anleihen mit ungleicher Stückelung

Erheblich komplizierter ist das Erstellen eines Tilgungsplans bei einer Anleihe mit unterschiedlichen Stücken. Auch hier ist zunächst der theoretische Tilgungsplan zu erstellen, damit die Höhe der Tilgungsraten ungefähr festliegt. Da der theoretische Plan die Stückelung unberücksichtigt läßt, wird in einem zweiten Schritt ein weiterer Tilgungsplan für die Gesamtanleihe aufgestellt.Hierbei

wird jedoch davon ausgegangen, daß die Anleihe gleich gestückelt ist, und zwar nur Stücken mit der niedrigsten Stückelung. Diese modifizierte Anleihe heißt die "Vergleichsanleihe", da der zugehörige Tilgunsplan im letzten Schritt zum Vergleich herangezogen wird.
Die Gesamtanleihe setzt sich wegen der ungleichen Stückelung aus Teilanleihen zusammen, die jeweils gleich gestückelt sind. Im nächsten Schritt wird für jede Teilanleihe das oben beschriebene Verfahren für eine Anleihe gleicher Stückelung durchgeführt. Damit bleibt zum Schluß die Zusammenfassung der Teilanleihen zur Gesamtanleihe übrig. Dieses geschieht folgendermaßen. Durch die Addition der Tilgungsbeträge der Teilanleihen für jedes Jahr ergibt sich ein jährlicher Tilgungsbetrag, der von demjenigen der Vergleichsanleihe abweichen kann. Da andererseits die Vergleichsanleihe die unter Berücksichtigung der Stückelung feinste Anpassung an den theoretischen Tilgungsplan darstellt, wird eine Harmonisierung durchgeführt. Dabei werden die Tilgungsbeträge der Vergleichsanleihe dadurch erreicht, daß die Tilgungsbeträge der Teilanleihen um ganze Stücke erhöht oder verringert werden. Die Anzahl der Erhöhungen muß gleich der Anzahl der Minderungen sein, damit die Bilanz für jede Teilanleihe ausgeglichen ist.

Beispiel:

Eine Anleihe über 13 Mill. WE mit einer Laufzeit von 7 Jahren und einer Nominalverzinsung von 8 % p.a. wird als Annuitätenanleihe folgendermaßen gestückelt:

2oo Stck à	5.ooo WE:	1.ooo.ooo WE	(Teilanleihe 1)
7.ooo Stck à	1.ooo WE:	7.ooo.ooo WE	(Teilanleihe 2)
4.ooo Stck à	5oo WE:	2.ooo.ooo WE	(Teilanleihe 3)
3o.ooo Stck à	1oo WE:	3.ooo.ooo WE	(Teilanleihe 4)
	zusammen	13.ooo.ooo WE	

Es ist ein Tilgungsplan aufzustellen, der sich an den theoretischen Tilgungsplan anpaßt.

Lösung: In der Tabelle 4.6.1 ist der theoretische Tilgungsplan aufgestellt. Diesen erhält man, idem man gemäß 4.2.9 für n=7 die Annuität A aus dem Barwertfaktor a_n=5,2o64 bestimmt. Es ist A = 2.496.941,22 WE.
Hieraus wird die Vergleichsanleihe hergeleitet (s. Tabelle 4.6.2).Anschließend stellt man die Tilgungspläne für die Teilanleihen auf. Diese findet man in der Tabelle 4.6.3. Die Harmonisierung ist in der Tabelle 4.6.4 dargestellt, aus der die endgültige Stückelung zu entnehmen ist.

Tabelle 4.6.1: Theoretischer Tilgungsplan der Gesamtanleihe

Jahr	Restschuld	Zinsen	Tilgung
1	13.000.000,00	1040.000,00	1.456.941,21
2	11.543.058,78	923.444,70	1.573.496,51
3	9.969.562,26	797.564,98	1.699.376,23
4	8.270.186,02	661.614,88	1.835.326,33
5	6.434.859,69	514.788,77	1.982.152,44
6	4.452.707,24	356.216,57	2.140.724,63
7	2.311.984,61	184.958,60	2.311.984,61

Tabelle 4.6.2: Vergleichsanleihe (Zerlegung der Gesamtanleihe in eine Anleihe kleinster Stückelung)

Jahr	Restschuld	Tilgung	Stücke
1	13.000.000	1.456.900	14.569
2	11.543.100	1.573.500	15.735
3	9.969.600	1.699.400	16.994
4	8.270.200	1.835.300	18.353
5	6.434.900	1.982.200	19.822
6	5.452.700	2.140.700	21.407
7	2.312.000	2.312.000	23.120

Tabelle 4.6.3: Teilanleihen 1 - 4

Teilanleihe 1

Jahr	Restschuld	theoret. Zinsen	theoret. Tilgung	Stücke	Tilgung	Zinsen	Restschuld	Rückstand
1	1.000.000,00	80.000,00	112.072,40	22	110.000	80.000	1.000.000	0,00
2	887.927,60	71.034,21	121.038,19	25	125.000	71.200	890.000	-2.072,40
3	766.889,41	61.351,15	130.721,25	26	130.000	61.200	765.000	1.889,41
4	636.168,16	50.893,45	141.178,95	28	140.000	50.800	635.000	1.168,16
5	494.989,21	39.599,14	152.473,26	30	150.000	39.600	495.000	-10,79
6	342.515,94	27.401,28	164.671,13	33	165.000	27.600	345.000	-2.484,06
7	177.844,81	14.227,59	177.844,81	36	180.000	14.400	180.000	-2.155,18

Teilanleihe 2

Jahr	Restschuld	theoret. Zinsen	theoret. Tilgung	Stücke	Tilgung	Zinsen	Restschuld	Rückstand
1	7.000.000,00	560.000,00	784.506,81	785	785.000	560.000	7.000.000	0,00
2	6.215.493,19	497.239,46	847.267,35	847	847.000	497.200	6.215.000	493,19
3	5.368.225,84	429.458,07	915.048,74	915	915.000	429.440	5.368.000	225,84
4	4.453.177,09	356.254,17	988.252,64	988	988.000	356.240	4.453.000	177,09
5	3.464.924,45	277.193,96	1.067.312,85	1.067	1.067.000	277.200	3.465.000	-75,55
6	2.397.611,60	191.808,93	1.152.697,88	1.153	1.153.000	191.840	2.398.000	-388,40
7	1.244.913,72	99.593,10	1.244.913,78	1.245	1.245.000	99.600	1.245.000	-86,29

Tabelle 4.6.3 (Fortsetzung)

Teilanleihe 3

Jahr	Restschuld	theoret. Zinsen	theoret. Tilgung	Stücke	Tilgung	Zinsen	Restschuld	Rückstand
1	2.ooo.ooo,oo	16o.ooo,oo	224.144,8o	448	224.ooo	16o.ooo	2.ooo.ooo	o,oo
2	1.775.855,2o	142.o68,42	242.o76,39	484	242.ooo	142.o8o	1.776.ooo	-144,8o
3	1.533.778,81	122.7o2,3o	261.442,5o	523	261.5oo	122.72o	1.534.ooo	-221,19
4	1.272.336,31	1o1.786,91	282.357,9o	565	282.5oo	1o1.8oo	1.272.5oo	-163,69
5	989.978,41	79.198,27	3o4.946,53	61o	3o5.ooo	79.2oo	99o.ooo	-21,59
6	685.o31,88	54.8o2,55	329.342,25	659	329.5oo	54.8oo	685.ooo	31,88
7	355.589,63	28.455,17	355.689,63	711	355.5oo	28.44o	355.5oo	89,63

Teilanleihe 4

Jahr	Restschuld	theoret. Zinsen	theoret. Tilgung	Stücke	Tilgung	Zinsen	Restschuld	Rückstand
1	3.ooo.ooo,oo	24o.ooo,oo	336.217,2o	3.362	336.2oo	24o.ooo	3.ooo.ooo	o,oo
2	2.663.782,8o	213.1o2,62	363.114,58	3.631	363.1oo	213.1o4	2.663.8oo	-17,2o
3	2.3oo.668,22	184.o53,46	392.163,75	3.922	392.2oo	184.o56	2.3oo.7oo	-31,78
4	1.9o8.5o4,47	152.68o,36	423.536,85	4.235	423.5oo	152.68o	1.9o8.5oo	4,47
5	1.484.967,62	118.797,41	457.419,79	4.575	457.5oo	118.8oo	1.485.ooo	-32,38
6	1.o27.547,83	82.2o3,83	494.o13,38	4.94o	494.ooo	82.2oo	1.o27.5oo	47,83
7	533.534,45	42.682,76	533.534,45	5.335	533.5oo	42.68o	533.5oo	34,45

Tabelle 4.6.4: Zusammenfassung der Teilanleihen 1-4 zur Gesamtanleihe

Jahr	Stücke für Teilanleihe				Tilgungs-betrag	Tilgungsbetr. Vergleichsanl.	Differenz	Veränderung (Anleihe)				Endgültige Stückelung			
	1	2	3	4				1	2	3	4	1	2	3	4
1	22	784	448	3.362	1.455.2oo	1.456.9oo	-1.7oo	o	+1	+1	+2	22	785	449	3.364
2	25	847	484	3.631	1.577.1oo	1.573.5oo	3.6oo	-1	+1	+1	-1	24	848	485	3.63o
3	26	915	523	3.922	1.698.7oo	1.699.4oo	-7oo	o	+1	-1	+2	26	916	522	3.924
4	28	988	565	4.235	1.834.ooo	1.835.3oo	-1.3oo	o	+1	+1	-2	28	989	566	4.233
5	3o	1.o67	61o	4.575	1.979.5oo	1.982.2oo	-2.7oo	+1	-2	-1	+2	31	1.o65	6o9	4.577
6	33	1.153	659	4.94o	2.141.5oo	2.14o.7oo	8oo	o	o	-1	-3	33	1.153	658	4.937
7	36	1.245	711	5.335	2.314.ooo	2.312.ooo	2.ooo	o	-2	o	o	36	1.243	711	5.335

4.7 Tilgungsfreie Perioden, Tilgungsstreckung

Bei großen Darlehen oder bei Darlehen mit großer Belastung werden oft sowohl im privaten als auch zwischenstaatlichen Bereich tilgungsfreie Perioden vereinbart. Dabei gibt es grundsätzlich die beiden Möglichkeiten, daß einerseits die anfallenden Zinsen geleistet werden, andererseits die Zinsen der Schuld zugeschlagen werden. Im ersten Fall bleibt die Schuld konstant, so daß die bisherigen Überlegungen auf einen derartigen Fall übertragen werden können. Die Gesamtlaufzeit verlängert sich dabei um die Zeit der tilgungsfreien Perioden. Zur Annuitätenschuld sei noch angemerkt, daß während der Phase ohne Tilgung die Annuität niedriger ist als später.

Wichtig für die Praxis ist der Fall, daß nicht nur die Tilgungszahlung, sondern auch die Zinszahlung ausgesetzt wird. Dieser Fall liegt auch bei der Tilgungsstreckung vor. Sie wird angewandt, wenn bei einem Darlehen ein "Disagio" verlangt wird, d.h. ein Betrag, der nicht vom Gläubiger ausgezahlt, aber dennoch geschuldet wird. Benötigt der Schuldner dieses Disagio z.B. zur Finanzierung eines Hauses, so erhält er in Höhe dieses Betrages ein Zusatzdarlehen, das jedoch vorab zu tilgen ist. Während dieser Tilgungsphase werden sämtliche Leistungen für das Hauptdarlehen ausgesetzt, wodurch sich eine Laufzeitverlängerung oder Tilgungsstreckung für das Hauptdarlehen ergibt.

Ist die tilgungsfreie Zeit t Jahre, so erhöht sich die Anfangsschuld K_o bei einer Verzinsung von p% auf den Wert

$$K_t = K_o \cdot q^t$$

Während der anschließenden Tilgungsphase ist in n Jahren dieser Betrag K_t zu tilgen.

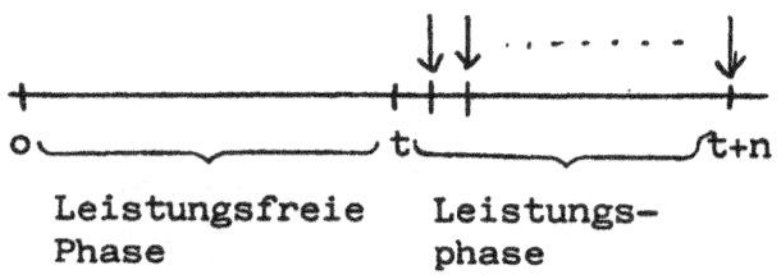

Abb. 4.7.1: Tilgungsstreckung

Bei einer Ratentilgung beträgt die Tilgung konstant $T = \frac{K_o q^t}{n}$ und die Zinsen im (t+m)-ten Jahr

$$Z_{t+m} = K_o \cdot q^t \cdot \left(1 - \frac{m-1}{n}\right) i$$

Bei einer Annuitätenschuld ergibt sich für die Annuität aus 4.2.9 der Wert:

$$A = \frac{K_o \cdot q^t}{a_n}$$

Beispiel: Ein Vertrag über eine Entwicklungshilfe sieht vor, daß ein Betrag über 1oo Mill. WE nach 1o tilgungsfreien Jahren zurückgezahlt wird. Bei 2% Zinsen wird eine Anfangstilgung von 6% der Ursprungsschuld festgelegt. Wann ist der Kredit getilgt, wenn die Annuitäten konstant bleiben?

Lösung: In diesem Fall der Annuitätenschuld ist K_o=1oo.ooo.ooo WE, t=1o Jahre und q=1,o2. A läßt sich ermitteln $A = o{,}o8 \cdot K_o = 8.ooo.ooo$ WE.

Aus $A = \frac{K_o \cdot q^t}{a_n}$ folgt durch Auflösen nach $a_n = \frac{100 \cdot 1{,}02^{10}}{8} = 15{,}2374$.

Ersetzt man a_n gemäß 3.1.5, so ergibt sich eine Gleichung n:

$$\frac{1}{q^n} \frac{q^n - 1}{q-1} = (1 - \frac{1}{q^n}) \cdot \frac{1}{i} = 15{,}2374$$

oder durch Umstellen nach q^n:

$$q^n = \frac{1}{1 - 15{,}2374 i} = 1{,}4383$$

Durch Logarithmieren gemäß 1.3.3 folgt für n:

$$n = \frac{\ln(1{,}4383)}{\ln(1{,}02)} = 18{,}36 \text{ Jahre}$$

Die gesamte Laufzeit des Kredits beträgt damit 28,36 Jahre. In der Praxis wird vermutlich eine Ausgleichszahlung am Ende des 29. Jahres vereinbart.

4.8 Investitionsrechnung

In der Wirtschaft spielt die Investitionsrechnung eine sehr wichtige Rolle, da sie die Grundlage für die Entscheidung über eine Investition ist. Eine Investition, bei der zum Zeitpunkt der Realisierung eine Ausgabe zu tätigen ist, wird nämlich in der Regel nur dann durchgeführt, wenn sie sich rentiert, d.h., daß die Einnahmen innerhalb eines Planungszeitraumes die Ausgaben überwiegen. Ferner werden bei der Investitionsrechnung Fragen untersucht, wie diejenigen nach dem Zeitpunkt für eine Ersatzinvestition oder nach der Auswahl unter verschiedenen Alternativen. Schließlich ist bei den Entscheidungen auch die Liquidität des Unternehmens zu berücksichtigen. Im Rahmen der Finanzmathematik wollen wir uns auf die Frage nach der Rentabilität beschränken.

Wegen der grundsätzlichen Bedeutung werden im folgenden die dynamischen Verfahren der Investitionsrechnung behandelt, die eine Kalkulation über mehrere Perioden erlauben, während die statischen Verfahren wie die Kosten-, Erlös-, Gewinn-, Rentabilitäts- und Amortisationsvergleichsrechnung (Pay-back, Pay-off u. dgl.) für einperiodische Zeitabschnitte, z.B. für ein Geschäftsjahr geeignet sind. In der Praxis spielt heutzutage eine mittelfristige Planung eine große Rolle. Zu den dynamischen Investitionsverfahren gehören:

1. das Kapitalwertverfahren,
2. das Verfahren des internen Zinsfußes u.
3. das Annuitätenverfahren.

In den folgenden Abschnitten wird näher auf diese drei Verfahren eingegangen.

1. Kapitalwertverfahren:

Bei diesem Verfahren wird ein Investitionsobjekt unter dem Aspekt seiner Investionskosten und der rückfließenden Beträge über einen längeren Zeitraum gesehen. Dabei wird als Zeitraum in der Regel die Lebensdauer des Investitionsobjekts gewählt. Da die rückfließenden Beträge in den verschiedenen Geschäftsjahren unterschiedlich hoch sind, müssen die Einzelbeträge unter Berücksichtigung ihres Auftretens (Ende des Geschäftsjahres) in die Rechnung einbezogen werden. Dazu ist es erforderlich unter Verwendung eines Zinsfußes eine Abzinsung vorzunehmen, wenn man sämtliche Beträge auf den Zeitpunkt der Investiton beziehen will. Diesen Zinsfuß nennt man den Kalkulationszinsfuß, der in der **Kostenrechnung** für das betriebsnotwendige Kapital anzusetzen ist.

Beim Vergleich zweier Investitionen ist darauf zu achten, daß die Nutzungszeit für beide Investitionen gleich lang, der Kalkulationszinsfuß gleich groß gewählt ist und die Anschaffungsausgaben gleich hoch sind. Es gilt diejenige Investition als lohnender, die bezogen auf den Investitionszeitpunkt den höheren Kapitalwert aufweist. Im Kapitalwert werden nicht nur die rückfließenden Beträge zeitgerecht berücksichtigt, sondern auch die Anschaffungskosten.

Jahr	Überschuß
1	$D_1=E_1-A_1$
2	$D_2=E_2-A_2$
...	..
n	$D_n=E_n-A_n$

Tabelle 4.8.1: Perioden-überschüsse

Für eine einzelne Investition kann man sagen, daß sie sich lohnt, wenn ihr Kapitalwert größer als o ist. Ist der Kapitalwert negativ, so sind Verluste zu erwarten.

Bei einer Investition wird eine Anfangsausgabe a_o getätigt. In den nächsten Jahren stehen am jeweiligen Jahresende Periodenüberschüsse als Differenz zwischen den Einnahmen und den Ausgaben zur Verfügung (s. Tabelle 4.8.1). Dabei ist es möglich, daß in gewissen Jahren, meistens in den Anfangsjahren zu negativen Überschüssen kommt. Den Überschuß im m-ten Jahr wollen wir mit D_m bezeichnen. Am Ende des Planungszeitraums hat das investierte Objekt in der Regel einen Restwert R. Will man bei der Investitionsrechnung diesen Restwert außer Betracht lassen, so kann im folgenden R gleich o gesetzt werden. Der "Kapitalwert" einer Investition ergibt sich aus der folgenden Formel:

$$(4.8.1) \qquad K_o = \sum_{m=1}^{n} \frac{D_m}{q^m} + \frac{R}{q^n} - a_o$$

In der Formel 4.8.1 ist die Nutzungszeit mit n Jahren angesetzt. Die Größe K_o stellt den Kapitalwert dar und setzt sich aus den diskontierten Überschüssen und dem diskontierten Restwert abzüglich den Anschaffungskosten zusammen. Im Abzinsungsfaktor steckt der Kalkulationszinsfuß über q=1+p/1oo drin.

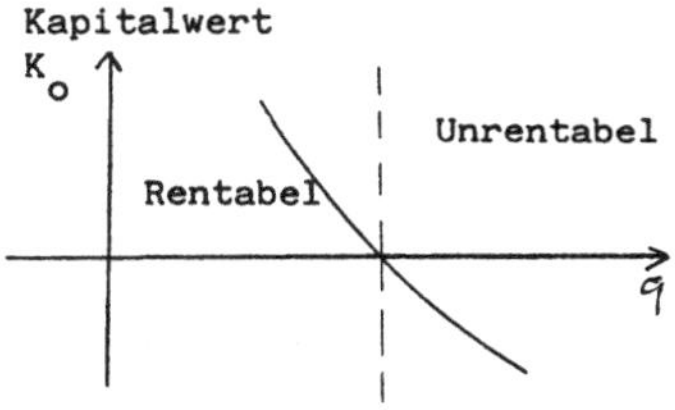

Abb. 4.8.1: Kapitalwertfunktion

Für die Auswertung der Beziehung 4.8.1 ist es wichtig zu wissen, daß der Kapitalwert vom Kalkulationszinsfuß abhängt. Die Abbildung 4.8.1 zeigt den Kapitalwert in Abhängigkeit vom Kalkultionszinsfuß, wobei auf der Abszisse der Aufzinszungsfaktor q abgetragen ist. Man sieht, daß bei steigendem Zinsfuß der Kapitalwert negativ wird. Dieses deckt sich mit der Erfahrung, daß bei zu großen Finanzierungskosten eine Investition unrentabel wird.

Beispiel: Eine Maschine mit einer Nutzungsdauer von 5 Jahren und Anschaffungskosten von 12o.ooo WE läßt folgende Einnahme-Überschüsse erwarten. Der Restwert kann mit 1o.ooo WE veranschlagt werden. Handelt es sich um eine lohnende Investition, wenn ein Kalkulationszinsfuß von 1o% zu berücksichtigen ist?

Jahr	1	2	3	4	5
Überschuß	25.ooo	3o.ooo	35.ooo	4o.ooo	3o.ooo

Die Beziehung 4.8.1 erlaubt es den Kapitalwert zu bestimmen. Durch das Einsetzen der gegebenen Werte erhält man:

$$K_o = \frac{25.ooo}{1,1} + \frac{3o.ooo}{1,1^2} + \frac{35.ooo}{1,1^3} + \frac{4o.ooo}{1,1^4} + \frac{3o.ooo}{1,1^5} + \frac{1o.ooo}{1,1^5} - 12o.ooo$$

$$= 5.974,o7 \text{ WE}$$

Da der Kapitalwert positiv ist, handelt es sich um eine lohnende Investition. Gäbe es nicht den Restwert von 1o.ooo WE am Ende des fünften Jahres, so wäre der Kapitalwert -235,14 WE,und man hätte mit leichten Verlusten zu rechnen.

2. Verfahren des internen Zinsfußes:

Das Verfahren des internen Zinsfußes ist zwar eng mit dem Kapitalwertverfahren verwandt. Im Gegensatz zum Kapitalwertverfahren geht es jedoch nicht von einem vorgegebenen Zinsfuß wie dem Kalkulationszinsfuß aus. Bei dem Verfahren des internen Zinsfußes ist derjenige Zinsfuß p_{int} gesucht, für den der Kapitalwert in der Gleichung 4.8.1 Null wird. Die sich hieraus ergebende Bestimmungsgleichung für p_{int} lautet somit:

$$(4.8.2) \qquad o = \sum_{m=1}^{n} \frac{D_m}{q_{int}^m} + \frac{R}{q_{int}^n} - a_o$$

Zu bemerken ist, daß diese Gleichung nicht in dem üblichen Sinne eine Bestimmungsgleichung für p_{int} ist, als man p_{int} in der Regel nicht direkt aus dieser Gleichung errechnen kann. Vielmehr ist ein indirekter Weg über ein numerisches Verfahren notwendig. Im Abschnitt 1.6 sind Verfahren zur Bestimmung von p_{int} angegeben, falls die übrigen Größen bekannt sind.

Zur Bedeutung des internen Zinsfußes p_{int} ist zu sagen, daß er denjenigen Zinsfuß darstellt, für welchen sich die Investition gerade noch trägt. Damit kann eine Investition als lohnend angesehen werden, wenn der interne Zinsfuß p_{int} über einer Zinsmarke liegt, die durch marktwirtschaftliche Betrachtungen als untere Grenze angesehen wird.

Beim Vergleich verschiedener Alternativen mit gleicher Nutzungsdauer und gleichem Kapitaleinsatz wird diejenige Alternative nach dem Verfahren des internen Zinsfußes als am günstigsten angesehen, die den größten Wert für den internen Zinsfuß p_{int} liefert.

Beispiel: Eine Anschaffung in Höhe von 47.9oo WE mit einer zu veranschlagenden Nutzungsdauer von drei Jahren mit den folgenden jährlichen Überschüssen D_1= 3o.ooo WE, D_2= 2o.ooo WE und D_3= 1o.ooo WE läßt keinen Restwert am Ende der Nutzung erwarten. Ist diese Investition lohnend, wenn ein Zinsfuß von 6 % vom Investor als untere Grenze festgelegt ist?

Aus der Beziehung 4.8.2 läßt sich folgende Gleichung herleiten, in der $q_{int} = 1 + p_{int}/1oo$ ist:

$$o = \frac{3o.ooo}{q_{int}} + \frac{2o.ooo}{q_{int}^2} + \frac{1o.ooo}{q_{int}^3} - 47.9oo$$

Der Wert für R ist in diesem Fall o, da kein Restwert vorliegt. Zur Vereinfachung der Rechnung multiplizieren wir diese Gleichung mit q_{int}^3 und erhalten so:

$$o = 3o.ooo\, q_{int}^2 + 2o.ooo\, q_{int} + 1o.ooo - 47.9oo\, q_{int}^3$$

Zur Bestimmung von p_{int} wollen wir zunächst q_{int} mittels des

Newtonschen Iterationsverfahrens (s. Abschnitt 1.6) bestimmen. Dazu ist neben der Funktion

$$f(q_{int}) = 30.000\ q_{int}^2 + 20.000\ q_{int} + 10.000 - 47.900\ q_{int}^3$$

auch die Ableitung erforderlich.

$$f'(q_{int}) = 60.000\ q_{int} + 20.000 - 3\ 47.900\ q_{int}^2$$

Die Beziehung 1.6.3 liefert damit die Iterationsformel

$$q_{int}^{(neu)} = q_{int} - \frac{30.000q_{int}^2+20.000q_{int}+10.00-47.900q_{int}^3}{6o.oooq_{int} + 2o.ooo - 143.7oo\ q_{int}^2}$$

Beginnt man die Iteration mit dem Startwert $q_{int}= 1,1$, so ergibt als 1. Näherungswert 1,15172. Mit diesem Wert für q_{int} liefert die obige Formel den Wert 1,14828,und im nächsten Schritt erhält man für q_{int} den Wert 1,14826. Man kann an dieser Stelle die Iteration abbrechen. Für p_{int} ist damit der Wert 14,8 % als Ergebnis ermittelt.

Vergleicht man das Kapitalwertverfahren und das Verfahren des internen Zinsfußes, so zeigen die Gleichungen 4.8.1 und 4.8.2, daß der interne Zinsfuß in der Gleichung 4.8.1 zum Kapitalwert o führt. Anders ausgedrückt, heißt dies, daß der interne Zinsfuß p_{int} eine Nullstelle der Kapitalwertfunktion ist. Da in der Kapitalwertfunktion p=o ist, gilt q=1. Setzt man in der Kapitalwertfunktion 4.8.1 q=1, so folgt:

$$K_o(1) = \sum_{m=1}^{n} D_m - a_o = G$$

Wird andererseits q sehr groß gewählt, also der Grenzwert für $q \to \infty$, so

$$\lim_{q\to\infty} K_o(q) = - a_o = g$$

In der Abbildung 4.8.1 sind zwei grundsätzliche Funktionstypen dargestellt. Die eine Funktion ist monoton fallend, wie sie sich ergibt, wenn sämtliche Überschüsse D_m positiv sind. Dabei ist klar, daß ein wirtschaftlich sinnvolles Projekt G o erwarten läßt. Da g negativ ist, gibt es sicherlich eine Nullstelle, d.h., daß für einen Zinsfuß p_{int} die Kapitalwertfunktion o wird. Anders sieht es im Fall aus, daß nicht sämtliche Werte D_m positiv sind oder g positiv wird. Dann kann es eintreten, daß es keinen Wert für p_{int} gibt, der wirtschaftlich sinnvoll ist, oder es kann sogar mehrere Werte für den internen Zinsfuß geben.

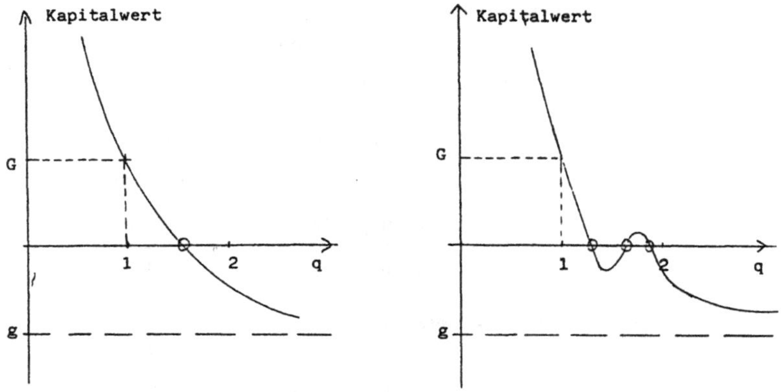

Abb. 4.8.1: Kapitalwertfunktion (monoton und alternierend)

Beispiel: Ein Unternehmer hat einen Auftrag übernommen, bei dem eine Anzahlung bei Vertragsabschluß in Höhe von 12o.ooo WE vorgesehen ist. Weitere Raten sind nach dem 1. Jahr (25.ooo WE) und dem 2. Jahr (85.4oo WE) vorgesehen. Statt der ursprünglich in Aussicht genommenen Maschinenerweiterung hat er eine gebrauchte Maschine zu einem Preis von 11o.ooo WE unmittelbar nach Vertragsabschluß erwerben können. Im 1. Jahr ist mit Ausgaben von 5o.ooo WE und im 2. Jahr von 7o.ooo WE zur Abwicklung des Auftrags zu rechnen. Wie hoch ist der interne Zinsfuß?

Lösung: Durch die Anzahlung ergeben sich negative Anschaffungskosten in Höhe von -1o.ooo WE. Im 1. Jahr ist der Überschuß auch negativ und zwar: -25.ooo WE. Im 2. Jahr beträgt der Überschuß 15.4oo WE. Somit folgt die Beziehung für den internen Zinsfuß aus 4.8.2 zu:

$$o = \frac{-25.000}{q} + \frac{15.400}{q^2} + 1o.ooo$$

Division durch 1o.ooo und Multiplikation mit q^2 führt zu:

$$q^2-2,5q+1,54 = o$$

Somit beträgt der interne Zinsfuß p=1o% bzw. 4o%, da $q=1,25\pm o,15$ ist. Dabei ist der niedrigere Wert für Vergleichszwecke geeignet.

3. Annuitätenverfahren:

Das Annuitätenverfahren stellt eine andere Frage als die beiden bisher behandelten Verfahren. In gewissem Sinne werden die Einnahmen und die Ausgaben für die gesamte Planungsperiode gemittelt. Die Differenz zwischen diesen "gemittelten" Werten heißt die Gewinnannuität A_G. Sie gibt an, welches Kapital in den Jahren der Planungsperiode im Mittel z.B. für Ersatzinvestitionen oder Neuinvestitionen durch die untersuchte Neuinvestition abgeworfen wird.
Der Barwert der Einnahmen kann folgendermaßen bestimmt werden:

$$B_e = \sum_{i=1}^{n} \frac{E_i}{q^i} + \frac{R}{q^n} \tag{4.8.3}$$

Analog ergibt sich der Barwert B_a der Ausgaben zu:

$$B_a = \sum_{i=1}^{n} \frac{A_i}{q^i} + a_o \tag{4.8.4}$$

Sowohl den Barwert der Einnahmen B_e als auch den Barwert der Ausgaben B_a kann man als Barwert jeweils einer jährlichen Rente auffassen, wodurch man zu einer Ausgabenannuität A_a und einer Einnahmenannuität A_e gelangt. Der Zusammenhang zwischen B_e und A_e wird durch die Beziehung

$$A_e = B_e : a_n = B_e \cdot \frac{q^n(q-1)}{q^n-1} = B_e w_n \tag{4.8.5}$$

beschrieben. Die Größe w_n heißt der Kapitalwiedergewinnungsfaktor und hängt insbesondere von q und damit vom Kalkulationszinsfuß p ab. Die entsprechende Beziehung für die Ausgabenannuität A_a lautet:

$$A_a = B_a w_n = B_a \cdot \frac{q^n(q-1)}{q^n-1} \tag{4.8.6}$$

Die Differenz aus A_e und A_a ist die Gewinnannuität A_G und gibt an, welcher Überschuß jährlich im Mittel während der Nutzungsdauer als Rückfluß zu erwarten ist.

$$A_G = A_e - A_a = (B_e - B_a) w_n \tag{4.8.7}$$

Eine Investition kann mittels des Annuitätenverfahrens als lohnend angesehen werden, wenn die Gewinnannuität positiv ist. Beim Vergleich zweier Investitionen wird diejenige mit der größeren Gewinnannuität als lohnender angesehen. Wegen der oben erwähnten Bedeutung der Gewinnannuität wird das Annuitätenverfahren bei der Beurteilung von Ersatz- und Erweiterungsinvestitionen bevorzugt.

Beispiel: Wie hoch ist die Gewinnannuität im Falle des Beispiels zum Kapitalwertverfahren?

Lösung: In diesem Fall ergibt sich bei dem Kalkulationsfuß von 1o % und einer Laufzeit von 5 Jahren ein Wiedergewinnungsfaktor von w_5=o,2638. Wie das obige Beispiel gezeigt hat ist die Differenz der Barwerte $B_e - B_a$ gleich dem Kapitalwert 5.974,o7 WE. Die Gleichung 4.8.7 liefert dann A_G= 5.97o4,o7 o,2638 = 1.575,94 WE. Dieser Betrag stellt den mittleren Gewinn während der 5-jährigen Planungszeit für diese Investition dar.

Berücksichtigung von Abschreibung und Steuern:

In der bisherigen Betrachtung sind Investitionen ohne ihre Abschreibung und ohne Berücksichtigung von Steuern auf die Überschüsse behandelt worden. Wie im Abschnitt 2.1o beschrieben,gibt es verschiedene Abschreibungsverfahren. Bei jedem Verfahren wird im j-ten Jahr die Abschreibung Q_j vorgenommen. Bei der Berechnung der Steuer ist deshalb der Überschuß D_j um diese Abschreibung Q_j zu vermindern. Ferner ergeben sich je nach der Rechtsform des Betriebes unterschiedliche Steuersätze, die zum Ermitteln der Steuer herangezogen werden. Dieser Steuersatz, der gegebenenfalls auch als Grenzsteuersatz gewählt werden kann, wird im folgenden mit s bezeichnet. Nach Steuern bleibt im j-ten Jahr ein Nettoüberschuß von $D_j - s\,(D_j - Q_j)$. Um den Kapitalwert zu bestimmen, ist der Restwert R zu berücksichtigen. Allerdings ist steuerlich nur die Differenz zwischen dem Restwert R und dem Buchwert am Ende des n-ten Jahres B_n zu bewerten. Damit folgt für den Kapitalwert nach Steuern:

$$K_o = \sum_{j=1}^{n} \frac{D_j - s\,(D_j - Q_j)}{q^j} + \frac{R - s(R - B_n)}{q^n} - a_o$$

Zur Untersuchung kann man bei gegebenem Kalkulationszinsfuß das Kapitalwert- oder Annuitätenverfahren anwenden oder durch Nullsetzen von K_o den internen Zinsfuß bestimmen. Da hierbei die steuerlichen Abzüge berücksichtigt sind, erhält man den Nettokapitalwert, die Nettogewinnannuität oder den internen Nettozinsfuß. Im Anhang ist ein Programm (s. Nr. 11) angefügt, welches erlaubt, das Abschreibungsverfahren und das Investitionsverfahren auszuwählen. Neben den Ausgaben, Einnahmen und dem Restwert ist der Steuersatz einzugeben. Das Programm ist durch seine Menue-Eingabe selbsterklärend.

Abschließend sei noch auf den Sachverhalt hingewiesen, daß bei einem Vergleich verschiedener Investitionsvorhaben (Alternativinvestitionen) in der Praxis sog. Prioritätenlisten aufgestellt werden. Nun tritt es oft auf, daß die verschiedenen Verfahren zur Investitionsrechnung andere Reihungen in den Prioritätenlisten liefern können. Je nach dem Kurvenverlauf der Kapitalwertfunktion (s. Abb. 4.8.1, links) kann der Kapitalwert bei einer Alternativinvestition niedriger ausfallen, während der interne Zinsfuß gleichzeitig höher ist und umgekehrt. Je nach der Betrachtungsweise und Zielsetzung innerhalb eines Betriebes wird dem einen oder anderen Verfahren der Vorzug gegeben.
In diesem Zusammenhang ist hervorzuheben, daß für die Genauigkeit der Analyse durch die Investitionsrechnung die Präzision der Daten für die Einnahmen und Ausgaben sind. Im praktischen Betrieb ergeben sich an dieser Stelle oft große Ungenauigkeiten, so daß die Frage des Verfahrens in den Hintergrund tritt und die Investitionsrechnung ein Indikator für eine Entscheidung ist.

5. Kapitel: Kurs- und Rentabilitätsrechnung

Durch die Verwendung der modernen Rechengeräte ist es erheblich leichter geworden, komplizierte mathematische Gleichungen zu lösen. Während früher auch aus praktischen Erwägungen heraus die Kurs- und die Rentabilitätsrechnung getrennt worden sind, kann heute für beide Bereiche ein mathematisches Modell angegeben werden, bei dem sich beim Übergang von einem Gebiet zum anderen jeweils die Fragestellung umkehrt, wenn man von wenigen Problemen absieht. Dabei ist die numerische Behandlung der Kursrechnung einfacher. Bei der Rentabilitätsrechnung sind dagegen eher Iterationsverfahren erforderlich.

5.1 Einführung

Das folgende Beispiel gibt eine typische Fragestellung für die Kurs- und die Rentabilitätsrechnung wieder: Eine zu 1o % verzinsliche Forderung von zunächst 2o.ooo WE wächst in 1o Jahren auf 51.874,85 WE an. Wird sie bereits nach 3 Jahren abgelöst oder verkauft, so ist dieser Betrag zu diskontieren. Dabei kann mit unterschiedlichen Zinsfüßen diskontiert werden. In der nebenstehenden Tabelle 5.1 sind für einige Zinsfüße die Beträge und das Verhältnis des jeweiligen Betrags zu 26.62o WE notiert, der sich aus dem Vertragszinsfuß von 1o % ergibt. Man erkennt, daß sich bei einem höheren Zinsfuß ein niedrigeres Verhältnis oder eine niedrigere Bewertung ergibt und umgekehrt. Der Zinsfuß von z.B. 13,56 % kann als Rendite eines Erwerbers der Schuldforderung angesehen werden, wenn er diese zu einem Kurs von 8o % erwirbt. Dabei ist die Basis für den Kurswert durch die vertraglichen Vereinbarungen bestimmt.

Zinsfuß %	Betrag WE	Verhältnis %
1o,oo	26.62o,oo	1oo,oo
12,oo	23.465,55	88,15
13,56	21.296,oo	8o,oo
8,oo	3o.268,48	113,71

Tabelle 5.1: Beispiel für Kurse und Rendite

Für die weitere Betrachtung ist es wichtig zu erkennen, daß sich der Kurs ermitteln läßt, wenn die Rendite vorgegeben ist. Dieses ist die Hauptfrage der Kursrechnung. Wird jedoch vom Kurs ausgegangen, so kann die Rendite oder Effektivverzinsung bestimmt werden, was die Aufgabe der Rentabilitätsrechung ist. Wir sehen, wie oben bereits erwähnt, den Zusammenhang der beiden Gebiete. Der jeweils selbe finanzmathematische Sachverhalt wird entsprechend der Fragestellung interpretiert.

Für die weiteren Ausführungen sind einige Begriffe nützlich, die auch in der Praxis verwandt werden. Der Wert einer Forderung, wie er sich auf Grund eines Vertrages ergibt, heißt der "Nominalwert", der zu dem vertraglich oder generell festgelegten "nominalen (nominellen) Zinsfuß" p verzinst wird. Dem Nominalwert K steht der "Realwert" oder "effektive Wert" K' des Kapitals gegenüber. Der Realwert ergibt sich aus der jeweiligen Bewertung der Forderung durch den Markt. Er unterliegt also einem zeitlichen Wandel. Dieses gilt auch für den "realen Zinsfuß" oder die "Effektivverzinsung", die sich aus dem Realwert ermitteln läßt.

Unter dem"Kurs" c versteht man den Prozentanteil des Realwertes am Nominalwert, also:

$$(5.1.1) \qquad c = \frac{K'}{K} \cdot 100$$

Bei vielen Fragestellungen läßt sich der Realwert K' aus den vertraglichen Zahlungsverpflichtungen und dem effektiven Zinsfuß p' ermitteln. Somit ist der Realwert eine Funktion des effektiven Zinsfußes: K'=f(p'). Durch Einsetzen in die obige Gleichung erhält man bei bekanntem Kurs c eine Bestimmungsgleichung für p':

$$f(p') = \frac{c \cdot K}{100}$$

Bei dieser Interpretation von 5.1.1 nennt man p' die Rendite.

Im allgemeinen Fall einer Ablösung einer Kapitalforderung K durch Annuitäten A_k für k=1,...,n ergibt sich bei einem nominalen Zinsfuß p die Beziehung

$$(5.1.2) \qquad K = A_1 v + A_2 v^2 + \ldots + A_n v^n = \sum_{k=1}^{n} A_k v^k$$

Für den Realwert ergibt sich bei einem effektiven Zinsfuß p' der Wert

$$(5.1.3) \qquad K' = A_1 v' + A_2 v'^2 + \ldots + A_n v'^n = \sum_{k=1}^{n} A_k v'^k$$

Damit folgt nach der Formel (5.1.1) für den Kurs

$$(5.1.4) \qquad c = \frac{A_1 v' + \ldots + A_n v'^n}{A_1 v + \ldots + A_n v^n} \cdot 100$$

Allerdings ändert sich der Realwert dann, wenn neben den Annuitäten Aufgelder gezahlt werden. In der Regel beträgt das Aufgeld a_k im Jahr k einen Anteil des Restkapitals. Der Realwert ist dann gleich

$$(5.1.5) \qquad K' = (A_1+a_1)v' + (A_2+a_2)v'^2 + \ldots + (A_n+a_n)v'^n$$

$$= \sum_{k=1}^{n} (A_k+a_k) v'^k$$

Für den Kurs c ergibt sich in diesem Fall

$$(5.1.6) \qquad c = \frac{\sum_{k=1}^{n} (A_k+a_k) v'^k}{\sum_{k=1}^{n} A_k v^k} \cdot 100$$

Für die praktische Rechnung ist es interessant zu wissen, ob die Gleichung (5.1.4) oder (5.1.6) bei gegebenem c nach v' und damit nach p' auflösbar ist. Weiterhin ist wichtig, ob es mehrere Lösungen für die Rendite p' geben kann. Die folgende Betrachtung geht von dem Zählerausdruck in den

Gleichung 5.1.4 und 5.1.6 aus, der als Funktion h(v') von v' angesehen werden kann. Es handelt sich also um eine ganzrationale Funktion von höchstens n-tem Grad mit nichtnegativen Koeffizienten, die für positive Werte von v' monoton steigend ist (s. Abb. 5.1). Deshalb wird ein vorgegebener Wert K_o' genau einmal angenommen, da h(v') stetig ist.

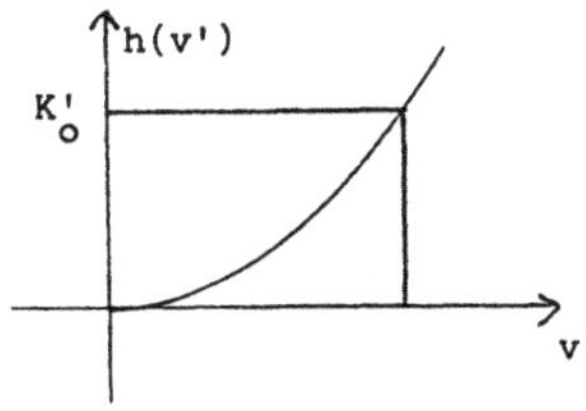

Abb. 5.1: Funktion h(v')

In der Praxis spielt der Kurs bei Anleihen und Obligationen eine große Rolle, insbesondere als Emissionskurs bei der Begebung. Dieser bestimmt den Kaufpreis der Anleihe. Weicht er von 1oo ab, so wird eine tatsächliche Verzinsung erreicht, die vom Nominalsatz abweicht. So werden die Konditionen den zum Verkaufszeitpunkt herrschenden Marktverhältnissen angepaßt. Ist der Emissionskurs unter pari, d.h. unter 1oo%, so unterscheidet er sich vom Nominalwert um das "Emissionsdisagio" oder "Begebungsabgeld".

Für den praktischen Gebrauch ist die folgende Überlegung wichtig, die sich auf die Formel 5.1.6 bezieht. In der Praxis tritt es nämlich häufig auf,daß die Zahlungen bei Anleihe unterjährig erfolgen, und zwar sowohl Zinszahlungen als auch Tilgungszahlungen, während die Formel 5.1.6 nur Zahlungen am Jahresende berücksichtigt. Da eine unterjährige Zahlung die Effektivverzinsung erhöht, kann die durch die unterjährige Zahlungsweise erreichte Zusatzverzinsung nur als eine Art zusätzliches Aufgeld betrachtet werden und muß deshalb in den Größen a_k der Formel 5.1.6 berücksichtigt werden.

In den folgenden Abschnitten werden für die wichtigsten Grundfälle die Kurs- und Rentabilitätsberechnungen behandelt. Für den Fall einer Zins-, Annuitäten- und einer Ratenschuld wird neben dem jeweiligen Kurs der effektive Zinssatz bestimmt. Dabei handelt es sich um die durchschnittliche Gesamtrentabilität einer Anleihe, da eine Stückelung in Teile mit unterschiedlicher Laufzeit zunächst berücksichtigt ist. In einem speziellen Abschnitt wird auf das Problem der Quantelung und der Effektivverzinsung eingegangen.

Der Einfachheit halber beschränken wir uns zunächst auf die Bruttorendite bei der Rentabilitätsrechnung, da hierbei Steuerabzüge und ähnliche Abgaben außer Betracht bleiben.

Ein Hinweis für den nachfolgenden Text bezieht sich auf die Bezeichnung der Rentenbar- und Rentenendwertfaktoren. Diese Faktoren für den Zinsfuß p' werden im folgenden mit $(a_n)'$ und $(s_n)'$ bezeichnet, um sie von den entsprechenden Faktoren für eine vorschüssige Rente zu unterscheiden.

5.2 Kurs und Rendite einer Zinsschuld

Bei einer Zinsschuld wird der Kapitalbetrag K_o am Ende einer Laufzeit von n Jahren in einem Betrag fällig. Daneben sind jährlich die Zinsen von p% p.a. zu zahlen. Falls ein Aufgeld von a% des Schuldbetrages vereinbart ist, wird dieses in der Regel mit dem Schuldbetrag fällig. Die Abbildung 5.2 gibt die Zahlungen des Schuldners an.

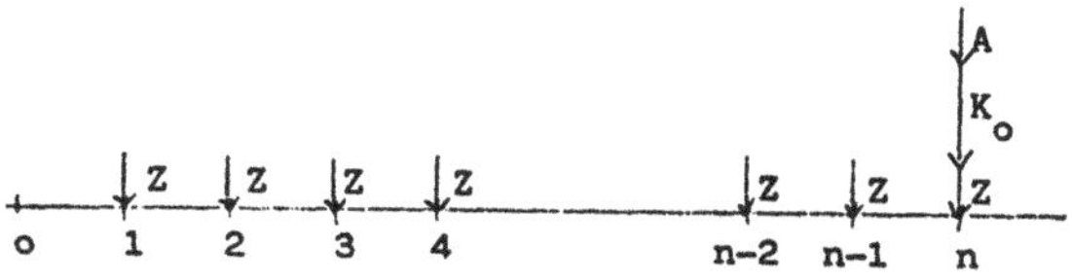

Abb. 5.2: Zahlungen bei einer Zinsschuld

Da die Zinszahlungen als eine Rente der Höhe Z aufgefaßt werden können, ergibt sich für den Nominalwert $Za_n+K_ov^n$. Nun ist $Z=K_oi$, so daß der Nominalwert sich zu K_o errechnet. Die Gleichung 5.1.6 erlaubt es den Realwert zu bestimmen:

$K_o' = Z(a_n)'+(K_o+A)v'^n = K_o\left(\frac{p}{100}(a_n)' + \left(1+\frac{a}{100}\right)v'^n\right)$. Der Kurs ist dann

$$(5.2.1) \qquad c = 100\,(i(a_n)' + v'^n) + av'^n$$

Diese Formel läßt sich auch im Falle von Pfandbriefen anwenden, bei denen oft die Laufzeit nicht bekannt ist oder sehr lang ist. Man geht von einer ewigen Dauer aus. Da der Grenzwert $\lim\limits_{n\to\infty}(v'^n) = 0$ und $\lim\limits_{n\to\infty}((a_n)') = \frac{100}{p'} = \frac{1}{i'}$ ist, folgt für den Kurs einer ewigen Schuld:

$$(5.2.2) \qquad c = 100\,\frac{i}{i'} = 100\,\frac{p}{p'}$$

<u>Beispiel</u>: Wie hoch ist der Emissionskurs einer nach 15 Jahren zum Nennwert rückzahlbaren Anleihe, die zu 11% verzinst wird, wenn die Effektivverzinsung 12% betragen soll? Wie hoch ist der Begebungskurs anzusetzen, wenn bei der Rückzahlung ein Aufgeld von 9% gezahlt wird?

Lösung: Im ersten Fall ergibt sich für $i=0{,}11$, $n=15$, $p'=12\%$ und $a=0$ der Wert für $c=93{,}19\%$. Wegen der höheren Effektivverzinsung gegenüber dem Nominalzinsfuß liegt der Kurs unter pari.
Im zweiten Fall ist dagegen $a=9\ \%$, so daß wegen 5.2.1 gilt:
$c=94{,}83\%$. Dieser leicht höhere Wert für den Emissionskurs gegenüber dem ersten Fall ergibt sich wegen der gleichen Effektivverzinsung.

Bei der Bestimmung der Rendite p' kann man davon ausgehen, daß der Kurs c bekannt ist. Dann erhält man aus (5.2.1) durch Umstellen:

$$\frac{c}{(a_n)'} = p + \frac{100 \cdot v'^n}{(a_n)'} + \frac{av'^n}{(a_n)'}$$

Durch Addition von p' und weiteres Umstellen folgt

$$(5.2.3) \qquad p' = p + p' + \frac{100v'^n - c + av'^n}{(a_n)'}$$

$$= p + \frac{100 - c + av'^n}{(a_n)'}$$

Diese Formel bedeutet, daß die Effektivverzinsung sich um einen Wert von der Nominalverzinsung unterscheidet, der als Rente aufgefaßt werden kann, die den Kursgewinn beim Kauf und den Barwert des Aufgeldes berücksichtigt. Die Formel (5.2.3) kann nicht unmittelbar zur Berechnung der Effektivverzinsung p' benutzt werden, da die rechte Seite in Form von v' und $(a_n)'$ den Zinsfuß p' als Unbekannte enthält. Die Gleichung 5.2.3 läßt sich als Iterationsformel verwenden, indem man einen ersten Näherungswert für p' in der rechten Seite einsetzt und so einen verbesserten Näherungswert für p' erhält, mit dem das Verfahren wiederholt, bis eine ausreichende Näherung erreicht ist.

Beispiel: Eine Zinsanleihe, die mit 10% p.a. verzinst wird und nach 10 Jahren rückzahlbar ist, wird zu einem Kurs von 92% begeben. Wie hoch ist die Effektivverzinsung, wenn a) die Rückzahlung zu pari erfolgt, b) ein Aufgeld von 5% bezahlt wird.

Lösung: Im Fall a und b kann als erster Näherungswert für p' jeweils der nominale Zinsfuß 10% gewählt werden. Es ergeben sich damit folgende Näherungswerte:

	1. Wert	2. Wert	3. Wert	4. Wert	5. Wert	6. Wert
Fall a	10,0000	11,3019	11,3757	11,3798	11,3801	11,3801
Fall b	10,0000	11,6157	11,6839	11,6869	11,6870	11,6871

Damit liegt im Fall a der Wert für p' bei 11,38% und im Fall b bei 11,69%.

Wird bei einer Zinsschuld die jährliche Zinszahlung nicht vorgenommen,und werden so die Zinsen samt Zinseszinsen am Ende der Laufzeit fällig, dann bestimmt sich der Realwert zu:

$$(5.2.4) \qquad K_0' = (K_0 q^n + A)v'^n$$

Der Kurs ist dann:

$$(5.2.5) \qquad c = (q^n + \frac{a}{100})\, v'^n * 100 = (100 \cdot q^n + a) \cdot v'^n$$

Beispiel: Eine 5 %-ige Zinsschuld wird zu 9o % emittiert. Aus Gründen der Vereinfachung ist vorgesehen, daß die Tilgung einschließlich der bis dahin aufgelaufenen Zinsen am Ende der Laufzeit von 1o Jahren erfolgen soll. Wie hoch ist die effektive Verzinsung?

Lösung: Die Formel 5.2.5 liefert die Gleichung

$$9o = 1oo\ 1{,}o5^{1o}\ v'^{1o}$$

Löst man diese Gleichung nach v' durch Division und Wurzelziehen auf, so folgt:

$$v' = \sqrt[1o]{o{,}9} : 1{,}o5 = o{,}942393$$

Damit ist der gesuchte effektive Zinsfuß p'= 6,11 %.

Wäre jedoch eine jährliche Zinszahlung vorgesehen, so liefert die Formel 5.2.3 die Lösung. Es ist dann:

$$p' = 5 + \frac{1o}{(a_{1o})'}$$

Durch Einsetzen eines Näherungswertes von p'=5 auf der rechten Seite dieser Gleichung erhält man einen neuen Näherungswert 6,3777. Nach weiteren Iterationsschritten ändert sich schließlich p'= 6,38 % nicht mehr.

Der Unterschied von o,27 % im Effektivzins bei diesen beiden Geldanlagen erklärt sich durch die unterschiedlichen Zinszahlungsmodalitäten bei einem Kurs unter pari.

5.3 Kurs und Rendite einer Annuitätenschuld

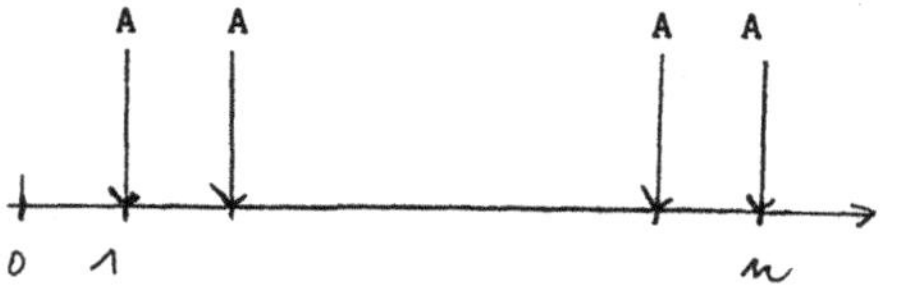

Abb. 5.4: Zahlungen bei einer Annuitätenschuld

Bei einer Annuitätenschuld K_o sind die Jahresleistungen $A = \frac{K_o}{a_n}$ konstant. Für den Realwert des Kapitals K_o' läßt sich mittels der Rentenformel der Betrag $A(a_n)'$ ermitteln. Der Kurs ist dann:

$$(5.3.1) \qquad c = 100\,\frac{A(a_n)'}{Aa_n} = 100\,\frac{(a_n)'}{a_n}$$

Im Falle eines Aufgeldes, das in den konstanten Jahresleistungen A* enthalten ist, kann man nach Abschnitt 4.2 mit dem Ersatzzinsfuß p* und dem Ersatzkapital K_o^* rechnen. Wegen $A^* = \frac{K_o^*}{a_n^*}$ und $K_o' = A^*(a_n)'$ folgt (s. auch 4.2.17):

$$(5.3.2) \qquad c = 100\,\frac{A^*(a_n)'}{K_o} = \frac{K_o^*(a_n)'}{K_o\,a_n^*} = (100+a)\,\frac{(a_n)'}{a_n^*}$$

denn $K_o^* = K_o(1+\frac{a}{100})$ und $p = p^*(1+\frac{a}{100})$. Im Spezialfall a=o geht die Formel 5.3.2 in die Formel 5.3.1 über. Es wird nämlich a_n^* zu a_n.

Beispiel: Eine Prozentannuität über 1.000.000 WE mit einer Nominalverzinsung von 5 % p.a. und einer Anfangstilgung von 2,25 % soll eine Effektivverzinsung von 6 % erbringen. Wie hoch ist der Emissionskurs zu wählen, wenn
a) kein Aufgeld und
b) ein Aufgeld von 1 % in die Annuität einbezogen werden soll.

Lösung: Im Fall a kann der Kurs unmittelbar aus 5.3.1 ermittelt werden. Für n kann man den Wert aus der Gleichung 4.2.1o bestimmen. Daraus folgt $q^n = \frac{7{,}25}{2{,}25} = 3{,}2222$ oder für n=23,98 Jahre. Da p'=6 % ist, ergibt sich c= 1oo:13,7926·12,5456 = 9o,96 %. Übrigens beträgt die Annuität dann 72.5o2,71 WE. Anzumerken ist noch, daß wegen der geringen Abweichung der Laufzeit n gegenüber 24 Jahren nicht mit gemischten Zinsen gerechnet worden ist, was zu geringfügig anderen Ergebnissen geführt hätte.

Im Fall b ist mit dem Ersatzzinsfuß $p^*=4{,}95o5$ zu rechnen. Die Annuität ist dann $A^*=72.875{,}72$ WE und $K_o^* = 1.o1o.ooo$ WE. Für c gilt dann:

$c = 1o1\ 12{,}5456 : 13{,}8592 = 91{,}43\ \%$

Zur Bestimmung der Rendite p' geht man von der Gleichung (5.3.2) aus. Durch Umstellen folgt:

$$(a_n)' = \frac{c \cdot a_n^*}{(1oo+a)}$$

Benutzt man ferner die Definitionsgleichung für a_n, und zwar für den Ersatzzinsfuß p^* und den effektiven Zinsfuß p', läßt sich p' durch die folgende Iterationsformel ausdrücken:

$$(5.3.3) \qquad p' = p^*\,(1oo+a)\,\frac{q^{*n}(1-v'^n)}{(q^{*n}-1)c} = p^*\,\frac{(1oo+a)}{c}\,\frac{(1-v'^n)}{(1-v^{*n})}$$

$$= p\,\frac{1oo}{c}\,\frac{1-v'^n}{1-v^{*n}}$$

Bei der Benutzung dieser Formel stellt es sich als praktisch heraus, daß bis auf den Faktor $(1-v'^n)$ die übrigen Faktoren konstant sind, die bei einer Handrechnung am günstigsten zuerst berechnet werden.

<u>Beispiel</u>: Ein Bauherr erhält für die erste Hypothek mit jährlicher Abrechnung ein Annuitätendarlehen mit einem Zinsfuß von 1o% p.a. nominal, das in 1o Jahren zu tilgen ist, zu einem Kurs von 95%. Für die zweite Hypothek erhält er zwei Angebote: Beide haben dieselben Konditionen wie die erste Hypothek, jedoch ist beim ersten Agebot ein Aufgeld von 4% in die Annuität einbezogen, während beim zweiten das Aufgeld von 4% zugeschlagen wird. Wie hoch ist die Effektivverzinsung für die erste Hypothek? Welches der beiden Angebote ist günstiger?

Lösung: Für die erste Hypothek stellt 5.3.3 eine Näherungsformel für p' dar, bei der zunächst ein erster Näherungswert für p' auf der rechten Seite einzusetzen ist. Naheliegenderweise wird man den Nominalzinssatz einsetzen, was jedoch wegen des von 1oo% abweichenden Kurses zu einer Iterationsfolge führt. Für p' ergeben sich der Reihe nach folgende Werte: 1o,oooo; 1o,5263; 1o,8342; 11,oo69; 11,1o15; 11,1527; 11,18o2; 11,1948; 11,2o27; 11,2o69; 11,2o91; 11,21o3; 11,2112; 11,2114; 11,2115; 11,2116; 11,2116. Als Näherungswert kann man also p'=11,21 % wählen.

Im Falle der zweiten Hypothek kann man beim ersten Agebot ebenfalls die Formel 5.3.3 anwenden, jedoch dieses Mal mit a= 4%. Als ersten Näherungswert kann nach dem obigen Ergebnis 11,5% gewählt werden. Für p' ergeben sich der Reihe nach folgende Werte: 11,5ooo; 11,6229; 11,6876; 11,7213; 11,7387; 11,7478 11,7524; 11,7548; 11,7561; 11,7567; 11,7571; 11,7572; 11,7573 11,7574 und 11,7574. Als Näherungswert für p' kann man 11,76% setzen.

Im Falle des zugeschlagenen Aufgeldes bei der zweiten Hypothek ist die Formel (5.3.1) abzuändern, da beim Realwert die abgezinsten Aufgeldbeträge $\frac{a}{100} T_m$ im m-ten Jahr zu berücksichtigen sind. Wegen $T_m = T_1 q^{m-1}$ ergibt sich in Analogie zu (5.3.1):

$$(5.3.4) \qquad c = \frac{A(a_n)' + \sum_{m=1}^{n} T_1 q^{m-1} v'^m \cdot \frac{a}{100}}{A\, a_n} \cdot 100$$

wobei der Summationsindex m von 1 bis n läuft. Die Glieder der Summe $T_1 q^{m-1} v'^m = (T_1 : q)(qv')^m$ können als die einer geometrischen Summe interpretiert werden. Als Summenwert ergibt sich dann $\frac{T_1}{q} qv' \frac{(qv')^n - 1}{qv' - 1}$, woraus wegen $T_1 = \frac{A}{q^n}$ sofort c bestimmt werden kann.

$$(5.3.4') \qquad c = 100 \frac{(a_n)' + \frac{v'}{q^n} \cdot \frac{(qv')^n - 1}{(qv' - 1)} \cdot \frac{a}{100}}{a_n}$$

Zur Bestimmung von p' ist die Formel (5.3.4') umzustellen. Es folgt:

$$(5.3.5) \qquad p' = 100 \frac{\frac{q'^n - 1}{q'^n}}{\frac{c}{100} a_n - \frac{v'}{q^n} \cdot \frac{a}{100} \cdot \frac{(qv')^n - 1}{qv' - 1}}$$

Setzt man in diese Formel näherungsweise für p' rechts den Wert 12 ein,ergibt sich folgende Zahlenfolge: 12,oooo; 11,874o; 11,8117; 11,78o7; 11,7651; 11,7573; 11,7534; 11,7514; 11,75o4; 11,7499; 11,7496; 11,7495; 11,7494; 11,7494. Als Näherung für P' kann somit 11,75% gewählt werden. Es ergibt sich nur ein geringfügiger Vorteil gegenüber dem anderen Angebot für die zweite Hypothek.

Die Formel 5.3.1 gilt übrigens auch dann, wenn innerhalb der Laufzeit nach Zahlung der Annuität für die Restlaufzeit die Rendite bzw. der Kurs zu ermitteln ist. Dann bedeutet n die Restlaufzeit, gemessen in Jahren, Man erkennt, daß sich bei gleicher Rendite der Kurs c ändert, da die in 5.3.1 auftretenden Barwertfaktoren nicht linear von n abhängen.

5.4 Kurs und Rendite einer Ratenschuld

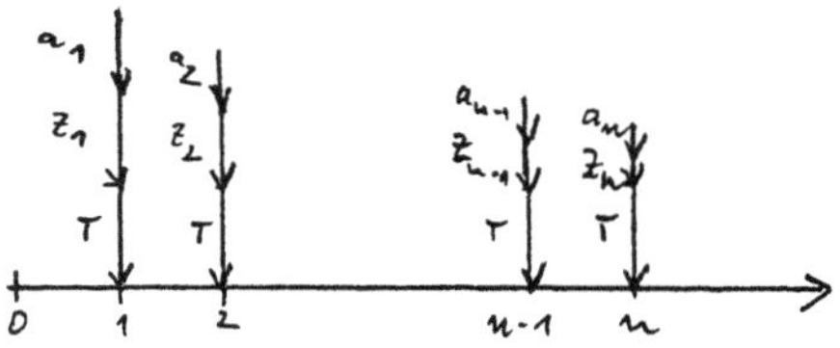

Abb. 5.5: Zahlungen bei einer Ratenschuld

Neben der gleichbleibenden Tilgung ist jährlich ein abnehmender Zinsbetrag und ein Aufgeld auf die Restschuld zu berücksichtigen.
Der Realwert K' ist demnach

$$K' = \sum_{m=1}^{n} (T + Z_m + a_m) v'^m$$

Da $Z_m = \frac{p}{100} K_{m-1} = \frac{p}{100} K_o \left(1 - \frac{m-1}{n} \right)$ und $a_m = \frac{a}{p} Z_m$, folgt $Z_m + a_m = \frac{p+a}{p} Z_m$ oder

$Z_m + a_m = \frac{p+a}{p} (Z_{m-1} - Ti)$ nach der Formel 4.1.2 . Somit ergibt sich für den zweiten Teil der obigen Summe eine arithmetische Rente mit $d = -\frac{p+a}{p} Ti$,

insgesamt also:

$$K' = T(a_n)' + \frac{p+a}{p} Z_1 (a_n)' - \frac{p+a}{p} \frac{Ti}{i'} ((a_n)' - nv'^n)$$

oder

$$K' = T(a_n)' + \frac{p+a}{100} K_o (a_n)' - \frac{p+a}{p} \frac{Ti}{i'} ((a_n)' - nv'^n)$$

Für das Nominalkapital K ergibt sich eine analoge Formel, bei welcher die Aufgeldzahlungen unberücksichtigt bleiben und der reale Zinsfuß durch den nominalen ersetzt ist oder $K = K_o$. Der Kurs ist demnach:

(5.4.1) $$c = \left(\frac{(a_n)'}{n} + \frac{p+a}{100} (a_n)' - \frac{p+a}{100} \frac{1}{ni'} ((a_n)' - nv'^n) \right) \cdot 100$$

$$c = \frac{100 (a_n)'}{n} - \frac{p+a}{i'n} (a_n)' + (p+a) \left((a_n)' + \frac{v'^n}{i'} \right)$$

Da nun nach 3.1.5 gilt: $(a_n)' + \frac{v'^n}{i'} = \frac{1}{i'}$, folgt unmittelbar der Emissionskurs einer Ratenschuld zu:

(5.4.2) $$c = \frac{100 (a_n)'}{n} - \frac{p+a}{i'} \frac{(a_n)'}{n} + \frac{p+a}{i'}$$

Zu bemerken ist noch, daß die Formel 5.4.2 nicht gilt, wenn während der Laufzeit der Kurswert zu bestimmen ist, da sich für K' ein anderer Wert einstellt.

Beispiel: Eine Anleihe sieht vor, daß sie in 10 gleichen Jahresraten getilgt wird. und einen nominalen Zinssatz von 8,75 % p.a. hat. Wie ist der Emissionskurs zu wählen, wenn der Marktzinssatz zur Zeit der Emission bei 8,6 % liegt? Wie hoch ist der Emissionskurs, wenn ein zusätzliches Aufgeld von 1 % gezahlt wird?
Lösung: Im ersten Fall ist a=0, n=10 Jahre, p=8,75 und p'=8,6, woraus sich durch Einsetzen unmittelbar ergibt: i'=0,086 und a'=6,5322.

Der Emissionskurs $c = \frac{100 \cdot 6{,}5322}{10} - \frac{8{,}75 \cdot 6{,}5322}{0{,}086 \cdot 10} + \frac{8{,}75}{0{,}086} = 100{,}6048$ %.
Im zweiten Fall ist a=1 und für c ergibt sich nach derselben Formel 5.4.2

$c = 65{,}3221 - \frac{9{,}75 \cdot 6{,}5322}{0{,}086 \cdot 10} + \frac{9{,}75}{0{,}086} = 104{,}6375$ %. Dieser Wert liegt wegen der erhöhten Zahlungen während der Laufzeit über demjenigen aus dem 1. Fall

In der Praxis tritt neben dem bisher dargestellten Fall oft auf, daß das Aufgeld gleichbleibend auf die gesamte Laufzeit verteilt ist. In diesem Fall ist die Größe $a_m = a = \frac{a}{100 \cdot n} K_o$ in der oben aufgeführten Summe für K'. Hieraus folgt, daß das Aufgeld als Zuschlag zur Tilgung aufgefaßt werden kann, und es ist:

$$K' = T(1+\frac{a}{100})(a_n)' + \frac{p}{100} K_o (a_n)' - T \frac{i}{i'}((a_n)' - nv'^n)$$

Für den Kurswert kann dann

$$(5.4.3) \qquad c = \frac{100+a}{n} (a_{\overline{n}})' - \frac{p}{i'} \frac{(a_n)'}{n} + \frac{p}{i'}$$

gefolgert werden.

Beispiel: Wie hoch ist der Emissionskurs zu wählen, wenn das Aufgeld von einem Prozent in gleich hohen Beträgen während der Laufzeit zu zahlen ist, sich aber die übrigen Konditionen des vorangehenden Beispieles nicht ändern?

Lösung: Nach der soeben hergeleiteten Formel 5.4.3 ist der Kurs
$c = \frac{101}{10} \cdot 6{,}5322 - \frac{8{,}75 \cdot 6{,}5322}{10 \cdot 0{,}086} + \frac{8{,}75}{0{,}086} = 65{,}9754 - 66{,}4615 + 101{,}7442.$
Also c = 101,2581 %..

Ähnlich wie in den bisher behandelten Fällen wird die durchschnittliche Gesamtrendite dieses Anleihetypus durch eine Iterationsformel bestimmt, indem die Formel 5.4.2 bzw. 5.4.3 bei zunächst noch unbekanntem $(a_n)'$, das von p' abhängt, nach i' bzw. p' aufgelöst wird. Es ergibt sich direkt durch Auflösen von 5.4.2

$$i' = \frac{(p+a)(n-(a_n)')}{nc - 100(a_n)'}$$

oder

$$(5.4.4) \qquad i' = i + \frac{n(p-ci) + a(n-(a_n)')}{nc - 100(a_n)'}$$

Löst man dagegen die Formel 5.4.3 nach i' auf, so erhält man:

$$i' = \frac{p(n-(a_n)')}{nc-(100+a)(a_n)'}$$

oder

$$(5.4.5) \qquad i' = \frac{n(p-ci)+ia(a_n)'}{nc-(100+a)(a_n)'} + i$$

Für den Fall, daß kein Aufgeld zu berücksichtigen ist, liefern beiden Formeln, nämlich 5.4.4 und 5.4.5, gemeinsam die Iterationsformel:

$$(5.4.6) \qquad i' = i + \frac{n(p-ci)}{nc-1oo(a_n)'}$$

Beispiel: Eine 6%-ige Anleihe wird in 5 gleichen Jahresraten getilgt. Wie hoch ist die Rendite, wenn der Emissionskurs 1o1% beträgt?

Lösung: Da kein Aufgeld gezahlt wird, kann man die Formel 5.4.6 benutzen. Für p=6, i=o,o6 und c=1o1% geht sie mit n=5 Jahre in

$i'=o,o6+\frac{5(6-6,o6)}{5o5-1oo(a_5)'}$ über. Damit liegt eine Iterationsformel für i' bzw. p' vor oder:

$i'=o,o6-\frac{o,3}{5o5-1oo(a_5)'}$. Setzt man in diese Iterationsformel für den Anfangswert von p' 6% ein, so ergeben sich der Reihe nach folgende Näherungswerte für p'

1. p'= 5,641849	4. p'= 5,622161
2. p'= 5,623246	5. p'= 5,622158
3. p'= 5,622218	6. p'= 5,622158 usw.

Damit kann man p'= 5,622% als Näherungswert ansehen. Zur Kontrolle könnte man diesen Wert in 5.4.2 einsetzen, wobei sich für c=1o1% einstellt.

5.5 Kurs und Rendite einer unverzinslichen Anleihe (Schatzanweisung)

Bei Staatsschuldverschreibungen findet man oft Papiere, die keine laufenden Zinsen und keine Zinszahlungen am Ende der Laufzeit vorsehen. Derartige Schuldverschreibungen sehen einen festen Emissionskurs und einen festen Rückzahlungskurs vor, woraus sich ein Zinsgewinn ergibt. Zu diesen Papieren gehören unverzinsliche Schatzanweisungen, Zinsvergütungs- und Steuergutscheine.

Für die Restlaufzeit von n Jahren errechnet sich der Kurs bei einem Rückzahlungskurs von c_n zu(bei einer einmaligen Zahlung am Ende der Laufzeit):

$$(5.5.1) \quad c_0 = c_n v'^n$$

Bei gegebener Effektivverzinsung kann hieraus z.B der Emissionskurs ermittelt werden. Umgekehrt kann bei gegebenem Emissionskurs oder Marktkurs der Aufzinsungsfaktor q' leicht bestimmt werden:

$$q' = \sqrt[n]{\frac{c_n}{c_0}}$$

Beispiel: Ein Angebot von Bundesfinanzierungs-Schätzen sieht einen Verkaufszinssatz von 7,75 % bei einer Laufzeit von 2 Jahren vor. Der Rücknahmekurs ist 1oo %. Wie hoch ist der Emissionskurs und wie hoch ist die Rendite? Wie hoch sind diese Größen bei einer einjährigen Laufzeit bei gleichem Verkaufszinssatz?

Lösung: Bei einer Laufzeit von n Jahren (n=2) und einem Verkaufszinssatz von p % (p=7,75 %) ergibt sich ein Emissionskurs c_0 von c_0 = 1oo − n·p = 1oo−2·7,75 = 84,5 %. Hieraus folgt für q' der Wert 1,o879 und für die Rendite p'= 8,79 %.
Für den Fall einer einjährigen Laufzeit ergibt sich ein Emissionskurs von c_0 = 92,25 % und eine Rendite von 8,4o % p.a.

Ähnlich wie in dem obigen Beispiel wird bei den sog. "synthetischen Zero-Bonds" das Recht auf die (Haupt)-Forderung, d.h. das im Mantel zugesicherte Recht auf die Schuldforderung, gehandelt. Dabei wird der Mantel und der Zinsbogen getrennt und damit erhält der Inhaber des Mantels am Ende der Laufzeit der Zinsschuld den Schuldenbetrag. Für den Inhaber des Zinsbogens ergibt sich die Situation einer zinslosen Ratenschuld. In diesem Fall geht die Formel 5.4.2 mit p=o % und a=o % über in:

$$(5.5.2) \qquad c = \frac{1oo}{n} (a_n)'$$

Beispiel: Jemand erwirbt ein Recht auf Zinszahlungen, die jeweils am Jahresende fällig werden, am 1.1.85, wenn der Marktzins bei 8% liegt. Der Verkauf des Rechts ist für den 1.1.89 vorgesehen, wobei mit einem aktuellen Marktzins von 7% zu rechnen ist. Wie ist der Einkaufskurs und der Verkaufskurs zu wählen, wenn die letzte Zinszahlung am 31.12.91 vorgesehen ist.

Lösung: Beide Fragen sind mittels der Formel 5.5.2 zu beantworten. Im ersten Fall des Kaufkurses ist für p'=8% und n=7 Jahre der Wert für c= 74,38%. Im zweiten Fall des Verkaufes ist p'=7% und die Restlaufzeit n=3 Jahre, woraus für den Kurs folgt: c= 87,48%.
Der Verkaufskurs zum Zeitpunkt 1.1.89 bei einem Marktzins von 8% liegt bei 85,9o%, der unter demjenigen von 87,48% bei einer Effektivverzinsung von 7% liegt.

5.6 Paritätische Kurse

In der Praxis tritt oft das Problem auf, Anleihen mit recht unterschiedlichen Anleihebedingungen zu vergleichen. Der Einfachheit halber bestimmt man für jede der Anleihen einen sog. Paritätskurs, der für jede der Anleihen dieselbe Effektivverzinsung vorsieht. Bei der Berechnung der paritätischen Kurse werden die jeweiligen Anleihebedingungen berücksichtigt.
Sind zwei paritätische Kurse, etwa c_1 und c_2 ermittelt worden, so führt diejenige Anleihe mit dem höheren Kurs zu der niedrigeren Effektivverzinsung, d.h., daß sie für den Gläubiger "ungünstiger", für den Schuldnder "günstiger" ist.

Am einfachen Beispiel zweier Annuitätenanleihen mit gleicher Laufzeit ohne Aufgeldzahlung ergibt sich aus 5.3.1 der paitätische Kurs:

$$(5.6.1)\qquad c_j = \frac{(a_n)'}{a_n^{(j)}}\,100 \qquad \text{für } j=1 \text{ und } j=2.$$

Darin ist in $a_n^{(j)}$ der Nominalzinssatz und in a_n' der zur Vergleichsrechnung erforderliche Effektivzinssatz enthalten. Der Quotient der paritätischen Kurse ist

$$(5.6.2)\qquad \frac{c_1}{c_2} = \frac{a_n^{(2)}}{a_n^{(1)}}$$

umgekehrt proportional zu den Barwertfaktoren. Ist dieser Quotient kleiner als 1, so bringt die erste Anleihe die höhere Effektivverzinsung.

Liegt für eine der zu vergleichenden Anleihen im allgemeinen Fall der Marktkurs vor, so kann für diese Anleihe die Effektivverzinsung bestimmt werden, und mit Hilfe dieses Zinssatzes die Paritätskurse der übrigen Vergleichsanleihen ermittlet werden.

Beispiel: Für eine 6-prozentige Annuitätenanleihe wird ein Kurs von 105% bei einer Restlaufzeit von 25 Jahren notiert. Zum Vergleich steht eine Annuitätenanleihe mit einer Restlaufzeit von 15 Jahren bei einem Nominalzinsfuß von 5% zur Disposition. Wie hoch sind die paritätischen Kurse?

Lösung: Zunächst ist für die erste Anleihe die Effektivverzinsung zu ermitteln. Aus 5.3.3 kann iterativ die Rendite p' bestimmt werden, da a=0 %, c=105 % und p=6 % ist. Für p' ergibt sich der Wert 5,4935 %. Eingesetzt in die Formel 5.6.1 folgt für n=15 Jahre, p_2=5 % der Wert für c_2=96,7461 %. Somit ist die zweite Anleihe für den Erwerber günstiger. Wäre nur diese Frage zu beantworten, so könnte man für irgendeinen Zinsfuß, etwa p'=5 % den Kurs für die jede der beiden Anleihen gemäß der Formel 5.3.1 bestimmen. Als Kurs erhält man dann leicht c_1= 110,2523 % und c_2= 100 %. Hieraus gelangt man schnell zu gleichen Ergebnis.

5.7 Kurs und Rendite bei unterjähriger Zahlungsweise

In den bisherigen Abschnitten haben wir unterstellt, daß Zinsen und Tilgungsbeträge zum Jahresanfang bzw. -ende für den betreffenden Abrechnungszeitraum geleistet werden. Dabei ist der Begriff Rendite als derjenige Zinsfuß aufgefaßt worden, der bei einem Konto mit dekursiver Verzinsung bei gleichen Zahlungen zu gleichen Terminen zum gleichen Ergebnis führt wie die tatsächlichen Kapitalströme. Für den Fall unterjähriger Zahlungsweisen haben sich drei verschiedene Berechnungsmethoden auf dem Kapitalmarkt herauskristallisiert:

Methode nach Braeß-Fangmeyer (Sparbuchmethode),
Methode nach Moosmüller u.
AIBD-Methode.

Diese Methoden unterscheiden sich durch die Art der Verrechnung der unterjährigen Zeitanteile. Im weiteren sollen diese Methoden näher betrachtet werden. Zuvor soll noch darauf hingewiesen werden, daß die Methode nach Braeß-Fangmeyer an der Frankfurter Börse und Bereich der Sparkassen angewandt wird. Die Methode nach Moosmüller findet an der Düsseldorfer und Münchner Börse ihre Hauptanwendung. Die AIBD-Methode, wobei die Abkürzung für "Ansatz der internationalen Rentenhändler-Vereinigung" steht, im internationale Kapitalmarkt vorherrscht.

Die Braeß-Fangmeyer-Methode hat genau die gleiche Vorgehensweise, wie sie bei Sparbüchern üblich sind. Die unterjährigen Zahlungen werden einzeln zum Ende des Abrechnungsjahres linear aufgezinst (s. Abschnitt 2.2) und zu einer Ersatzzahlung zum Jahresende zusammengefaßt. Die Jahresleistungen werden anschließend nach den bereits beschriebenen Verfahren zur Gesamtleistung verknüpft. Der zum Auf- oder Abzinsen benutzte Zinsfuß ist derjenige der Rendite.
Die Methode nach Moosmüller geht von dem unterjährigen Zahlungsrhythmus aus. Diese Zahlungstermine werden gleichzeitig als Kapitalisierungszeitpunkte der Zinsen betrachtet. Die Formel 2.6.6 erlaubt es, den auf den unterjährigen Zeitraum bezogenen Zinsfuß in einen Jahreszinsfuß, der Rendite, umzurechnen. Im Vergleich zur Methode nach Braeß-Fangmeyer liefert diese Methode etwas höhere Werte. Im Falle des Jahresrhythmuses fallen beide Werte gleich aus.
Die AIBD-Methode schließlich wendet die stetige Verzinsung an (s. Abschnitt 2.7 bzw. Formel 3.7.13). Dabei spielen die Zinskapitalisierungszeitpunkte keine Rolle. Die Rendite kann in diesem Falle nach 2.7.3 ermittelt werden. In der Regel liegt die Rendite nach der AIBD-Methode etwas höher als diejenige nach Moosmüller.
Im folgenden soll die Methode nach Braeß-Fangmeyer benutzt werden, da sie in der alltäglichen Praxis stärker verbreitet ist. Die AIBD-Methode führt jedoch oft schneller zu den entsprechenden Bestimmungsgleichungen. Für die Grundtypen der Schuldenarten: Zinsschuld, Annuitäten- und Ratenschuld wird Kurs und Rendite behandelt. Dabei wird von m Zahlungen innerhalb eines Jahres ausgegangen.

<u>Zinsschuld</u>

Wie in der nebenstehenden Abbildung angedeutet, werden innerhalb eines Jahres m Zinszahlungen der Höhe $\frac{Z}{m}$ getätigt. Die Höhe der Zinszahlung Z bestimmt sich durch die Schuld K_o aus $K_o \cdot \frac{p}{100}$. Damit liefert die Beziehung 3.7.o den Wert

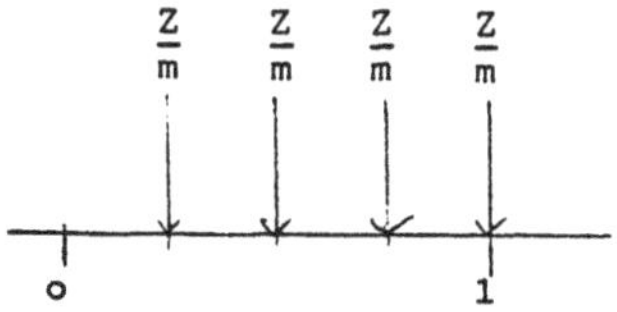

Abb.: Unterjährige Zinsschuld

für die jährliche Ersatzzahlung, wenn man in 3.7.o die Größe k durch m und r durch $\frac{Z}{m}$ ersetzt. Für die Ersatzzahlung r_e folgt also:

$$(5.7.1)\qquad r_e = \frac{Z}{m}\,(m + i'\,\frac{m-1}{2}) = Z\,(1 + i'\,\frac{m-1}{2m})$$

Darin ist i' der Zinssatz der Rendite p'. Mittels der Barwertformel 3.1.4 für die Rendite p' erhält man den Realwert K_o' der Zinsschuld zu

$$(5.7.2)\qquad K_o' = r_e(a_n)' + K_r v'^n = Z(1+i'\,\frac{m-1}{2m}) + K_r v'^n$$

In dieser Formel ist n die Gesamtlaufzeit in vollen Jahren und K_r der Rückzahlungswert der Schuld, der nur bei einem 1oo-prozentigen Rückzahlungskurs mit dem Nominalwert K_o der Schuld übereinstimmt. Damit steht der Kurs c bezogen auf den Zeitpunkt o fest:

$$(5.7.3)\qquad c = \frac{K_o'}{K_o}\cdot 1oo = (\frac{Z}{K_o}\,(1+i'\,\frac{m-1}{2m})(a_n)' + \frac{K_r}{K_o}\,v'^n)\cdot 1oo$$

$$= p(1+i'\,\frac{m-1}{2m})(a_n)' + c_r v'^n$$

Der Rückzahlungskurs $c_r = K_r : K_o \cdot 1oo$ beinhaltet ein evtl. auftretendes Aufgeld. So gesehen geht die Beziehung 5.7.3 in die Formel 5.2.1 über, wenn m=1 ist. Dieses bedeutet, daß die Anzahl der Zahlungstermine gleich 1 ist. Damit stellt 5.7.3 eine Verallgemeinerung von 5.2.1 dar.

Beispiel: Eine Bundesanleihe wird als Zinsschuld mit einer Laufzeit von 1o Jahren bei einem Nominalzins von 6 % p.a. begeben. Als Zinstermine sind in den Anleihebedingungen der 3o.6. und 31.12. eines jeden Jahres genannt. Wie hoch ist der Emissionskurs zu wählen, wenn der Marktzins bei 6,5 % p.a. liegt und die Rückzahlung bei 1o3 % liegt?

L ö s u n g : Der Emissionskurs c kann mit der Formel 5.7.3 bestimmt werden, wenn n=1o, p=6, p'=6,5 und c_r=1o3 gewählt wird. Da die Zinszahlungen halbjährlich erfolgen, ist m=2 zu setzen. Die Formel 5.7.3 lautet dann:

$$c = p(1+i'\cdot\frac{1}{4})(a_n)' + c_r v'^n = 6(1+o{,}o65\cdot\frac{1}{4})(a_{1o})' + 1o3\cdot\frac{1}{1{,}o65^{1o}} = 98{,}7o\ \%$$

Im folgenden werden die Überlegungen auf Amortisationsschulden übertragen. Dabei ist es wichtig zu wissen, daß die unterjährigen Zahlungen mit den darin enthaltenen Tilgungsbeträgen nicht innerhalb des Jahres zu einer Schuldenreduzierung führen. Erst zum Jahresende erfolgt die Verrechnung der Tilgungen während des Jahres gegen die jeweilige Restschuld. In der Praxis tritt diese Form der Verrechnung oft auf. In den Vertragsformulierungen heißt es dann, z.B.: Die Zinsen werden nach dem Kontostand am Jahresanfang berechnet.

Annuitätenschuld

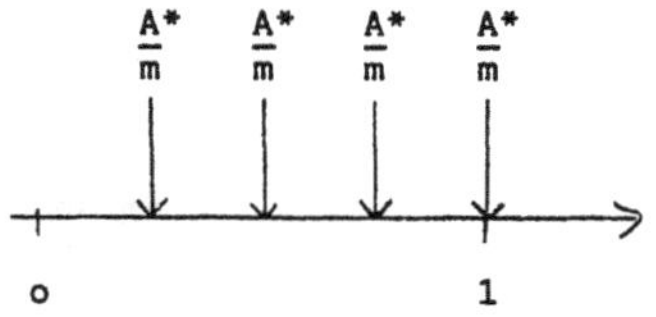

Abb.: Unterjährige Annuitätenschuld

Geht man von einer Annuitätenschuld mit einbezogenem Aufgeld, so wird gemäß Abschnitt 4.2 die Annuität A* mittels des Ersatzzinsfußes $p^* = \frac{p}{1+\frac{a}{100}}$ und des Ersatzkapitals $K_o^* = K_o \cdot (1+\frac{a}{100})$ zu $A^* = K_o^* : a_n^*$ bestimmt. Wie die nebenstehende Abbildung zeigt ist jährliche Ersatzzahlung ähnlich wie bei der Zinsschuld zu ermitteln (s. Formel 5.7.1). Die Ersatzzahlung r_e ist also:

$$r_e = A^*(1 + i' \cdot \frac{m-1}{2m})$$

worin i' der Zinssatz der Rendite p' ist. Faßt man diese Jahresleistungen zum Barwert mit der Barwertformel 3.1.4 zusammen, so ist der Realwert der Leistungen:

$$(5.7.4) \qquad K_o' = r_e(a_n)' = A^*(1+i' \frac{m-1}{2m}) \cdot (a_n)'$$

Für den Emissionskurs folgt deshalb:

$$(5.7.5) \qquad c = \frac{K_o'}{K_o} 100 = (1+\frac{a}{100}) \cdot \frac{(a_n)'}{a_n^*} \cdot (1+i' \cdot \frac{m-1}{2m}) \cdot 100$$

Da für m=1 diese Beziehung in die Gleichung 5.3.2 übergeht, liegt mit 5.7.5 eine Verallgemeinerung vor.

Beispiel: Eine Prozentannuität mit einer Nominalverzinsg von 5 % p.a. und einer Anfangstilgung von 2,25 % soll eine Effektivverzinsung von 6 % bei monatlicher Zahlungsweise erbringen. Wie hoch ist der Emissionskurs zu wählen?

Lösung: Wegen der monatlichen Zahlungsweise ist m=12. Die Laufzeit n ist aus 4.2.1o zu bestimmen. Darauf ergibt sich n=23,98 Jahre oder rund 24 Jahre (s. Beispiel zu 5.3). Da kein Aufgeld vereinbart ist, ist $a_n^* = a_n$ und a=o. Daraus folgt für den Kurs c:

$$c = \frac{12,5456}{13,7926} \cdot 1,0275 \cdot 100 = 93,46 \%$$

Verglichen mit einem Emissionskurs von 9o,96 % bei einer jährlichen Zahlungsweise liegt der Kurs um 2,5 % darüber.

Ratenschuld

Die bisherigen Betrachtungen zur unterjährigen Zahlungsweise haben gezeigt, daß bei der Bestimmung des Realwertes die jährliche Ersatzzahlung gegenüber der gewöhnlichen jährlichen Zahlung um den Faktor 1+(m-1):(2m)i' höher ist. Dieser Faktor ist in sämtlichen Jahren gleich hoch, so daß sich der Kurs für den Fall der unterjährigen Zahlungsweise unmittelbar aus der Formel 5.4.3 dadurch gewinnen läßt, daß man auf der rechten Seite diesen Faktor einfügt. Man erhält:

$$(5.7.6) \qquad c = \left(\frac{100+a}{n} \cdot (a_n)' - \frac{p}{i'} \cdot \frac{(a_n)'}{n} + \frac{p}{i'} \right) \cdot \left(1+i' \cdot \frac{m-1}{2m}\right)$$

Die Betrachtungen in diesem Abschnitt sind jeweils für ganzzahlige Laufzeiten durchgeführt. In der Praxis treten, insbesondere bei Untersuchungen auf dem Kapitalmarkt, oft nicht ganzzahlige Restlaufzeiten auf. Dabei passiert es regelmäßig, daß Wertpapiere innerhalb eines Abrechnungsjahres erworben werden. Die hierzu notwendigen Betrachtungen zur Bestimmung von Kurs oder Rendite lassen sich analog zu denjenigen aus diesem Abschnitt unter Verwenden der Überlegungen aus dem Abschnitt 3.7 durchführen. Im Rahmen dieser Schrift soll hierauf verzichtet werden.

5.8 Mindest-, Höchst-, Gesamtrendite, durchschnittliche Rendite

Im Gegensatz zur Zinsschuld wird bei den Amortisationsschulden die Tilgung über einen mehr oder weniger langen Zeitraum vorgenommen. Bei größeren Anleihen treten als Gläubiger mehrere Personen oder Institutionen auf. Dieses ist der Hauptgrund für die Qunatelung in Stücke. Diese Stücke werden in der Regel zu unterschiedlichen Zeitpunkten getilgt. Damit haben sie eine unterschiedliche Laufzeit und verschiedene Renditen.
Die Gesamtrendite ist die Rendite, bei der die Anleihe als Ganzes gesehen wird. Sie entspricht derjenigen, wie sie in vorangehenden Abschnitten dargestellt worden ist. Die durchschnittliche Rendite ist der Durchschnitt der Rendite der Einzelstücke, wobei das gewogene Mittel zu nehmen ist. Für die Mindestrendite ist diejenige Rendite mit dem niedrigsten Wert unter den verschiedenen Stücken zu wählen. Zwischen der Mindest- und Höchstrendite liegt die Rendite eines einzelnen Stücks, die Stückrendite.

Erwirbt jemand ein Stück, das nach m Jahren getilgt wird, so werden ihm für Laufzeit dieses Stücks Zinsen in Höhe des Nominalzinsfußes von p % gezahlt. Betrachtet man ein einzelnes Stück, so ergibt dieselbe Situation wie bei der Zinsschuld. Deshalb kann die Formel 5.2.1 zur Bestimmung der Rendite von Einzelstücken benutzt werden.

Beispiel: Jemand erwibt bei einer 8 %-igen Ratenschuld zu einem Kurs von 9o % zwei Stücke. Nach dem Verkauf der Anleihe wird durch Auslosung festgelegt, wann die einzelnen Stücke getilgt werden. Das erste Stück wird nach 4 Jahren, das andere nach 8 Jahren getilgt. Wie hoch ist die Stückrendite jedes der beiden Stücke?

Lösung: Die Formel 5.2.1 liefert für p=8,a=o und c=9o im Falle n=4 die Gleichung:

$$9o = 1oo(o,o8 \ (a_4)' + v'^4)$$

oder nach Iteration nach p' den Wert für die Stückrendite: 11,23 %.
Im Falle des zweiten Stücks ist n=8. Die zugehörige Gleichung lautet:

$$9o = 1oo \ (o,o8 \ (a_8)' + v'^8)$$

Hier liefert die Iteration die Stückrendite: 9,88 %.

Aus der Struktur der Formel 5.2.1 läßt sich Ableiten, daß allgemein die Stücke mit kürzerer Laufzeit eine höhere Stückrendite aufweisen, während Stücke mit längerer Laufzeit eine niedrigere Stückrendite haben. Deshalb erhält man die Höchstrendite als Stückrendite für diejenigen Stücke mit kürzester Laufzeit und die Mindestrendite als Stückrendite für diejenigen Stücke mit längster Laufzeit. Diese Überlegung ist unabhängig von Art der Anleihe, nämlich Raten- oder Annuitätenschuld.

Bezeichnet man die Stückrendite für ein Stück, das nach m Jahren getilgt wird, mit $\hat{p}_m$, so erhält bei einer Gesamttilgung am Ende des m-ten Jahres von T_m wegen $K_o = \sum_{m=1}^{n} T_m$ als durchschnittliche Rendite den Wert $\hat{p}_d$:

(5.8.1) $$\hat{p}_d = \frac{1}{K_o}\sum_{m=1}^{n} T_m\hat{p}_m$$

Im Falle der Annuitätenschuld kann T_m unmittelbar aus der Beziehung 4.2.5 entnommen werden. Bei einer Ratenschuld ist T_m=T=K_o:n. Damit vereinfacht sich die Beziehung 5.8.1 zu:

(5.8.2) $$\hat{p}_d = \frac{1}{n}\sum_{m=1}^{n} \hat{p}_m$$

Beispiel: Für eine Ratenschuld mit einer Laufzeit von 8 Jahren und einer Nominalverzinsung ist die Stückrendite, die durchschnittliche Rendite, die Gesamtrendite, die Mindest- und Höchstrendite zu ermitteln. Der Ausgabekurs liegt bei 9o %.

Lösung: In der nach stehende Tabelle sind die Stückrenditen zusammengefaßt. Man erkennt sofort, daß die Höchstrendite 2o% und die Mindestrendite 9,88 % beträgt. Die durchschnittliche Rendite ergibt sich aus 5.8.2 zu $\hat{p}_d$=12,31 %. Die Gesamtrendite folgt aus 5.4.2 zu p' = 11,o9 %.

Laufzeit	Stückrendite
1	2o,oo %
2	14,o7 %
3	12,17 %
4	11,23 %
5	1o,69 %
6	1o,33 %
7	1o,o7 %
8	9,88 %
	$\hat{p}_d$= 12,31 %

6. Kapitel: Spezielle Anwendungen

6.1 Bausparen

Das Bausparen spielte in der Bundesrepublik für den Wiederaufbau eine große Rolle. Noch heute wird diese Sparform zweckorientiert oder aus steuerlichen Gründen in weiten Bevölkerungsschichten gerne gewählt. An dieser Stelle sollen einige Aspekte des Bausparens dargestellt werden. Das Grundprinzip kann am leichsten am sogn. "geschlossenen Sparkollektiv" erläutert werden:

Gehen wir von 15 Bausparern aus, von denen jeder ein Haus im Werte von 5oo.ooo WE bauen oder kaufen will. Ferner soll angenommen werden, daß jeder Bausparer ein Zehntel der Herstellungskosten pro Jahr ansparen kann, und zwar über einen Zeitraum von 1o Jahren. Lassen wir zunächst die Zinsen außer Betracht, so kann in der Spargemeinschaft nach einem Jahr der erste Bausparer mit dem Hausbau anfangen, da im ersten Jahr 15 Sparer zusammen 15 5o.ooo = 75o.ooo WE angespart haben. Der Restbetrag von 25o.ooo WE kann mit der Spar- und Tilgungsleistung des zweiten Jahres am Ende des zweiten Jahres zwei weiteren Bausparern zum Hauserwerb zur Verfügung gestellt werden. In der Tabelle 6.1.1 ist der weitere Ablauf dargestellt.

Jahr	Spar- und Tilgunsleistung	Zuteilung		Saldo
		Anzahl	Betrag	
1	75o.ooo	1	5oo.ooo	25o.ooo
2	75o.ooo	2	1.ooo.ooo	o
3	75o.ooo	1	5oo.ooo	25o.ooo
4	75o.ooo	2	1.ooo.ooo	o
5	75o.ooo	1	5oo.ooo	25o.ooo
6	75o.ooo	2	1.ooo.ooo	o
7	75o.ooo	1	5oo.ooo	25o.ooo
8	75o.ooo	2	1.ooo.ooo	o
9	75o.ooo	1	5oo.ooo	25o.ooo
1o	75o.ooo	2	1.ooo.ooo	o
		15		

Tabelle 6.1.1: Geschlossenes Sparkollektiv

Man erkennt deutlich, daß zwar 2 Sparer volle 1o Jahre auf ihre Zuteilung warten müssen, die anderen jedoch früher durch die Kreditgewährung des Kollektivs ihr Haus erwerben können. Im Mittel ergibt sich eine "Wartezeit" von 5,67 Jahren, die ein Mitglied des Kollektivs bis zur Zuteilung warten muß.
Anders sieht es dann aus, wenn es sich um ein offenes Sparkollektiv handelt. Dann können in den einzelnen Jahren neue Mitglieder zum Kollektiv hinzutreten. Dadurch erhöht sich die Sparleistung und das Zuteilungsvolumen erhöht sich, was eine Verringerung der Wartezeit zur Folge hat. In der Praxis ergeben sich weitere Vorgänge bei den Bausparkassen wie Kündigungen (vorzeitiges Ausscheiden aus dem Kollektiv), Nichtinanspruchnahme der Zuteilung (Fortsetzen des Sparens) oder vorzeitige Tilgung. Weitere Gesichtspunkte sind Haben-, Sollzinsen und Gebühren.

In der Abbildung 6.1 sind die Geldströme prinzipiell dargestellt. Ein Bausparer beginnt in Sparphase (oberer Teil), indem er seine Sparleistungen erbringt. Wenn even. Bedingungen wie Mindestsparleistung oder Mindestsprazeit erfüllt sind, wird der Bausparer bei der Zuteilung berücksichtigt. Dabei werden die Einzahlungen bei der Bausparkasse (Spar- u. Tilgungsleistungen) in der Zuteilungsmasse zusammengefaßt. Nach einem festgelegten Zuteilungsschlüssel wird eine Reihenfolge der Bausparer vorgenommen. Gemäß dieser Reihung werden die Bausparverträge zugeteilt, bis die Zuteilungsmasse erschöpft ist. Dabei wird für jeden zugeteilten Bausparvertrag die festgelegte Bausparsumme von der Zuteilungsmasse abgezogen. Nimmt ein Bausparer die Zuteilung an, d.h., er läßt sich die Bausparsumme auszahlen und erhält damit ein Darlehen in Höhe der Differenz zwischen der Bausparsumme und dem angesparten Guthaben. Dieses Darlehen führt zu einer Schuld des Bausparers, die während der Tilgungsphase abgetragen wird. Nimmt der Bausparer die Zuteilung nicht an, so kann er even. aus steuerlichen Gründen die Sparphase fortsetzen oder den Vertrag beenden.

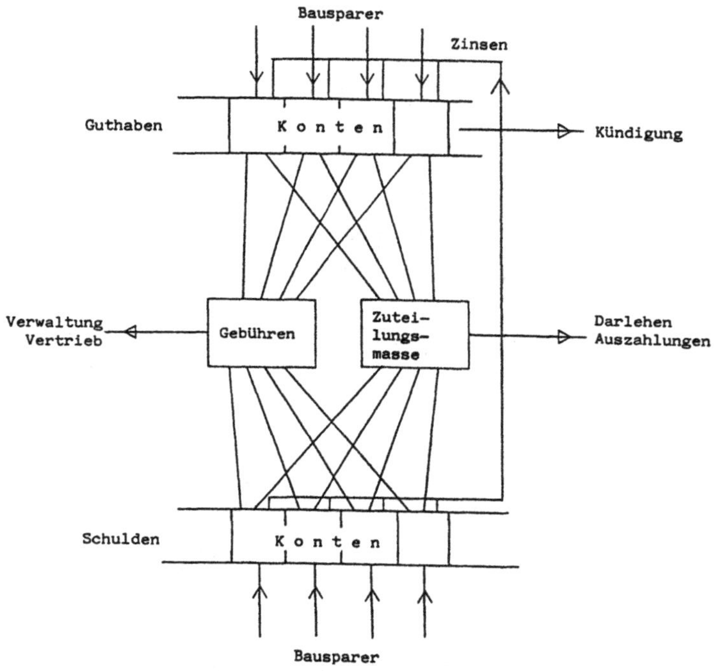

Abb. 6.1: Kapitalfluß in einer Bausparkasse

Zu den wichtigsten Fragen in der Praxis gehört diejenige nach der Wartezeit, wobei eigentlich nach der mittleren Wartezeit gefragt werden muß, wenn das Sparkollektiv sieht. Dabei gibt es wartezeitverkürzende Faktoren:

Progressives Neugeschäft (Faktor 1. Art),
Höhere Spar- und Tilgungsintensität (Faktor 2. Art),
Verzögerter Abruf von Darlehen oder Darlehensverzichte oder Kündigungen (Faktor 3. Art) und
Fremdmittel.

Dabei wirken die Fremdmittel vorübergehend wartezeitverkürzend. In der Phase ihrer Rückzahlung verlängert sich dagegen die Wartezeit. Bezüglich des Neugeschäfts wird auf die Abbildung 6.2 verwiesen. Darin erkennt man, daß bei einer Zunahme des Neugeschäfts zunächst die Wartezeit geringer wird. Stabilisiert sich das Neugeschäft auf dem höheren Niveau, so verlängert sich die mittlere Wartezeit auf den alten Stand. Umgekehrt verhält sich bei einem Rückgang des Neugeschäfts

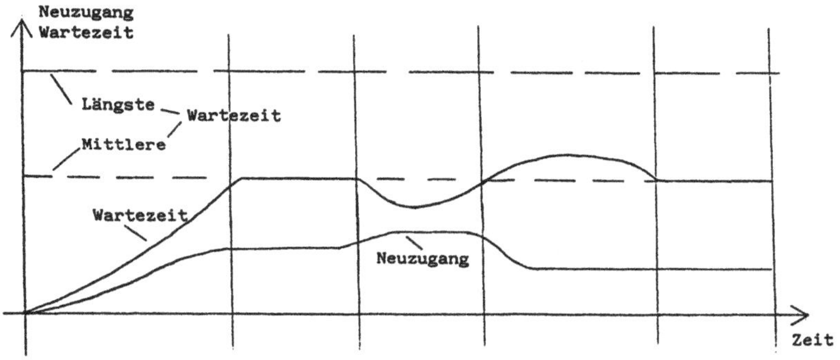

Abb. 6.2: Einfluß des Neugeschäfts auf die mittlere Wartezeit

Die Bestimmung der mittleren Wartezeit läßt sich in der Praxis nicht durch Auflösen von Gleichungen lösen, da es sich beim Bausparen um einen stochastischen Prozeß handelt, bei dem eine Reihe von Zufallsereignissen das Gesamtgeschehen festlegen. Dazu gehören Die Höhe der Bausparsumme beim Neugeschäft, Aufteilung nach Schnell- und Regelsparern, Kündigung von Verträgen nach der Länge der Laufzeit sowie die bereits oben erwähnten Faktoren. Aus diesem Grund können Fragen zur Wartezeit mit Hilfe von Simulationsmodellen gelöst werden.

Zum Zwecke der Zuteilung erfolgt durch die Bausparkasse eine Bewertung der Leistung des Bausparers. Dabei haben sich drei Methoden in der Praxis durchgesetzt:

Salden-, Zins- und Saldenzinsmethode

Die Saldenmethode berücksichtigt das angesparte Guthaben zu den Bewertungsstichtagen, indem die Guthabenbeträge zu diesen Tagen addiert und durch die Bausparsumme dividiert werden. Dabei wird die Zeit durch die Häufigkeit der Addition des Guthabens und die Höhe des angesparten Kapitals berücksichtigt.
Die Zinsmethode geht dagegen von den aufgelaufenen Zinsen aus, indem die dem Guthabenkonto gutgeschriebenen Zinsen in ihrer Summe durch die Bausparsumme

dividiert wird. Auf diese Weise wird ebenfalls die Zeit und die Höhe der Kapitalanlage berücksichtigt. Allerdings werden kurz vor den Bewertungsstichtagen eingezahlte Beträge bei diesem Verfahren nicht zur Leistungsbewertung herangezogen.
Die Saldenzinsmethode kombiniert beiden Methoden, indem die beiden nach den oben beschriebenen Verfahren gewonnenen Wert mit Gewichtungsfaktoren versehen durch Addition zu einer neuen Bewertungszahl zusammengefaßt werden. Die gewählten Gewichtungsfaktoren variieren von Bausparkasse zu Bausparkasse.

Die durch Bewertung ermittelte Zuteilungszahl legt die Reihenfolge der Bausparer bei der Zuteilung fest. Dabei wird die Zuteilungsmasse verteilt, dabei gilt die Kassengleichung:

Gesamtguthaben = Gesamtdarlehen.

Bei den meisten Untersuchungen in der Praxis werden darüber hinaus noch sogn. Trägheitsreserven und Fortsetzerreserven berücksichtigt, die den Zeitverzug zwischen Zuteilung und Darlehensgewährung bzw. das Verhältnis an Vertragsfortsetzern in die Kassengleichung einbeziehen. Weiterer Fragen, insbesondere diejenige nach der Effektivverzinsung können im Rahmen nicht diskutiert werden. Es soll noch auf ein in der Anlage beigefügtes Programm zur Bestimmung des Effektivzinses unter Berücksichtigung der steuerlichen Vorteile hingewiesen werden. Allerdings werden nur Richtwerte ermittelt, da genauere Untersuchungen zu umfangreicheren Programmen führen würden.

6.2 Ratenkredite

Teilzahlungs- oder Ratenkredite spielen bei der Finanzierung von Konsumartikel eine große Rolle. Diese Kredite sind bedingt durch ihre Höhe relativ leicht zu erhalten. Darüber hinaus werden die Zinsen und Bearbeitungsgebühren der Kreditsumme zugeschlagen, so daß die monatlich nachschüssig zu leistende Rate durch Division durch die Anzahl der Monate ermittelt wird. Da aus praktischen Erwägungen volle DM-Beträge als Raten gewählt werden, wird beim Aufrunden zum Ausgleich eine niedrigere erste Rate ermittelt, während beim Abrunden die letzte Rate höher ausfällt.
Zur Festlegung des Effektivzinses wird von der "36o-Tage-Methode"ausgegangen. Sie legt fest, daß jeweils nach einem Jahr Laufzeit unabhängig vom Kalender der Kapitatlisierungszeitpunkt für die Zinsen gewählt wird. Die meisten Kreditinstitute haben für Ratenkredite Buchungsstichtage in jedem Monat, die als Fälligkeitstermine gewählt werden. Aus Kulanz bzw. wegen der Vereinfachung wird oft auf Zinsen für die Zeit vom Tage der Kreditgewährung bis zum ersten Buchungsstichtag verzichtet.

Zur Berechnung des Effektivzinsfußes $\hat{p}$ eines Ratenkredites in Höhe von K Währungseinheiten gehen wir von einen nominalen Monatszinsfuß p % und einer einmaligen Bearbeitungsgebühr von b % aus. Abgesehen von Rundungen ergibt sich bei einer Laufzeit von g Monaten eine Gesamtschuld von

$$S = K + K\left(g \frac{p}{100} + \frac{b}{100} \right)$$

Die monatliche Rate T beträgt dann:

$$T = \frac{S}{g} = K\left(\frac{1}{g} + \frac{p}{100} + \frac{b}{100g} \right) = \frac{K}{100} \cdot \left(\frac{100+b}{g} + p \right)$$

In der Abbildung 6.3 ist die Aufteilung der Laufzeit von g Monaten auf n Jahre und m Monate dargestellt, da in der Regel die Laufzeit nicht ein **ganzzahliges Vielfaches** eines Jahres ist.

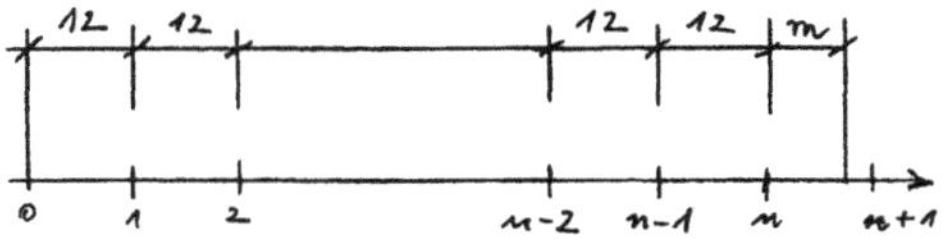

Abb. 6.3: Aufteilung der Laufzeit

Die jährliche Ersatzzahlung kann zur Bestimmung des Effektivzinsfußes aus 3.7.o für k=12 bestimmt werden:

$$R_E = T\left(12 + \hat{\imath} \frac{11}{2}\right)$$

Dieser Wert ist als eine Jahresrente über n Jahre anzusehen, deren Wert für das angebrochene Jahr um m Monate aufzuzinsen ist. Den Gesamtwert liefert die Formel 3.7.1 für Z_1=o und n_2=m, da für die letzten m Monate die Rate T zu verrechnen ist:

$$G = R_E \frac{\hat{q}^n - 1}{\hat{q} - 1} \left(1 + \hat{\imath} \frac{m}{12}\right) + mT + T \frac{\hat{\imath}}{12} \frac{(m-1)m}{2}$$

$$= T\left(\left(\frac{12}{\hat{\imath}} + \frac{11}{2} \right)(\hat{q}^n - 1)\left(1 + \hat{\imath} \frac{m}{12}\right) + m + \hat{\imath} \frac{(m-1)m}{24} \right)$$

Dieser Wert bezieht sich auf den Zeitpunkt des Laufzeitendes. Bezieht man den Kreditbetrag K ebenfalls auf diesen Zeitpunkt, so erhält man die folgende Äquivalenzbeziehung:

$$(6.2.2) \qquad K\hat{q}^n(1+\hat{i}\,\frac{m}{12}) = G$$

Da in der Beziehung G der Effektivzinsfuß $\hat{p}$ bzw. $\hat{i}$ oder $\hat{q}$ auftritt, stellt die obige Gleichung eine Bestimmungsgleichung für $\hat{p}$. Diese Gleichung läßt sich mit den Iterationsverfahren aus 1.6 lösen.

Beispiel: Für einen Ratenkredit über 3.ooo WE bei einer Laufzeit von 12 Monaten und einer Nominalverzinsung von o,4o % p.m. ist die Effektivverzinsung und der Tilgungsplan aufzustellen, wenn die Bearbeitungsgebühr inmalig 2 % beträgt.
bühr einmalig 2 % beträgt.

Lösung: Die Beziehung 6.2.2 liefert für g=12, b=2, p=o,4 und K=3.ooo die monatliche Rate T=267 WE. Da für diesen Fall n=1 und m=o ist, führt 6.2.2 zu:

$$K\hat{q} = T(\ (\ \frac{12}{\hat{i}} + 6{,}5)(\hat{q}-1)\ ) = T\cdot(12+6{,}5\hat{i})$$

Durch Umstellen erhält direkt für $\hat{p}$=16,13 % p.a.
In der Tabelle 6.2 ist der Tilgungspla für den betreffenden Fall angegeben. Dabei werden die Gebühren von 6o WE gleichmäßig über die Laufzeit abgerechnet, obwohl sie eine Laufzeit unabhängige Größe ist.

Tabelle 6.2: Tilgungsplan bei einem Ratenkredit

Monat	Gebühren-konto	Kapital-konto	Rate	**Zinsen**	Zinskonto
1	6o	3.ooo	267	23,o9	23,o9
2	55	2.738	267	21,o8	44,17
3	5o	2.476	267	19,o6	63,23
4	45	2.214	267	17,o4	8o,27
5	4o	1.952	267	15,o3	95,3o
6	35	1.65o	267	13,o1	1o8,31
7	3o	1.428	267	1o,99	119,3o
8	25	1.166	267	8,97	128,27
9	2o	9o7	267	6,96	135,23
1o	15	642	267	4,94	14o,17
11	1o	38o	267	2,92	143,o9
12	5	118	267	o,91	144,oo

Aus der Tabelle ergibt sich, daß durch die letzte Rate die aufgelaufenen Zinsen zum Kapitalisierungszeitpunkt gezahlt werden.

Im praktischen Bankenbetrieb ergeben sich Abweichungen von der bisher durchgeführten theoretischen Betrachtung. Zu diesen Abweichungen zählen insbesondere:

vorzeitige Tilgung, außerplanmäßige Sondertilgung u. Ratenstundung.

In diesen Fällen stehen dem Kreditnehmer Zinserstattungen zu bzw. erhöhen sich die ursprünglich kalkulierten Zinsen. Diese Zinsveränderungen können nun jedoch nicht mit dem oben ermittelten Effektivzins bestimmt werden, da in diesem Zins die Gebühren enthalten sind, die unabhängig von Laufzeit der Ratenkredits anfallen. Aus diesem Grund wird eine "Nettoeffektivzinsfuß" ermittelt, mit dessen Hilfe die Zinsveränderung berechnet werden kann. Dieser Nettoeffektivzinsfuß $\hat{p}_n$ kann aus der Gleichung 6.2.2 dadurch gewonnen werden, daß in dieser Gleichung für b der Wert o gesetzt wird. Deer Nettoeffektivzinsfuß ist ein Jahreszins und kann nicht zum Vergleich verschiedener Ratenkreditangebote herangezogen werden. Ein Vergleich von Ageboten ist nur mit Hilfe des oben bestimmten Effektivenzinsfußes möglich, den man deshalb auch den "Bruttoeffektivzinsfuß" nennt.

7. Kapitel: Aufgaben mit Lösungen

Die Aufgabensammlung soll es dem Lernenden erleichtern, seinen Kenntnisstand zu überprüfen. Deshalb ist zu jeder Aufgabe eine Lösung angegeben. Da bei einer Reihe von Aufgaben Fragestellungen aus der Praxis gegriffen sind, wie sie oft durch den Laien gestellt werden, ergeben sich durch Unkorrektheiten manchmal Vieldeutigkeiten. Bei der Lösung wird auf die verschiedenen Interpretationen eingegangen, um die Kritikfähigkeit zu schulen. So kann auch der Laie die Problematik der aufgeworfenen Fragen besser erkennen.

Aufgabe 1

Bestimmen Sie die Laufzeit für eine Kapitalanlage vom 3.9.1984 (erster Zinstag) bis zum 7.7.1991 (Tag der Auszahlung) nach der bankenüblichen Praxis.

Lösung: Bei der bankenüblichen Praxis wird ein Monat zu 3o Tagen unabhängig von der tatsächlichen Länge und ein Jahr zu 36o Tagen gerechnet. Der letzte Zinstag ist der Tag vor der Verfügbarkeit: 6.7.1991. Zur Berechnung der Laufzeit wird die Differenz zwischen den nebenstehenden Tagen gebildet. Da die Monatszahl des Auszahlungsdatums (7) kleiner als die des ersten Zinstages (9) ist, wird eine Transformation des 1. Datums erforderlich. Dabei wird die Jahreszahl des Enddatums (1991) um eins vermindert und zum Ausgleich die Anzahl der Monate um 12 auf 19 erhöht (Übertrag). Das Ergebnis lautet: 4 Tage, 1o Monate und 6 Jahre oder 2.464 Tage oder 6,8444 Jahre.

	Tag	Monat	Jahr	
1. Datum	7	7	1991	(ursprünglich)
2. Datum	3	9	1984	
1. Datum	7	19	199o	(transformiert)
2. Datum	3	9	1984	
Laufzeit:	4 T	1o M	6 J	

Aufgabe 2

Wie groß ist der Endwert eines Kapitals von 1.ooo,-- WE nach 3o (6o) Jahren, wenn ein Zinsfuß von 4% p.a. vereinbart ist und die Zinsen zum Jahresende kapitalisiert werden?

Lösung: Es handelt sich um eine dekursive Verzinsung mit einem Zinsfuß p=4 und einer Laufzeit n= 3o bzw. n=6o Jahren. Die Lösung erfolgt mittels der Beziehung 2.3.1 zu:

a) $K_{30} = 1.000 \cdot 1{,}04^{30} = 3.243{,}40$ WE bzw. b) $K_{60} = 1.000 \cdot 1{,}04^{60} = 10.519{,}63$ WE.

Aufgabe 3

Ein Kapital von 27.ooo WE wird für die Laufzeit vom 28.o5.1984 bis zum incl. 27.o8.1987 zu einem nominellen Zinsfuß von 8% p.a. festgelegt. Die Zinszahlung erfolgt jeweils am 1.3. eines jeden Jahres für die vorangegangene Zinsperiode. Die Zinsen werden jeweils dem Kapital zu diesem Zeitpunkt zugeschlagen. Welcher Betrag wird fällig?

Lösung: Aus der Aufgabenstellung geht hervor, daß die dekursive Verzinsung angewandt wird. In der nebenstehenden Skizze sind die Zeitabschnitte mit der Verzinsungsart angegeben.

Linear	Dekursiv		Linear
3T 9M	1J	1J	27T 5M

28.o5. 1984	1.3. 1985	1.3. 1986	1.3. 1987	27.8. 1987

Für die erste Periode ist Formel 2.1.1 mit $\gamma_1 = \frac{273}{360}$ und K=27.000 WE anzuwenden. Die Zinsen betragen somit Z = 27.000·0,7583·0,08 = 1.638,00 WE. Der Kapitalstand am 1.3.85 ist damit K_1=28.638,00 WE. Dieses Kapital ist gemäß 2.3.1 für n=2 Jahre aufzuzinsen. Somit ist am 1.3.87 das Kapital $K_3 = K_1 \cdot 1{,}08^2$ = 33.403,36 WE erreicht. Anschließend ist für den letzten Zeitabschnitt gemäß 2.1.1 der Kapitalzuwachs zu ermitteln. Dabei ist γ_2= 177:360. Die Zinsen betragen also 33.403,36·0,4917·0,08 =1.313,87 WE. Das verfügbare Kapital beträgt also: K_e = 34.717,23 WE.
Das Ergebnis läßt sich durch eine geschlossene Formel direkt ermitteln:
$K_e = K(1+\gamma_1 \cdot 0{,}08) \cdot 1{,}08^2 \cdot (1 + \gamma_2 \cdot 0{,}08)$ = 34.717,23 WE. Darin sind die Formeln 2.1.1 bzw. 2.2.1 und 2.3.1 kombiniert enthalten.

Aufgabe 4

Auf welchen Betrag wachsen 700 WE in 60 Jahren, wenn der Zinszuschlag bei 3% Zinsen p.a. halbjährlich bei a) nachschüssiger b) vorschüssiger Verzinsung erfolgt? Wie hoch ist der effektive Jahreszins in jedem der Fälle, wobei wegen der Vergleichbarkeit ein nachschüssiger Zinsfuß zu wählen ist?

Lösung: Die Lösung im Falle der nachschüssigen Verzinsung erhält man aus 2.6.3. Dabei ist n=60 Jahre, m=2, K_0=700 WE zu setzen. Man bestimmt so das Endkapital zu $K_n^{(m)} = 700 \cdot (1+ 0{,}015)^{120}$ = 4.178,53 WE. Im Falle der antizipativen Verzinsung folgt gemäß der Formel 2.6.7 für das Endkapital $K_n^{(m)'} = \frac{700}{(1-0{,}015)^{120}}$ = 4.292,90 WE.

Die Bestimmung des effektiven Zinsfußes wird im Falle der nachschüssigen Verzinsung nach der Beziehung 2.6.4 durchgeführt. Der effektive Jahreszinsfuß p_{eff} ist somit:

$$p_{eff} = 100(1+0{,}015)^2 - 100 = 3{,}0225\ \%$$

Bei der vorschüssigen unterjährigen Verzinsung ist mittels 2.6.5 die effektive Jahresverzinsung zu ermitteln:

$$p_{eff} = \frac{100}{(1-0{,}015)^2} - 100 = 3{,}0688\ \%$$

Aufgabe 5

Bei einer Bausparkasse sind monatliche Zahlungen von 1% der Bausparsumme zu leisten. Der Guthabenzins liegt bei 3% p.a., wobei die Zinsen vierteljährlich kapitalisiert werden. Geben Sie für eine Bausparsumme von 6o.ooo WE den Kontostand am 31.12.1986 an, wenn die erste Zahlung am 1.7.82 erfolgte und sonstige Kosten unberücksichtigt bleiben.

Lösung: In diesem Fall liegt eine unterjährige Rentenzahlung mit k=12 Zahlungen pro Jahr und eine unterjährige Verzinsung mit m=4 Zinsperioden pro Jahr vor. Der jährliche Zinsfuß p=3% führt zu einem Zinssatz von i_m=3/4oo= o,oo75 für ein Vierteljahr. Die Beziehung für den Endwert einer vorschüssigen Rente wird durch die Formel 3.7.11 beschrieben. Dabei ist j=k/m=12/4=3. Für nm ist die Anzahl sämtlicher Verzinsunsperioden zu setzen, während derer Einzahlungen in Höhe von r= 6oo WE geleistet werden. Da das betrachtete Zeitintervall 4 Jahre und 6 Monate beträgt, ist die Anzahl der Vierteljahre nm = 4 4+2 = 18. Damit folgt durch Einsetzen in 3.7.11:

$$R'_e = 600(3+o,oo75\cdot\frac{4}{2})\cdot\frac{1,oo75^{18}-1}{1,oo75-1} = 600\cdot 3,o15\cdot\frac{o,14396}{o,oo75} = 34.723,25 \text{ WE}$$

Aufgabe 6

Bei einem Vertrag ist eine erste Zahlung am 31.12.83 in Höhe von 3.5oo WE fällig. Für jedes Jahr mit ungerader Jahreszahl bleibt dieser Betrag zum Jahresende fällig, während in Jahren mit gerader Jahreszahl nur 2.5oo WE am Jahresende zu zahlen sind. Wie hoch ist der Barwert dieses Vertrages anzusetzen, wenn ein Marktzins von 8% p.a. kalkuliert werden kann und die Laufzeit des Vertrages 1o Jahre beträgt?

Lösung: Es gibt für dieses Problem zwei interessante Lösungswege, die beide behandelt werden sollen. Der Bezugszeitpunkt für den Barwert ist der 1.1.83.
a) Beim ersten Lösungsweg geht man von einer jährlichen Ersatzzahlung r_E aus, die an Stelle einer Rentenzahlung schwankender Höhe geleistet wird. Setzt man r_1=3.5oo WE und r_2=2.5oo WE, so ist nämlich der Endwert dieser Zahlungen am Ende des zweiten Jahres r_1q+r_2. Wählt man andererseits die konstante Jahresrate r_E, so ist der entsprechende Endwert $r_E(q+1) = r_1q+r_2$. Hieraus folgt für r_E:

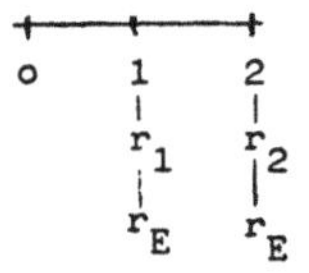

$$r_E = \frac{r_1q + r_2}{q+1}$$ als Zahlung mittlerer Höhe.

In unserem Fall ist somit $r_E = \frac{6.28o}{2,o8}$ = 3.o19,23 WE. Bei einer Laufzeit über insgesamt 1o Jahre folgt dann mittels der Formel 3.1.4 mit n=1o für den Barwert R_o = 3.o19,23·6,71o1 = 2o.259,28 WE.

b) Beim zweiten Lösungsweg betrachtet man zunächst die zweijährige Zahlung von jeweils 2.5oo WE und anschließend eine weitere zweijährige Zahlung von 3.5oo WE. Zunächst können wir die zweijährige Zahlung von 2.5ooo WE durch ihren Barwert mittels 3.7.6 erfassen, wobei nm=1o mit m=1, k=o,5, q_m=q=1,o8 und r=2.5oo WE zu setzen ist. Es folgt:

$$\overline{R}_b = 2.5oo \cdot o{,}4632 \cdot \frac{1{,}o8^{1o}-1}{1{,}o8^{2}-1} = 2.5oo \cdot o{,}4632 \cdot 6{,}9647 = 8.o65{,}oo \text{ WE}$$

Für den Barwert der zweiten Rente mit r=3.5oo WE ist jedoch zu berücksichtigen, daß beim Diskontieren um ein Jahr weniger abzuzinsen ist, da diese Zahlung bereits im ersten Jahr erfolgt. Somit ist dieser Barwert gleich

$$\overline{\overline{R}}_b = 3.5oo \cdot o{,}5oo2 \cdot 6{,}9647 = 12.194{,}28 \text{ WE}$$

Die Gesamtsumme der Barwerte ergibt das gewünschte Ergebnis R_b zu:

$$R_b = 8.o65{,}oo + 12.194{,}28 = 2o.259{,}28 \text{ WE}.$$

Wir sehen, daß sich auf beiden Wegen dasselbe Ergebnis einstellt.

Aufgabe 7

Eine Anleihe über 1o **Mil.** WE soll durch 5 gleich große Raten getilgt werden. Neben den Zinsen von 6% soll ein Aufgeld von 5% auf jede Tilgungsrate gezahlt werden. Gesucht ist der Tilgungsplan.

Lösung: Die Tabelle 6.1 gibt den Tilgungsplan wieder.

Tilgungsplan

Anfangsschuld: 1o.ooo.ooo WE, Zinsfuß: 6%, Laufzeit: 5 Jahre
Aufgeld: 5%

Jahr	Schuld am Jahresanfang	Zinsen	Tilgung	Aufgeld	Annuität
1	1o.ooo.ooo	6oo.ooo	2.ooo.ooo	1oo.ooo	2.7oo.ooo
2	8.ooo.ooo	48o.ooo	2.ooo.ooo	1oo.ooo	2.58o.ooo
3	6.ooo.ooo	36o.ooo	2.ooo.ooo	1oo.ooo	2.46o.ooo
4	4.ooo.ooo	24o.ooo	2.ooo.ooo	1oo.ooo	2.34o.ooo
5	2.ooo.ooo	12o.ooo	2.ooo.ooo	1oo.ooo	2.22o.ooo

Tabelle 6.1: Tilgungsplan (Ratenschuld mit Aufgeld)

Aufgabe 8

Für eine 6 %-ige Anleihe über 1o.ooo.ooo WE ist ein einbezogenes Aufgeld von 5 % vorgesehen. Die Tilgung ist innerhalb von 5 Jahren durchzuführen und steigt jährlich um die ersparten Zinsen. Man gebe den Tilgungsplan an.

Lösung: Nach 4.2.17 ist das Ersatzkapital $K_o' = 1{,}o5 \cdot K_o$ = 1o.5oo.ooo WE.
Für den Ersatzzinsfuß ergibt sich damit p'=6:1,o5 = 5,7143%. Schließlich folgt für die Annuität A' aus 4.2.17 der Wert A'= 1o.5oo.ooo:4,2453 oder A'= 2.473.318,95 WE. Der Tilgungsplan ergibt sich nach der Tabelle 6.2

Tilgungsplan

Jahr	Schuld am Jahresanfang	Zinsen	Tilgung	Aufgeld	Annuität
1	1o.ooo.ooo,oo	6oo.ooo,oo	1.784.113,28	89.2o5,66	2.473.318,94
2	8.215.886,72	492.953,2o	1.886.o62,61	94.3o3.13	2.473.318,94
3	6.329.824,11	379.789.45	1.993.837,62	99.691,88	2.473.318,95
4	4.335.986,49	26o.159,19	2.1o7.771,2o	1o5.388,56	2.473.318,95
5	2.228.215,29	133.692,92	2.228.215,29	111.41o,76	2.473.318,97

Tabelle 6.2: Annuitätenschuld mit Aufgeld (Tilgungsplan)

Aufgabe 9

Für das "kaufmännische Diskontieren" und das "bürgerliche Diskontieren" werden unterschiedliche Formeln benutzt. Man ergänze die folgenden Tabelle für die beiden Verfahren.

Nr.	Wechselsumme WE	Diskontsatz % p.a.	Laufzeit Monate	Auszahlung WE
1	2o.ooo,oo	4	6	—
2	—	6	7	12.5oo,oo
3	25.ooo,oo	7	—	24.2oo,oo
4	15.ooo,oo	—	9	14.3oo,oo

Lösung: Zur Ermittlung der jeweils fehlenden Größen ist im Fall der kaufmännischen Diskontierens die Formel 2.9.1 und im Fall der bürgerlichen Diskontierens die Formel 2.9.2 zu verwenden. Die beiden nachfolgenden Tabellen 6.3 und 6.4 geben die Lösungen an.

Nr.	Wechselsumme WE	Diskontsatz % p.a.	Laufzeit Monate	Auszahlung WE
1	2o.ooo,oo	4	6	19.6oo,oo
2	12.953,37	6	7	12.5oo,oo
3	25.ooo,oo	7	5,4	24.2oo,oo
4	15.ooo,oo	6,22	9	14.3oo,oo

Tabelle 6.3: Kaufmännisches Diskontieren

Nr.	Wechselsumme WE	Diskontsatz % p.a.	Laufzeit Monate	Auszahlung WE
1	2o.ooo,oo	4	6	19.6o7,89
2	12.937,49	6	7	12.5oo,oo
3	25.ooo,oo	7	5,67	24.2oo,oo
4	15.ooo,oo	6,527	9	14.3oo,oo

Tabelle 6.4: Bürgerliches Diskontieren

Aufgabe 1o

Ein Kapital von 3o.ooo WE ist zu 4% p.a. für 32 Jahre festgelegt. Auf welchen Betrag ist es a) bei nachschüssiger und b) bei vorschüssiger Verzinsung angewachsen?

Lösung: Bei der Aufgabenstellung wird über die Verzinsungsperiode nichts ausgesagt. Deshalb wird davon ausgegangen, daß die Verzinsung jährlich zu 4% erfolgt und daß die erste Verzinsungsperiode mit dem ersten Zinstag beginnt.

a) Es wird die Formel 2.3.1 benutzt, worin K_o= 3o.ooo WE, n= 32 Jahre und q=1,o4 ist. Somit ist K_{32}= 3o.ooo 3,5o8o6 = 1o5.241,76 WE.

b) Hier wird die Formel 2.4.3 verwendet, wobei p=4% ist. Somit ist in diesem Fall $K_{32} = \frac{3o.ooo}{o,96^{32}} = \frac{3o.ooo}{3,6925}$ = 11o.775,o1 WE.

Bei einer vorschüssigen Verzinsung ergibt sich ein höheres Endkapital als bei der nachschüssigen Verzinsung.

Aufgabe 11

Ein Darlehen in Höhe von 6o.ooo WE, das am 1.1.1983 aufgenommen worden ist, soll in drei Raten getilgt werden:

1. Rate am 31.12.85 in Höhe von 35.ooo,-- WE,
2. Rate am 31.12.89 in Höhe von 1o.ooo,-- WE und
3. Rate in Höhe von 45.ooo,-- WE.

Wann ist die dritte Rate zu zahlen (gerundet auf den Beginn eines Monats), wenn 6% Zinseszinsen p.a. vereinbart ist?

Lösung: Die drei Raten stellen bezogen auf den Zeitpunkt 1.1.1983 den Wert des Darlehens von 6o.ooo WE dar. Da keine besondere Verzinsungsart angegeben ist, werden die einzelnen Beträge dekursiv gemäß 2.3.2 abgezinst.

35.ooo um 3 Jahre, 1o.ooo WE um 7 Jahre und 45.ooo WE um n Jahre.

Damit folgt:

$$60.000 = \frac{35.000}{1{,}06^3} + \frac{10.000}{1{,}06^7} + \frac{45.000}{1{,}06^n} = 29.386{,}67 + 6.650{,}57 + \frac{45.000}{1{,}06^n}$$

Daraus erhält man durch Subtraktion:

$$23.962{,}76 = \frac{45.000}{1{,}06^4} \quad \text{oder} \quad 1{,}06^n = \frac{45.000{,}00}{23.962{,}76} = 1{,}8779.$$

Logarithmieren liefert dann:

$$n \ln(1{,}06) = \ln(1{,}8779)$$

oder

$$n = \frac{\ln(1{,}8779)}{\ln(1{,}06)} = \frac{o{,}6302}{0{,}0583} = 10{,}8147 \text{ a} = 10 \text{ Jahre } 10 \text{ Monate}$$

Damit liegt als Termin für die Zahlung der dritten Rate fest: 1.11.1993.

Aufgabe 12

Der Kreditnehmer A hat von der Bank B am 31.12.1974 einen Kredit in Höhe von 1oo.ooo WE und am 1.1.1977 einen weiteren Kredit über 1.ooo.ooo WE erhalten. Für beide Kredite gilt ein Zinsfuß von 4% p.a. auf Zinseszinsen. A hat am 1.1.198o in einem Objekt 1.ooo.ooo WE investiert, das 6% pro Jahr sicher abwirft. Dieses Objekt soll zum Schuldenausgleich von A an die Bank B übereignet werden. Wann hat diese Übereignung stattzufinden (gerundet auf das Ende eines Quartals)?

Lösung: Die nebenstehende Skizze deutet die Laufzeiten der verschiedenen Zahlungen an. Bezogen auf den Zeitpunkt der Übereignung folgt die Gleichung für die unbekannte Größe n aus 2.3.1 mittels des Äquivalentprinzips:

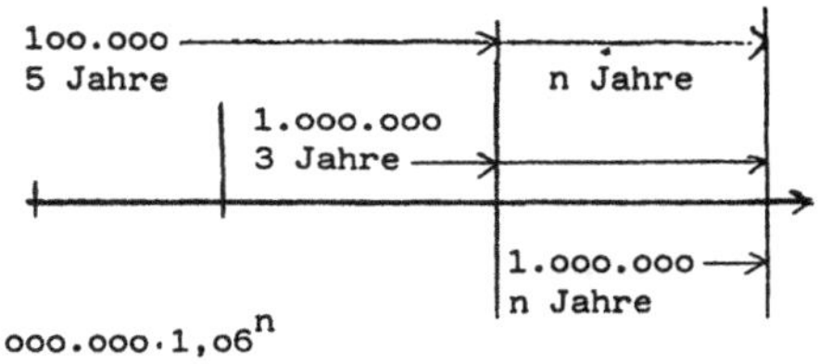

$$1oo.ooo \cdot 1{,}04^{n+5} + 1.000.000 \cdot 1{,}04^{n+3} = 1.000.000 \cdot 1{,}06^n$$

oder

$$1{,}04^n \cdot (100.000 \cdot 1{,}04^5 + 1.000.000 \cdot 1{,}04^3) = 1{,}06^n \cdot 1.000.000$$

oder

$$\frac{1{,}06^n}{1{,}04^n} = \frac{1.246529}{1.000000} = 1{,}2465.$$ Durch Logarithmieren folgt unmittelbar

$n(\ln(1{,}06) - \ln(1{,}04)) = 0{,}2204$ oder $n \cdot 0{,}0190 = 0{,}2204$ oder $n = 11{,}5687$ a.

Damit ist die Laufzeit 11 Jahre und ungefähr 7 Monate. Das nächstgelegene Quartalsende ist somit 3o.6.1991.

Aufgabe 13

Eine Anleihe über 1oo.ooo.ooo WE soll durch gleichbleibende Annuitäten bei einer Verzinsung von 4% p.a. getilgt werden. Die Zahlungen erfolgen jeweils am 31. Dezember der Jahre 198o bis 2ooo.
a) Wie hoch ist die Tilgungsrate am 31.12.1989?
b) Wie hoch sind die am 31.12.1995 zu entrichtenden Zinsen?
c) Wie hoch ist die Restschuld am 1.1.1998?

Lösung: Es handelt sich um eine Annuitätenschuld mit einer Laufzeit vom 1.1.198o bis 31.12.2ooo bei einer nachschüssigen Verzinsung zum Jahresende. Damit ist die Länge der Laufzeit n= 21 Jahre. Für q=1,o4 folgt dann aus 4.2.9 der Wert für die Annuität $A = \frac{1oo.ooo.ooo}{a_{21}}$ mit $a_{21} = \frac{1}{1{,}o4^{21}} \cdot \frac{1{,}o4^{21}-1}{1{,}o4-1} = 14{,}o292$

Damit ist A= 7.128.o8o,54 WE.

a) In diesem Fall ist gemäß 4.2.5 nach der Tilgungsrate im m=1o. Jahr gefragt. Dazu bestimmten wir zunächst die Tilgungsrate T_1 im ersten Jahr. $T_1 = A - Z_1$ oder $T_1 = A - K_o i$ = 7.128.o8o,54-1oo.ooo.ooo·o,o4 = 3.128.o1o,54 WE. Wegen 4.2.5 folgt dann der Wert für T_{1o} zu:

$$T_{1o} = T_1 \cdot q^9 = 3.128.o1o{,}54 \cdot 1{,}o4^9 = 4.452.134{,}35 \text{ WE}.$$

b) Bei dieser Frage sind die Zinsen Z_{16} am Ende des 16. Jahres (m=16) gesucht. Aus 4.2.4 folgt durch Umstellen $Z_{16} = A - T_{16} = A - T_1 q^{15}$. Damit erhält man auf Grund der obigen Bemerkungen:

$$Z_{16} = 7.128.o8o{,}54 - 3.128.o1o{,}54 \; 1{,}o4^{15} = 1.494.64o{,}27 \text{ WE}$$

c) Den Kapitalstand K_m am Ende des 18. Jahres (m=18) liefert die Formel 4.2.6. Somit ist $K_{18} = K_o - T_1 s_{18}$ = 1oo.ooo.ooo-3.128.o1o,54·25,6454 =19.78o.878,18 WE.

Aufgabe 14

Zum 1.1.1981 hat jemand eine Aktie zum Kurs von 35o% erworben und zum 31.12.85 bei einem Kurs von 65o% verkauft. Wie hoch ist die Rendite ohne Steuern und Gebühren, wenn die Dividende auf eine 5o-DM-Aktie in den Jahren 1981 und 82 jeweils 15% und in den Jahren 83, 84 und 85 jeweils 25% betragen hat und in jedem Jahr zum 3o.12. fällig wird?

Lösung: In Abweichung zur in der Bundesrepublik üblichen Börsenpraxis ist hier der Kurs in Prozenten angegeben. Da auch die Dividendenwerte in Prozenten vermerkt sind, spielt der Nominalwert einer Aktie keine Rolle, und wir rechnen im folgenden mit einer Anlage von 1oo WE. Gesucht ist die Rendite p' oder der zugehörige Aufzinsungsfaktor q'. Wegen der gegebenen Dividendenzahlungen folgt, bezogen auf den Zeitpunkt des Erwerbs (1.1.1981), folgende Äquivalenzgleichung:

$$35o = 65o\,q'^{-5} + 25q'^{-5} + 25q'^{-4} + 25q'^{-3} + 15q'^{-2} + 15q'^{-1}$$

oder nach Multiplikation mit q'^5

$$o=7oq'^5-135-5q'-5q'^2-3q'^3-3q'^4 = f(q')$$

Löst man diese Gleichung mittels des Newtonschen Verfahrens (s. 1.6.3) auf, so ist zunächst die Ableitung f' zu bilden:

$$f'(q') = 35oq'^4-5-1oq'-9q'^2-12q'^3$$

1.6.3 liefert dann folgende Iterationsformel zur Bestimmung von q':

$$q'_n = q'_1 - \frac{7oq_1'^5-135-5q_1'-5q_1'^2-3q_1'^3-3q_1'^4}{35oq_1'^4-5-1oq_1'-9q_1'^2-12q_1'^3}$$

Setzt man nun für den Startwert den geschätzten Wert von 8% ein,so ergeben sich der Reihe nach folgende Näherungswerte für q': 1,o8; 1,1979; 1,1783; 1,1776; 1,1776 usw. Damit ist p'= 17,76%.

Aufgabe 15

Eine Anleihe soll mit 4,5% verzinst und in 2o Jahren durch gleichbleibende Annuitäten getilgt werden. Wie hoch ist der Emissionskurs zu wählen, wenn der Effektivzins 6,5% betragen soll und die Annuitätenleistungen zur Hälfte zum Ende eines jeden Halbjahres erbracht werden?

Lösung: Durch das Erbringen der Annuitätenleistungen zum Ende eines jeden Halbjahres in halber Höhe ergibt sich für den Erwerber der Anleihe ein Zinsgewinn, der dazu führt, daß effektiv die Annuität A' pro Jahr gezahlt wird:

$$A' = \frac{A}{2} + \frac{A}{2}(1+i'\frac{1}{2}) = A(1+i'\frac{1}{4})$$

Darin ist i'=o,o65 der Wert des Effektivzinses und $A= \frac{K_o}{a_{2o}} = o,o76876\cdot K_o$, da die Annuität gemäß 4.2.9 zu bestimmen ist. Damit $A'= o,o78125\cdot K_o$, wenn für p der Nominalzins von 4,5% in a_{2o} eingesetzt ist. Für das Effektivkapital K' gilt ebenfalls 4.2.9, allerdings ist hier der Effektivzins p'=6,5% zu verwenden: $K'=A'a'_{2o}= o,o78125K_o 11,o185o7 = o,86o825K_o$. Damit läßt sich aus 5.1.1 sofort der Kurs c bestimmen: $c= \frac{o,86o8K_o}{K_o}\cdot 1oo = 86,o8$ %

Aufgabe 16

Eine Anleihe soll nach 5 Freijahren durch gleich große Tilgungsraten in den 4 darauf folgenden Jahren getilgt werden. Die Annuitäten sind bei einem Nominalzins von 8% p.a. nachschüssig zu leisten. Wie ist der Ausgabekurs anzusetzen, wenn der effektive Zins 9% sein soll?

Lösung: Die nebenstehende Skizze zeigt den zeitlichen Verlauf der Zinsleistungen und der Tilgungen. Dabei ist

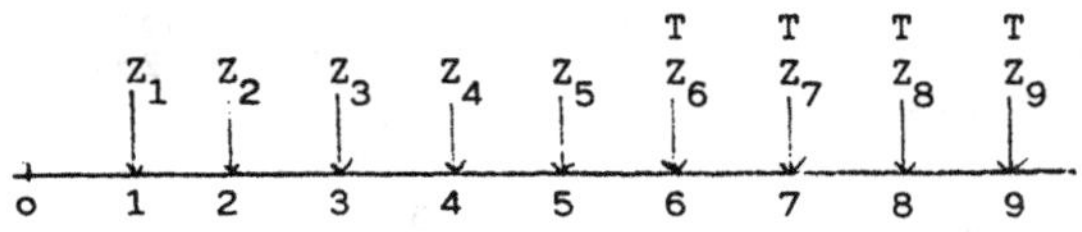

$Z_1=Z_2=Z_3=Z_4=Z_5=Z_6=K_o\cdot i$

Die erste Tilgungsrate ist am Ende des 6. Jahres zu leisten, da die ersten fünf Jahre Freijahre ohne tilgung sind und die Tilgung in den Annuitäten nachschüssig zu leisten sind. Die Tilgungsrate beträgt nach Abschnitt 4.1 $T = \frac{K_o}{4}$. Die Zinsen Z_6 bis Z_9 bilden eine arithmetische Rente, so daß wegen $\Delta Z = -Ti$ aus 3.6.1 der Barwert zum Zeitpunkt o für das Effektivkapital K' sich folgendermaßen zusammensetzt:

$$K' = \overbrace{K_o i\,\hat{a}_5}^{\text{Barwert d. Zinsen der Jahre 1-5}} + \overbrace{T\hat{a}_4 v^5}^{\text{Barwert d. Tilgung der Jahre 6-9}} + \overbrace{\left(Z_6\hat{a}_4 - \frac{Ti}{\hat{\imath}}(\hat{a}_4 - 4v^4)\right) v^5}^{\text{Barwert der Zinsleistungen der Jahre 6-9}},$$

darin ist i=o,o8 und $\hat{\imath}$=o,o9. Setzt man nun die Werte ein, so ist

$$K' = K_o o{,}o8\cdot 3{,}8897 + K_o\cdot o{,}25\cdot 3{,}2397\cdot o{,}6499 +$$

$$+\ o{,}6499\cdot(K_o\cdot o{,}o8\cdot 3{,}2397 - K_o\cdot o{,}25\cdot\frac{o{,}o8}{o{,}o9}(3{,}2397-4\cdot o{,}7o84))$$

$$= K_o(o{,}3117 + o{,}5264 + o{,}1o98) = o{,}9474\cdot K_o$$

Wegen der Definition 5.1.1 ergibt sich als Kurs für die Ausgabe c:

$$c = \frac{K'}{K}\cdot 1oo = 94{,}74\%$$

Aufgabe 17

Auf einem Grundstück ist als Recht einer Gemeinde im Grundbuch eingetragen, daß zu Beginn eines jeden Jahres 1.ooo WE zu zahlen sind. Der Grundstückseigentümer möchte dieses Recht durch eine einmalige Zahlung ablösen. Wie hoch ist dieses anzusetzen, wenn als Zinsfuß 4% p.a. angesetzt werden kann?

Lösung: Es handelt sich um die Frage nach dem Barwert einer vorschüssigen ewigen Rente. Die Beziehung 3.8.2 liefert die Lösung für den Barwert B:

$$B = r\,\frac{q}{q-1} = 1ooo\cdot\frac{1{,}o4}{o{,}o4} = 26.ooo \text{ WE}$$

Aufgabe 18

Eine Hypothek wird mit einem Disagio von 2% ausgezahlt. Die übrigen Konditionen sehen eine mit 8% jährlich zu verzinsende Annuitätenschuld bei 1% Anfangstilgung mit einer Fälligkeit nach jeweils einem Jahr vor.

a) Wie lang ist die reguläre Laufzeit der Hypothek anzusetzen?
b) Wie hoch ist der effektive Zinsfuß der ursprünglichen Konditionen?
c) Wie hoch ist der effektive Zinsfuß, wenn die Restschuld am Ende des 5. Jahres vorzeitig getilgt wird?

Lösung: Die Annuität beträgt 8%+1%, somit ist $A = o{,}o9\cdot K_o$.

a) Die Laufzeit läßt sich an Hand von 4.2.1o bestimmen. $n = \frac{\ln(9)}{\ln(1{,}o8)} = 28{,}55$ a.
Zur Vereinfachung wird von der Betrachtung von Ausgleichszahlungen abgesehen.

b) Zur Berechnung des effektiven Zinsfußes wird die Beziehung 5.3.1 einer Annuitätenschuld benutzt. Da c=98 % ist, folgt für n= 28,55 mit dem unbekannten q':

$98=100\,\frac{(a_n)'}{a_n}$ mit $a_n=\frac{1}{0,09}$ aus Teil a. Somit gilt $0,98\frac{1}{0,09}=\frac{q'^n-1}{q'^n(q'-1)}$

oder $10,8889q'^n(q'-1)=q'^n-1$. Setzt man n ein, so erhält man durch Umstellen:

$10,8889q'^{29,55}-11,889q'^{28,55}+1=0$. Die Newtonsche Iterationsformel 1.6.3 liefert nach Differenzieren der linken Seite nach q' die Formel:

$q'_n = q'_1 - \frac{10,889q_1'^{29,55}-11,889q_1'^{28,55}+1}{321,77q_1'^{28,55}-339,43q_1'^{27,55}}$. Mit dem Startwert $q'_1=1,08$

liefert nach 3 Iterationsschritten den Wert q'=1,o822 oder einen Effektivzins von 8,22 %.

c) Zur Beantwortung der Frage c ist als erstes die Restschuld am Ende des 5. Jahres zu bestimmen. Die Gleichung 4.2.8 liefert für m=5 den Wert für die Restschuld $K_5=K_0q^5-As_5 = K_o1,o8^5-o,o9K_o\frac{1,o8^5-1}{1,08-1} = (1,4693 - 0,09\ 5,8666)K_0$

oder $K_0=0,9413K_0$.

Im zweiten Schritt ist der Barwert der 5 Annuitäten A und der Restschuld K_5 bezüglich des gesuchten effektiven Zinsfußes p'' zu ermitteln. Dieser Wert ist andererseits gleich dem Kurswert $cK_0= 0,98K_0$, so daß folgende Gleichung für p'' bzw. q'' entsteht: $0,98K_0=A(a_5)''+K_5\frac{1}{q''^5}$, wobei $(a_5)''$ der Barwertfaktor bezüglich p'' ist. Setzt man die bekannten Werte ein, so folgt:

$0,98\ K_0 = 0,09\ K_0\frac{1}{q''^5}\frac{q''^5-1}{q''-1} + K_0\frac{1}{q''^5}\,0,9413$. Durch Umformen ergibt sich

$0,98\ q''^5(q''-1) = 0,09(q''^5-1)+0,9413(q''-1)$ oder durch Umstellen:

$0,98q''^6-1,07q''^5-0,9413q''+1,03133 = 0$. In diesem Fall lautet die Newtonsche

Iterationsformel für q'': $q''_n = q''_a - \frac{o,98q_a''^6-0,89q_a''^5-0,9413q''_a+1,03133}{5,88q_a''^5-4,45q_a''^4-0,9413}$

Mit dem Startwert 1,o8 liefert diese Formel den Wert q''=1,o851 oder für p''=8,51 %.

Im Vergleich zum Fall b mit seiner Normaltilgung ist der Effektivzins höher ausgefallen, da das Disagio von 2 % sich auf einen kürzeren Zeitraum verteilt.

Aufgabe 19

Eine Industrieanleihe von 3 Mio. WE soll durch gleichbleibende Annuitäten getilgt werden. Dabei ist ein Drittel, das mit 3,5 % p.a. zu verzinsen ist, vorab zu tilgen. Der Rest ist bei einem Zins von 5 % p.a. anschließend zurückzuzahlen. Wie lang ist die Laufzeit des Vorzugsdarlehens, wenn die gesamte Laufzeit des Darlehens 22 Jahre beträgt?

Lösung: Die Aufteilung des Schuldenbetrages im Verhältnis 1:2 kann in der Formel 4.5.3 berücksichtigt werden. Die Gesamtlaufzeit m+m'=22 führt zu m=22-m'. Für q' ist 1,o35 und für q=1,o5 zu setzen. Damit gibt 4.5.3:

$$\frac{1}{q'^{m'}} \frac{q'^{m'}-1}{q'-1} = \frac{q^{22-m'}-1}{2(q-1)} \quad \text{oder} \quad \frac{1{,}035^{m'}-1}{1{,}035^{m'}\cdot 0{,}035} = \frac{1{,}05^{22-m'}-1}{2\cdot 0{,}05}.$$ Durch Umstellen

folgt: $1{,}035^{m'}-1 = \left(\frac{1{,}035}{1{,}05}\right)^{m'} \cdot \frac{o{,}035}{0{,}1} \cdot (1{,}05^{22}-1{,}05^{m'})$ oder

$1{,}035^{m'}-1 = 0{,}9857^{m'} \cdot 0{,}35 \cdot 2{,}9253 - 0{,}35 \cdot 1{,}035^{m'}$. Damit ergibt sich:

$1{,}35 \cdot 1{,}035^{m'} - 1{,}0238 \cdot 0{,}9857^{m'} = 1$

Diese Gleichung kann iterativ mittels des Newtonschen Verfahrens gelöst werden, indem man in 1.6.3 folgendes einsetzt:

$$f(m') = 1{,}35 \cdot 1{,}035^{m'} - 1{,}0238 \cdot 0{,}9857^{m'} + 1$$

und

$$f'(m') = 1{,}35 \cdot \ln(1{,}035) \cdot 1{,}035^{m'} - 1{,}0238 \cdot \ln(0{,}9857) \cdot 0{,}9857^{m'}.$$

Wählt man als Startwert m' = 1o, so erhält man als Näherungswert nach einer Reihe von Iterationen: m'=9,75 Jahre als Laufzeit für die Vorzugsschuld. Die Stammanleihe hat damit eine Laufzeit von 12,75 Jahren.

Aufgabe 2o

Ein Bausparer hat ein Darlehen über 1oo.ooo WE zu 5 % Zins bei der A-Bank valutiert. Es soll durch einen Bausparvertrag abgelöst werden, der bei der B-Bausparkasse zugeteilt wird, wenn 4o % der Bausparsumme angespart ist. Die Zinsen des Bausparvertrages liegen bei 4 % und werden zum Ende des Vertragsjahres gutgeschrieben. Wie hoch ist die Jahresleistung des Bausparers bis zur Zuteilung, wenn die A-Bank die Zinseszinsen dem Darlehenskonto zurechnet und eine Laufzeit von 8 Jahren einräumt?

Lösung: Dieses Problem kann mittels der Betrachtung zum doppelten Zinsfuß (Abschnitt 4.4) gelöst werden. Unterstellt man realistisch, daß der Bausparer eine möglichst niedrige Belastung wünscht, so kann in der Formel 4.4.3 für n=8 gesetzt werden. Da außerdem nicht der gesamte Schuldenbetrag, sondern nur 4o % angespart werden braucht, beträgt die Jahresleistung L des Bausparers somit:

$$L = 0{,}4 \cdot B = 0{,}4 \cdot 1oo.ooo \cdot 1{,}05^{8} \cdot \frac{1{,}04 - 1}{1{,}04^{8} - 1} = 6.413{,}8o \text{ WE}.$$

Die Höhe des Bausparvertrags ist mit rund 148.ooo WE anzusetzen, auf den jährlich ca. 4,34 % einzuzahlen sind.

Aufgabe 21

Eine Anleihe mit einem Nominalwert von 6oo.ooo WE und einem Nominalzins von 4 % p.a. soll zum Nennwert in drei Teilbeträgen zurückgezahlt werden:

1oo.ooo WE nach 3 Jahren,

2oo.ooo WE nach 5 Jahren und

3oo.ooo WE nach 1o Jahren.

Wie hoch ist der Emissionskurs zu wählen, wenn zum Zeitpunkt der Emission der Marktzins bei 5 % p.a. liegt?

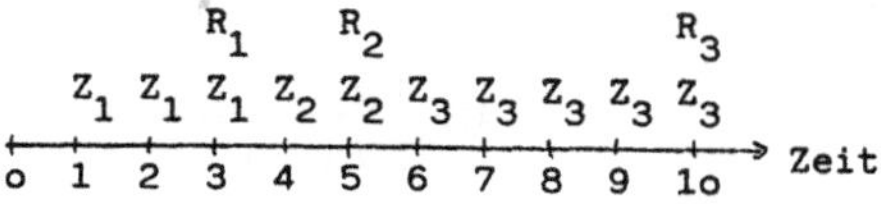

Lösung: D ie nebenstehende Skizze erläutert die Zahlungen bei dieser Anleihe. Da der Nominalwert mit 6oo.ooo WE angegeben ist,

$$\begin{array}{ccccccccccc} & R_1 & R_2 & & & & R_3 & \\ Z_1 & Z_1 & Z_1 & Z_2 & Z_2 & Z_3 & Z_3 & Z_3 & Z_3 & Z_3 \\ \hline o & 1 & 2 & 3 & 4 & 5 & 6 & 7 & 8 & 9 & 1o \end{array} \longrightarrow \text{Zeit}$$

sind jährlich Zinsen zu zahlen, die sich durch die Tilgungen in ihrer Höhe verändern. Damit ergibt sich der Effektivwert zum Zeitpunkt o zu:

$$K'=Z_1(a_3)'+R_1 v'^3+Z_2(a_2)'v'^3+R_2 v'^5+Z_3(\bar{a}_5)'v'^5+R_3 v'^{1o}$$

$$=K_o(o,o4\cdot 2,7232)+ 1oo.ooo\cdot o,8638 + 5oo.ooo\cdot o,o4\cdot 2,o5\cdot o,8638 + 2oo.ooo\cdot o,7835+$$
$$+o,o4\cdot 3oo.ooo\cdot 5,5256\cdot o,7835 + 3oo.ooo\cdot o,6139 = 579.991,98 \text{ WE.}$$

Damit stellt sich der Emissionskurs zu $\dfrac{579,991,98}{6.000} = 96,667$ % ein.

Aufgabe 22

In einer Schuldurkunde ist für die Schuld eine Rückzahlung in drei Raten vorgesehen:

1oo.ooo WE nach 3 Jahren,

2oo.ooo WE nach 5 Jahren und

3oo.ooo WE nach 1o Jahren.

Ein Zinssatz von 4% wird im Text der Urkunde erwähnt; Zinszahlungen werden explizit ausgeschlossen.
Wie hoch ist der Nominalwert anzusetzen? Wie hoch ist der Kurs zu wählen, wenn zum Zeitpunkt der Begebung der Marktzins 5 % p.a. beträgt?

Lösung: Anders als in der Aufgabe 21 werden hier keine Zinszahlungen zum Jahresende getätigt. Damit kann der Nominalwert aus dem Nominalzinsfuß von 4% folgendermaßen ermittelt werden:

$$K_o= 1oo.ooo\cdot v^3+ 2oo.ooo\cdot v^5+ 3oo.ooo\cdot v^{1o} = 455.954,31 \text{ WE.}$$

Ähnlich errechnet sich der Realwert, indem man statt des Nominalzinsfußes den Marktzins p'=5 4 einsetzt.
$K' = 427.262,97$ WE. Damit läßt sich der Kurs zu $\dfrac{427.262,97}{4559,5431} = 93,71$ % bestimmen.

Aufgabe 23

Aus einem Gartengrundstück sind folgende Jahreserträge zu erwarten: jeweils 6.ooo WE in den Jahren 5 bis 1o, sowie in den Jahren 14 bis 17 und schließlich 21 bis 25 und am Ende des 25. Jahres ein zusätzlicher Ertrag von 8.ooo WE.

Wie hoch ist der Barwert dieser Erträge anzusetzen, wenn ein Kalkulationszins von 4 % zugrunde gelegt wird?

Lösung: Mittels des Zinsfußes p=4 % sind die Erträge aus den drei Ertragsperioden über die Barwertformel für Postnumerando-Rente (3.1.4) erfaßbar, und anschließend können sie auf den Zeitpunkt o diskontiert werden. Damit erhält man direkt:

$K_o = 6.00o(a_6 v^4 + a_4 v^{13} + a_5 v^{20}) + 8.000 v^{25} = 55.157,59$ WE

Aufgabe 24

Eine Kassenobligation mit einer Laufzeit vom 1.3.86 bis 28.2.89 wird am 27.5.86 zum Kurs von 98,7% erworben. Der nominelle Jahreszins beträgt 8 %.

a) Wie hoch ist die Rendite für den Verkäufer, wenn der Emissionskurs 1oo % gewesen ist?
b) Wie hoch ist die Rendite des Erwerbers im ersten, zweiten und dritten Jahr der Laufzeit der Obligation?
c) Wie hoch ist die Gesamtrendite für den Erwerber?

Lösung: Das erste Jahr der Laufzeit zerfällt wegen des Verkaufs in zwei Teile $\gamma_1 = \frac{87}{360}$ und den Rest $\gamma_2 = 0,7583$.

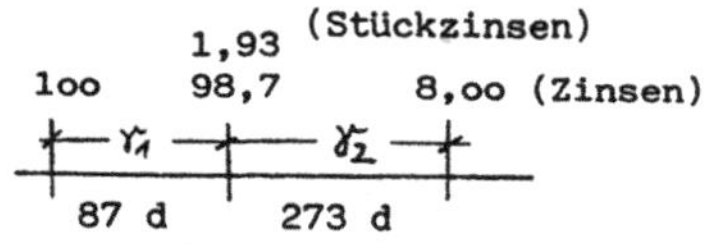

Der Verkäufer erhält außer dem Kurswert von 98,7 die Stückzinsen in Höhe von $Z\gamma_1$ für den ersten Teil des Jahres. Damit läßt sich bezogen auf einen Kapitaleinsatz von 1oo WE folgende Beziehung für den effektiven Zins p_v aufstellen:

$100\,(1 + p_v \gamma_1 \frac{1}{100}) = c + p\gamma_1$, wobei p=8 % und c=98,7 % ist. Durch Auflösen nach p_v erhält man:

$$p_v = p + \frac{c - 100}{\gamma_1} = 2,62\ \%$$

Dieses Beispiel zeigt, wie stark sich der Kursverfall von nur 1,3% in einem allerdings kurzen Zeitraum auf die Rendite auswirkt (Frage a).

Für den Erwerber stellt sich im ersten Jahr die Situation folgendermaßen dar: Die Zinsen Z, die am Ende des ersten Jahres gezahlt werden, decken die Stückzinsen und den eigenen Zinsgewinn ab. Bezogen auf 1oo WE ergibt sich für den Effektivzins p_k des Käufers im ersten Jahr folgende Beziehung:

$$c\,\frac{p_k}{100}\gamma_2 + p\gamma_1\left(1 + \frac{p_k}{100}\gamma_2\right) = p$$

Löst man diese Beziehung nach p_k, indem man für $1-\gamma_1=\gamma_2$ setzt, so läßt p_k zu

$$p_k = 100\,\frac{p}{c + p\gamma_1} = 7,95\ \%$$

ermitteln (Frage b).

Die letzte Überlegung kann unmittelbar für das zweite Jahr der Laufzeit übernommen werden, wenn man γ_1=o setzt. Für das zweite Jahr ergibt sich damit die Rendite $p_k' = 8,11$ %.

Für das dritte Jahr ändern sich die Verhältnisse insoweit, als bei einem Rückzahlungswert von 1oo %, der Kursgewinn realisiert wird. Damit ergibt sich

die Effektivverzinsung p_k'' im dritten Jahr
aus dem Kapitaleinsatz c bezogen auf 1oo WE und der Erstattung 1oo+p zum Jahresende.

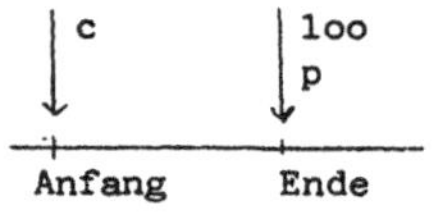

Die lineare Verzinsung liefert dann:

$$c(1+\frac{p_k''}{1oo}) = 1oo+p$$

Aufgelöst nach p_k'' erhält man: $p_k'' = \frac{1oo-c+p}{c}\,1oo = 9{,}42\ \%.$

Damit ergeben sich für den Teil b folgende Effektivzinsfußwerte:

1. Jahr: 7,95 %
2. Jahr: 8,11 %
3. Jahr: 9,42 %.

Für die gesamte Geldanlage ergibt sich die Rendite, wenn wir die einzelnen Leistungen des Käufers den Rückflüssen gegenüberstellen:

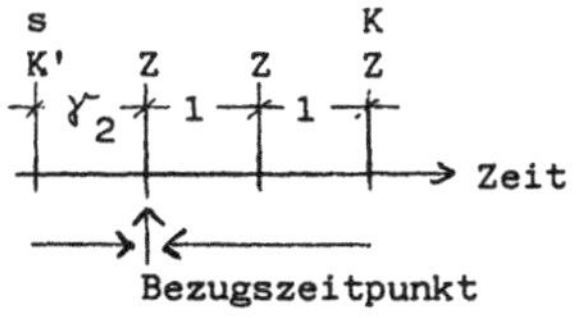

Leistungen des Erwerbers:

Stückzinsen $s=Z\gamma_1 = Z(1-\gamma_2)=K\frac{p}{1oo}(1-\gamma_2)$

Erwerbspreis $K'=K\frac{c}{1oo}$

Leistungen des Schuldners:

Zinsen $Z=K\frac{p}{1oo}$ am Ende des 1., 2. und 3. Jahres

Schuld K am Ende des 3. Jahres.

Da die Leistungen zu verschiedenen Zeitpunkten erfolgen, sind sie auf einen gemeinsamen Bezugszeitpunkt zu beziehen. Gewählt wird das Ende des 1. Jahres. Daraus folgt durch Aufzinsen von s+K' und Abzinsen um 1 bzw. 2 Jahre folgende Bestimmungsgleichung für die Gesamtrendite $\bar{p}$:

$$(s+K')(1+\frac{\bar{p}}{1oo}\gamma_2) = Z + Z\bar{v} + (Z+K)\bar{v}^2$$

Setzt man die obigen Bedingungen für s, K' und Z ein und stellt die Gleichung um, so ergibt sich eine nicht lineare Gleichung für $\bar{p}$:

$$(1+\frac{\bar{p}}{1oo})^2\left[(1+\frac{\bar{p}}{1oo}\gamma_2)(p\gamma_1+c)-p\right] - (1+\frac{\bar{p}}{1oo})p-1oo-p = o.$$

Ersetzt man schließlich die Variablen durch ihre Werte, so wird p numerisch bestimmbar:

$$(1+o{,}01\bar{p})^2\left[(1+o{,}007583\bar{p})\cdot 1oo{,}633 - 8\right] -(1+o{,}01\bar{p})8 - 1o8 = o$$

Das Newtonsche Iterationsverfahren liefert für den Startwert 8 nach 4 Schritten das Ergebnis für p=8,5o % als Gesamtrendite für diese Kapitalanlage (Teil c).

Aufgabe 25

Ein Schuldner, der 1o Jahresraten von 7.ooo WE am Jahresende zu zahlen hat, möchte diese Schuld durch eine einmalige Leistung am Ende des vierten Jahres abgelten. Wie hoch ist diese anzusetzen, wenn ein Zinsfuß von 5 % p.a. zugrunde gelegt werden kann?

Lösung: Es liegt eine Postnumerando-Rente mit einer Laufzeit von n=1o Jahren vor. Der Barwert läßt sich mittels der Formel 3.1.4 bestimmen. Durch Aufzinsen um m= 4 Jahre ist der zu zahlende Ersatzbetrag errechenbar:

$$K_4 = ra_n\, q^m = 7.000 \frac{1{,}05^{10} - 1}{1{,}05^{10}\; 0{,}05}\, 1{,}05^5 = 65.700{,}72 \text{ WE.}$$

Aufgabe 26

Für eine Neuinvestition von 13o.ooo WE ist der Abschreibungsplan aufzustellen. Dabei ist ausgehend von der geometrisch-degressiven Abschreibung der Übergang zur linearen Abschreibung so durchzuführen, daß die wirtschaftliche Nutzungsdauer 8 Jahre beträgt und der Restwert 4.ooo WE ausmacht. Für die Abschreibung vom Buchwert ist die 25-%- Regelung bzw. Grenze des 2,5-Fachen zu berücksichtigen.

Lösung: Zunächst ist der Abschreibungssatz zu ermitteln. Für A=13o.ooo, n=8 und R_n=4.ooo liefert 2.1o.8 für $\hat{p}$=35,28 %. Damit ist der Grenzsatz von 25 % überschritten,und p ist als 25 % zu wählen. Der nachfolgende Abschreibungsplan weist für jedes Jahr den Buchwert, die geometrisch-degressive und lineare Abschreibungsrate auf. Ferner ist zu erkennen, daß im 6. Jahr ein Wechsel der Abschreibungsart am günstigsten ist.

Jahr	Buchwert	Q_d	Q_l
1	13o.ooo,oo	32.5oo,oo (x)	15.75o,oo
2	97.5oo,oo	24.375,oo (x)	13.357,14
3	73.125,oo	18.281,25 (x)	11.52o,83
4	54.843,75	13.71o,94 (x)	1o.168,75
5	41.132,81	1o.283,2o (x)	9.283,2o
6	3o.849,61	7.712,4o	8.949,87 (x)
7	21.899,74	5.474,94	8.949,87 (x)
8	12.949,87	3.237,47	8.949,87 (x)
9	4.ooo,oo		

Aufgabe 27

Eine Jahresrente von 12.ooo WE ist 15-mal zu zahlen, wobei die erste Zahlung am o1.o1.1984 fällig ist. Wie hoch ist der Zeitwert dieser Rente Ende 1988, wenn der Verrechnungszins 6 % p.a. beträgt?

Lösung: Wichtig ist der Begriff des Zeitwertes einer Rentenleistung. Der Zeitwert stellt den Wert der Gesamtleistung zu einem bestimmten Zeitpunkt dar. Demnac ist der Barwert einer 15-jährigen Praenumerando-Rente um 5 Jahre aufzuzinsen: $R_5 = ra'_{15} q^5 =$ 165.324,13 WE.

Aufgabe 28

Eine Anleihe von 2.ooo.ooo WE soll mit 4,5% verzinst und in 2o Jahren durch gleiche Annuitäten getilgt werden. Wie hoch ist die Annuität anzusetzen, wenn eine jährliche Provision von 1/2 % auf den Schuldenrest eingerechnet werden soll?

Lösung: Hier liefert 4.3.5 die Lösung; dabei ist $\hat{p}$=4,5+o,5=5. Für n=2o ist $\hat{a}_n$=12,4622. Somit erhält man für die gesuchte Annuität $A=K_o:\hat{a}_n$= 16o.485,17 WE.

Aufgabe 29

Eine 6 %-ige Ratenanleihe mit einer Laufzeit von 6 Jahren soll eine effektive Verzinsung von 8 % bringen. Wie hoch ist der Emissionskurs zu wählen?

Lösung: Mittels 5.4.2 kann für a=o, n=6, p=6 und p'=8 der Wert für den Kurs c unmittelbar bestimmt werden. Einsetzen liefert: c= 94,26 %.

Aufgabe 3o

Eine Anleihe soll zu 4 % p.a. verzinst und nach 1o Jahren durch gleiche Annuitäten in weiteren 2o Jahren getilgt werden. Wie hoch ist der Begebungskurs anzusetzen, wenn der Marktzins bei 4,5 % liegt?

Lösung: Hier können die Formeln aus dem Abschnitt 5.3 nicht unmittelbar verwandt werden, da wegen der 1o ersten tilgungsfreien Jahre die Annuitätenzahlungen aufgeschoben sind. Da über den Zahlungszeitpunkt der Annuitäten nichts in der Aufgabenstellung ausgesagt wird, kann man von einer Zahlung zum Jahresende ausgehen, so daß die erste Annuitätenzahlung am Ende des 11. Jahres erfolgt. Damit erhält man aus den Zinszahlungen der ersten 1o Jahre und den Annuitäten der darauffolgenden 2o Jahren folgenden Realwert des Kapitals zum Zeitpunkt o: $K'_o = Z(a_{1o})'+A(a_{2o})'v'_{1o}$ =o,o4K_o·7,9127+o,o73K_o·13,oo79:1,553o = o,9328K_o. Damit ist der Begebungskurs c= 93,28 %.

Aufgabe 31

Ein Girokonto weist folgenden Verlauf auf. Wie lautet der Kontostand per 30.6. nach der Abrechnung der Zinsen und Provisionen?

Datum	Kontostand	Soll	Haben
01.04.	390,74 H		
10.04.	90,74 H	300,00	
24.04.	420,74 H		330,00
02.05.	20,74 H	400,00	
15.05.	28,26 S	49,00	
01.06.	371,74 H		400,00

Folgende Zinssätze sind vereinbart: 0,5 % p.a. Habenzinsen, 0,75 % p.a. Sollzinsen, 0,25 % p.m. Kreditprovision für jeden angebrochenen Monat und 6,00 % p.a. Überziehungsprovision.

Lösung: Die nachfolgende Tabelle zeigt die jeweiligen Zinstage und Zinszahlen für den oben angegebenen Kontoverlauf:

				Zinstage		Zinszahlen	
Datum	Soll	Haben	Kontostand	Soll	Haben	Soll	Haben
01.04.			390,74 H		9		35
10.04.	300,00		90,74 H		14		13
24.04.		330,00	420,74 H		8		34
02.05.	400,00		20,74 H		13		3
15.05.	49,00		28,26 S	16		5	
01.06.		400,00	371,74 H		30		112
Summe:				16	74	5	197

Habenzinsfuß: P_H = 0,5 % Zinsdivisor: D_H = 360:0,5 = 720
Habenzinsen: Z_H = 197:720 = 0,27 WE

Sollzinsfuß: P_S = 7,5 % Zinsdivisor: D_S = 360:7,5 = 48
Sollzinsen: Z_S = 5:48 = <u>0,10 WE</u>

Kreditprovision im Monat Mai für 30 Tage: P_P = 0,25 % p.m. Zinszahl:
Z_P = 30*28,26/100 = 8, Zinsdivisor: D_P = 30:0,25 = 120
Betrag für die Kreditprovision: Z_P = 8:120 = <u>0,07 WE</u>

Überziehungsprovision im Monat Mai für 30 Tage: $P_Ü$ = 6,00 % p.m. Zinszahl: $Z_Ü$ = 5,
Zinsdivisor: $D_Ü$ = 360:6 = 60
Betrag für Überziehungsprovision: $Z_Ü$ = 5:60 = <u>0,08 WE</u>

Gesamtstand am 01.06. demnach K = 371,74+0,27-0,10-0,07-0,08 = <u>371,76 WE</u>

Aufgabe 32

Es soll am Ende eines jeden Monats fünf Jahre lang eine Rente von zunächst 100 WE gezahlt werden. Jährlich ist eine Steigerungsrate von 10 % gegenüber dem Vorjahreswert vorgesehen. Wie hoch ist der Barwert anzusetzen, wenn der jährliche Zinsfuß mit 5 % angesetzt werden muß?

Lösung: Es handelt sich um eine jährliche geometrische Rente, wenn man die monatlichen Leistungen zu einer Jahresleistung zusammenfaßt. Die Formel 3.7.0 für p=5 und k=12 für das j-te Jahr die Jahresrente von $r_j = r\ 1{,}1^{j-1}(12+0{,}05*11/2)$, wobei r = 100 ist. Somit ist $r_j = 1{,}1^{j-1}*1.227{,}50$. Dieser Wert führt gemäß der Formel 3.6.5 wegen g = 1,1 zum Barwert
R_o = 1.227,50*5,2375 = <u>6.429,07 WE</u>

Aufgabe 33

Bei einem Planungshorizont von 7 Jahren werden für eine Investition von 400.000 WE jährliche durchschnittliche Einzahlungen von 250.000 WE und entsprechende Auszahlungen von 150.000 WE erwartet. Wie hoch ist der interne Zinsfuß, wenn kein Restwert nach 7 Jahre zu erwarten ist?

Lösung: Die Formel 4.8.2 liefert für n=7 Jahre und D_j = 250.000 - 150.000 = 100.000 WE für j=1,...,7 bei A_0 = 400.000 WE und R = 0 WE den Ansatz: 400.000 = 100.000*a_7, wobei nach a_7 wegen des unbekannten p_{int} aufgelöst werden muß. Demnach ist a_7 = 4, was durch eine Iteration für p_{int} = 16,25 % p.a. liefert.

Aufgabe 34

Eine Bank bietet zwei Sparmodelle für eine Kapitalanlage über insgesamt 16 Jahre an:
Alternative 1: Bei einer jährlichen 9 %-igen Verzinsung sind für 5 Jahre jeweils am 01.01. eines jeden Kalenderjahres 8.000 WE einzuzahlen. In den nächsten 11 Jahren wird das angesammelte Kapital jährlich verzinst.
Alternative 2: Bei einer jährlichen 6 %-igen Verzinsung sind für 4 Jahre jährlich jeweils am 01.01. eines jeden Kalenderjahres 10.000 WE einzuzahlen. In den nächsten 12 Jahren wird das angesammelte Kapital verzinst. Am Schluß gibt es eine einmalige Bonuszahlung von 100 % aller unmittelbar eingezahlten Beträge.
Welche Alternative bietet die höhere Rendite? Warum?

Lösung: Die Rendite der Alternativen 1 liegt bei $p_1 = 9$ % p.a., da keine Beträge für Agio, Disagio oder Gebühren zu berücksichtigen sind, während bei der Alternativen 2 wegen der Bonuszahlung b = 40.000 WE die Rendite höher als $p_2 = 6$ % ausfällt. Zum Vergleich genügt es, das erzielte Kapitalendwert K_2 bei der zweiten Alternative zu bestimmen und anschließend zum Vergleich die tatsächlich geleisteten Zahlungen mit dem effektiven Zinsfuß p_1 der Alternativen 1 zum Endwert K_1 zu verrechnen. Es ergibt sich $K_2 =$
$r*s_4*q_2^{12} + b = 10.000*4{,}3746*2{,}0122 * 40.000 = 128.025{,}87$ WE, wobei mit einem Zinsfuß p_2 zu rechnen ist. Dagegen ist
$K_1 = r*s_4*q_1^{12} = 10.000*4{,}573*2{,}8127 = 128.626{,}79$ WE. Damit ist die Alternative 1 geringfügig günstiger.

Aufgabe 35

Ein Darlehen über 36.000 WE wird monatlich zu 0,7 % p.m. verzinst. Die Laufzeit ist auf 15 Jahre festgelegt.
a) Wie hoch ist die monatlich konstante Leistung, welche die Zins- und Tilgungsleistung umfaßt, wenn die erste Leistung einen Monat nach dem Empfang des Darlehens fällig wird?
b) Wie hoch ist die jährlich konstante Leistung, welche die Zins- und Tilgungsleistung umfaßt, wenn die erste Leistung ein Jahr nach dem Empfang des Darlehens fällig wird?

Lösung: Im Falle a ist die Formel 4.2.9 für die Annuitätenschuld mit $K_0 = 36.000$ WE, p = 0,7 % und $n = 15*12 = 180$ unmittelbar anzuwenden, um die monatliche Leistung A zu bestimmen:
$A = K_0/a_n = 36.000 : 102.15687 = 352{,}40$ WE.
Im Fall b ist mittels 3.7.5 die Gesamtleistung G aus der Jahresleistung A' zu ermitteln, nämlich
$G = A'*(q^{180}-1):(q^{12}-1) = A'* 28{,}7477$. Andererseits ist
$G = Ko*q^{180} = 36.000*3{,}50998 = 126.359{,}30$ WE. Damit ist
$A' = 126.359{,}30 : 28{,}747 = 4.395{,}45$ WE.

Aufgabe 36

Ein Kapital wird halbjährlich verzinst. Wie hoch ist der Nominalzinsfuß zu wählen, damit es sich in 12 Jahren verdreifacht?

Lösung: Das Kaptal K_0 wächst in 24 Semestern auf $3*K_0$ an, somit ist $3K_0 = K_0\, q^{24}$ oder $q^{24} = 3$. Damit ist q = 1,046839 oder der relative Zinsfuß 4,6839 % p.s. Der nominale Jahreszinsfuß beträgt dann 9,3679 % p.a.

Aufgabe 37

Eine nominell mit 9 % p.a. zu verzinsende Schuld wird vertragsgemäß vierteljährlich nachschüssig verzinst und getilgt. Die Vierteljahresleistungen sind konstant. Die Laufzeit ist mit 10 Jahren festgelegt. Wann (gerundet auf das nächste volle Vierteljahr) ist die Hälfte der Schuld getilgt?

Lösung: Die Schuld K_0 wird in x Quartale auf $0{,}5*K_0$ getilgt. Der Nominalzinsfuß von 9 % p.a. führt zu einem relativen Zinsfuß p = 9/4 = 2,25 % p.q.. Damit ist q = 1,0225. Im übrigen handelt es sich wegen der konstanten Leistungen A um eine Annuitätenschuld. Somit liefert 4.2.9 für $n = 10*4 = 40$ Quartale den Wert von $A = K_0:a_n$ und gleichzeitig bei halben Kapital die Zeit x.Es ist $a_x = 0{,}5*K_0:A = 0{,}5*K_0:(K_0:a_n) = 0{,}5*a_n = 13{,}09676$. Andererseits ist $a_x = (q^x-1)/(q-1)/q^x$ und somit $q^x = 1{,}41779$ oder $x = \ln(1{,}41799): \ln(q) = 15{,}689$. Da x die Zeit für die Tilgung einer Schuld der Höhe $0{,}5*K_0$ ist, ist, vom Beginn der Laufzeit aus gesehen, die halbe Schuld nach 40 - 15,6 ~ 25 Quartalen getilgt.

Aufgabe 38

Der Kaufpreis eines Autos beträgt 32.620 WE. Zu Finanzierung macht der Händler folgends Angebot: Neben einer Anzahlung von 12.620 WE werden beginnend nach einem Monat 48 Monatsraten in Höhe von 515 WE verlangt. Wie hoch ist der Effektivzins?

Lösung: Die Schuld in Höhe der Differenz zwischen dem Kaufpreis und der Anzahlung, nämlich K_0 = 20.000 WE wird in 48 Monaten durch gleich hohe Leistungen A = 515 WE beglichen. Man kann nach der Moosmüller-Methode (s. S. 121) vorgehen und erhält $K_0 = A*a_{48}$. Damit ist a_{48} = 38,83495 und damit der monatliche Zins 0,9 % p.m., was wegen 2.6.4 zur Effektivverzinsung von 11,35 % p.a. führt. Die Methode von Braeß-Fangmeyer liefert nach 3.7.10 für den Barwert 20.000 = $515*(12+p/1200*5,5)a_4$, wenn man die 12 Monatszahlungen zu einer jährlichen Gesamtzahlung zusammenfaßt. Man erhält so durch iteratives Auflösen von a_4 nach p = 11,30 % p.a.

Aufgabe 39

Für eine Investition von 1,8 Mio. WE veranschlagt man eine Nutzungsdauer von 12 Jahren. Die jährliche Abschreibung soll 20 % vom jeweiligen Restwert sein. Im Durschnitt rechnet man mit einem jährlichen Überschuß von 380.00 WE. Ist die Investition vorteilhaft, wenn man einen kalkulatorischen Zinsfuß von 18 % zugrundelegt?

Lösung: Der Barwert der Überschüsse beträgt
$380.000*a_{12}$ = 380.000*4,79322 = 1.821.425,48 WE, wenn man den kalkulatorsichen Zinsfuß einsetzt. Andererseits ist der Restwert der Investion mit 1.800.000*(1-0,2)12 = 123.695,06 WE anzusetzen, was zu einem Barwert von 16.973,38 WE führt. Damit stehen die Anschaffungskosten von 1.800.000 WE dem diskontierten Rückfluß von 16.973,38 + 1.821.425,48 = 1.838398,86 WE gegenüber. Die Investition ist daher vorteilhaft.

Aufgabe 40

Ein Kapital wird folgendermaßen verzinst. Wie hoch ist die durchschnittliche Verzinsung?

Jahr	1	2	3	4	5
Zinsfuß	3,5 %	4,5 %	5,5 %	6,5 %	7,5 %

Lösung: Der Endwert des Kapitals K_0 beträgt: $K_0*1,035*1,045*1,055*1,065*1,075 = K_0*q^5$ mit dem gesuchten q = 1,0549 oder p = 5,49 % p.a.. Zu beachten ist, daß nicht der arithmetische Mittelwert zu nehmen ist!

8. Anhang

Der Anhang umfaßt einige Programme mit verschiedenen Themenstellungen aus der Finanzmathematik. Im folgenden ist eine Aufstellung der aufgeführten Programme notiert, bei der jedes Programm mit einer Nummer versehen ist, die auf die Reihenfolge der Programmauflistung hinweist.

Lfd. Nr.	Funktion des Programms
1	Bestimmung des jährlichen Effektivzinsfußes bei unterjähriger Verzinsung (Ausgabeliste: s. Tabelle 2.6.1)
2	Bestimmung des Ersatzzinsfußes (Ausgabeliste:s. Tabelle 2.5.1)
3	Bestimmung des Rentenend- und Rentenbarwertfaktors von Post- und Praenumerando-Renten (Ausgabeliste: s. Tabelle 3.3.2 - 3.3.5)
4	Bestimmung des Prozentsatzes der ersten Tilgungsrate bei einer Annuitätenschuld und bei vorgegebener Laufzeit (Ausgabeliste: s. Tabelle 4.2.2)
5	Tilgungsplan einer Ratenschuld (Beispiel) (Ausgabeliste: s. Tabelle 4.1.1)
6	Tilgungsplan einer Annuitätenschuld (Beispiel) (Ausgabeliste: s. Tabelle 4.2.1)
7	Rendite beim Aktienkauf und -verkauf Programm mit Beispiel
8	Bestimmung von Zinsen auf einem Sparkonto mittels Zinszahlen (Ausgabeliste: s. Tabelle im Beispiel 2.1)
9	Ermittlung des mittleren Zinstermins mit Hilfe des bürgerlichen Verfahrens Programm mit Beispiel
1o	Renditeberechnung beim Bausparen Programm mit Beispiel
11	Investitionsrechnung Programm mit Beispiel

Programm 1: Bestimmung des jährlichen Effektivzinsfußes bei gegebenem nominalem Jahreszinsfuß p und bei unterjähriger Verzinsung (ein Jahr wird in M gleiche Teile aufgeteilt).

```
      PROGRAM FIN1
      IMPLICIT DOUBLE PRECISION(A-H,O-Z)
      DIMENSION M(6),EZ(6)
C
C    Tabelle 2.6.1:  Jaehrlicher Effektivverzinsung
C
      WRITE(1,100)
  100 FORMAT(" Eingabe: untere u. obere Grenze von p")
      READ(1,*) UP,OP
      M(1)=1
      M(2)=2
      M(3)=4
      M(4)=12
      M(5)=360
      WRITE(6,110)
  110 FORMAT("1",1X,"       Bestimmung des Effektivzinses"//)
      WRITE(6,120) (P,P=UP,OP)
  120 FORMAT(/" ","M/P I",6(2X,F5.1,"%",2X,"I"),/" ",71("-"))
      DO 10 I=1,6
      L=0
      AM=M(I)
      DO 20 AJ=UP,OP
      L=L+1
      IF(I.NE.6) THEN
      EZ(L)=100.D0*(1.D0+AJ/(100.D0*AM))**AM-100.D0
      ELSE
      EZ(L)=100.D0*(DEXP(AJ/100.D0)-1.D0)
      ENDIF
   20 CONTINUE
      WRITE(6,130) M(I),(EZ(K),K=1,L)
  130 FORMAT(/" ",I3," I",6(1X,F8.4," I"))
   10 CONTINUE
      WRITE(6,140)
  140 FORMAT(///" Tabelle 2.6.1: Jaehrlicher Effektivzinsfuss")
      STOP
      END
```

Programm 2: Bestimmung des jeweiligen Ersatzzinsfußes, wobei entweder der dekursive Zinsfuß vorgegeben ist und der antizipative bestimmt wird oder umgekehrt.

```
      PROGRAM FIN2
C
C    Tabelle 2.5.1:  Vergleich dekursive u. antizipative Verzinsung
C
      WRITE(6,100)
  100 FORMAT("1",8X,"Umrechnungstabelle fuer",
     1 /" ",8X,"dekursive u. antizipative "/
     1  " ",8X,"Zinssaetze"///)
      WRITE(6,120)
  120 FORMAT(" "," p-ant. I p-dek.   II p-dek. I p-ant.  ")
      WRITE(6,110)
  110 FORMAT(" ",8X,"I",10X,"II",8X,"I")
      WRITE(6,140)
  140 FORMAT(" ",38("-"))
      WRITE(6,110)
      DO 10 P=5,15
      PA=P/(1.+P/100.)
      PD=P/(1.-P/100.)
      WRITE(6,130) P,PD,P,PA
  130 FORMAT( " ",F4.0,4X,"I",F8.4,2X,"II",F4.0,4X,"I",F8.4)
   10 CONTINUE
      WRITE(6,110)
      WRITE(6,140)
      WRITE(6,150)
  150 FORMAT(///" Tabelle 2.5.1: Ersatzzinsfuss")
      STOP
      END
```

Programm 3: Bestimmung der Rentenendwert- und Rentenbarwertfaktoren für Praenumerando- und Postnumerando-Renten. Im vorliegenden Programm kann bei der Eingabe eine Auswahl der Zinsfußwerte getroffen werden.

```
      PROGRAM FIN3
      IMPLICIT DOUBLE PRECISION(A-H,O-Z)
      CHARACTER*60,F(4)
      DIMENSION A(6)
      IOUT=6
      INP=1
C
      F(1)='Tabelle 3.3.2: Barwertfaktor einer Postnumerando-Rente'
      F(2)='Tabelle 3.3.3: Barwertfaktor einer Praenumerando-Rente'
      F(3)='Tabelle 3.3.4: Endwertfaktor einer Postnumerando-Rente'
      F(4)='Tabelle 3.3.5: Endwertfaktor einer Praenumerando-Rente'
C
      WRITE(INP,100)
100   FORMAT(" Eingabe: untere u. obere Grenze von p")
      WRITE(IOUT,1001)
1001  FORMAT("1")
      READ(INP,*) UP,OP
      DO 40 I=1,4,1
      WRITE(IOUT,1000)
1000  FORMAT(//)
      WRITE(IOUT,1002)
1002  FORMAT(" ",9X,"I   Jahre")
1003  FORMAT(" ",9X,"I",58("-"))
      WRITE(IOUT,1004)
1004  FORMAT(" ",6X,"P   I    ","5",9X,"10",8X,"15",8X,"20",8X,"25",
     1             8X,"30")
      WRITE(IOUT,1003)
      DO 10 P=UP,OP,1.
      DO 20 N=5,30,5
      Q=1+P/100.
      QH=(Q**N-1.)/(Q-1.)
      IF(I.EQ.1) A(N/5)=QH/(Q**N)
      IF(I.EQ.2) A(N/5)=QH/(Q**(N-1))
      IF(I.EQ.3) A(N/5)=QH
      IF(I.EQ.4) A(N/5)=QH*Q
20    CONTINUE
      WRITE(IOUT,1008) P,(A(J),J=1,6)
10    CONTINUE
      WRITE(IOUT,1000)
      WRITE(IOUT,1009) F(I)
1009  FORMAT(" ",1X,A60)
      IF(I.EQ.2) WRITE(IOUT,1001)
40    CONTINUE
1008   FORMAT(" ",4X,F4.1," I",6(F8.4,2X))
      STOP
      END
```

Program 4: Bestimmung der ersten Tilgungsrate (in Prozent der Anfangsschuld) bei einer Annuitätenschuld aus vorgegebener Laufzeit. Bei diesem Programm kann der Prozentsatz (bis zu 6 Werte, die äquidistant gewählt sind) eingegeben werden. Die Laufzeit ist im Programm auf 5 ,1o, 15, 2o, 25,3o und 35 Jahre festgelegt. Sie kann jedoch im Programm leicht geändert werden.

```
       PROGRAM FIN4
       IMPLICIT DOUBLE PRECISION(A-H,O-Z)
       DOUBLE PRECISION N
       DIMENSION T(6)
C
C     Tabelle 4.2.2:  Erste Tilgungsrate
C
       WRITE(1,100)
100    FORMAT(" Eingabe: untere u. obere Grenze von p")
       READ(1,*) UP,OP
       WRITE(6,110)
110    FORMAT("1",1X,"       Tilgungsrate"//)
       WRITE(6,120) (P,P=UP,OP)
120    FORMAT(/" ","Zeit/P I",6(2X,F5.1,"%",2X,"I"),/" ",71("-"))
       DO 10 I=1,7
       N   =I*5.
       L=0
       DO 20  P=UP,OP
       L=L+1
       Q=1.+P/100.
       T(L)=P/(Q**N-1.)
20     CONTINUE
       WRITE(6,130) N,(T(K),K=1,L)
130    FORMAT( " ",I3,"     I",6(1X,F8.4," I"))
10     CONTINUE
       WRITE(6,140)
140    FORMAT(///" Tabelle 4.2.2: Prozentsatz fuer die erste "
      1 "Tilgungsrate")
       STOP
       END
```

Programm 5: Tilgungspla für eine Ratenschuld ohne Aufgeld. Eingeben wird der Schuldbetrag, der Zinsfuß und die Laufzeit. Im Tilgungsplan wird im letzten Jahr ein Spitzenbetrag, der eventuell aus dem Abrunden der Zinsbeträge entstanden ist, berücksichtigt. Interessant ist, daß neben dem Hauptprogramm FIN5 ein Unterprogramm RUND verwendet wird, das das Abrunden vornimmt.

a) Unterprogramm RUND:

```
       FUNCTION RUND(BE)
       IMPLICIT DOUBLE PRECISION(A-H,O-Z)
       FAK=100.D0
       BE1=BE*FAK
       BE2=DINT(BE1)
       RUND=BE2/FAK
       RETURN
       END
```

b) Hauptprogramm FIN5

```
2        PROGRAM FIN5
3        IMPLICIT DOUBLE PRECISION(A-H,O-Z)
4  C
5  C     Tabelle 4.1.1:  Tilgungsplan (Ratenschuld)
6  C
7        WRITE(1,100)
8  100   FORMAT(" Eingabe: Betrag, Zinsfuss, Laufzeit")
9        READ(1,*) B,P,N
10       WRITE(6,110)
11 110   FORMAT("1",1X,"        Tilgungsplan"//)
12       WRITE(6,111) B,P,N
13 111   FORMAT(" Anfangsschuld: ",F6.2," WE,  Zinsfuss: ",F5.2," %, ",
14      1        " Laufzeit: ",I3," Jahre"//)
15       WRITE(6,121)
16 121   FORMAT(" Jahr    Schuld          Zinsen         Tilgung",
17      1       "        Annuitaet"/
18      1       "       Jahresanfang"/
19      2       " ----------------------------------------------------",
20      2       "--------------"/)
21       T=B/N
22       TR=RUND(T)
23       BL=B
24       I=1
25 1     CONTINUE
26       ZL=RUND(BL*P/100.)
27       IF(BL.LT.1.5D0*TR) TR=BL
28       AL=ZL+TR
29       WRITE(6,120) I,BL,ZL,TR,AL
30 120   FORMAT(" ",I4,4X,F9.2,4X,F9.2,5X,F9.2,5X,F9.2)
31       I=I+1
32       IF(BL.LE.TR) GO TO 10
33       BL=BL-TR
34       GO TO 1
35 10    WRITE(6,140)
36 140   FORMAT(///" Tabelle 4.1.1: Tilgungsplan (Ratenschuld)")
37       STOP
38       END
```

Programm 6: Tilgungsplan für die Annuitätentilgung ohne Aufgeld. Neben dem Schuldbetrag (B), und dem Zinsfuß (P) wird die Tilgung (TS) des ersten Jahres in Prozent angegeben. Im Tilgungsplan ist berücksichtigt, daß im letzten Jahr Spitzenbeträge verrechnet werden.
Das Unterprogramm RUND des vorherigen Programms wird auch bei dieser Anwendung benutzt.

```
2        PROGRAM FIN6
3        IMPLICIT DOUBLE PRECISION(A-H,O-Z)
4  C
5  C     Tabelle 4.2.1:  Tilgungsplan (Annuitaetenschuld)
6  C
7        WRITE(1,100)
8  100   FORMAT(" Eingabe: Betrag, Zinsfuss, Tilgung")
9        READ(1,*) B,P,TS
10       WRITE(6,110)
11 110   FORMAT("1",1X,"        Tilgungsplan"//)
12       WRITE(6,111) B,P,TS
13 111   FORMAT(" Anfangsschuld: ",F6.2," WE,  Zinsfuss: ",F5.2," %, ",
14      1        " Tilgung: ",F5.2," %"//)
15       WRITE(6,121)
16 121   FORMAT(" Jahr    Schuld          Zinsen         Tilgung",
17      1       "        Annuitaet"/
18      1       "       Jahresanfang"/
19      2       " ----------------------------------------------------",
20      2       "--------------"/)
21       T=B*TS/100.D0
22       TA=RUND(T)
23       BL=B
24       ZA=RUND(BL*P/100.D0)
25       AL=TA+ZA
26       I=1
27 1     CONTINUE
28       ZL=RUND(BL*P/100.D0)
29       TL=AL-ZL
30       IF(TL*1.2.GT.BL) THEN
31       TL=BL
32       AL=ZL+TL
33       ELSE
34       ENDIF
```

(Fortsetzung des Programms FIN6)

```
35        WRITE(6,120) I,BL,ZI,TL,AL
36  120   FORMAT(" ",I4,4X,F9.2,4X,F9.2,5X,F9.2,5X,F9.2)
37        I=I+1
38        IF(BL.LE.TL) GO TO 10
39        BL=BL-TL
40        GO TO 1
41  10    WRITE(6,140)
42  140      FORMAT(///" Tabelle 4.2.1: Tilgungsplan (Annuitaetenschuld)")
43        STOP
44        END
```

Programm 7: Bestimmung der Rendite beim Aktienkauf und - verkauf.
Einzugeben sind neben der Firmenbezeichnung das Erwerbsdatum,
Verkaufsdatum, die jeweiligen Kurswerte, die Stückzahlen und
schließlich einige Angaben zur Versteuerung. Ausgeben wird eine
Liste, wie sie aus den angegeben Beispielen zu entnehmen ist.

```
00100 PROGRAM AKTIE(INPUT,OUTPUT,TAPE2=INPUT)
00110 INTEGER T(4),M(4),J(4),ZEIT,ANZAHL,LP,ZEITD
00120 REAL KA,KV,KP,VP,V,SPST,PP,PC,PBU,PSP,PE,PD
00130 REAL PEFF,KG,D,AG,BD,ND,PKS,PKE,AQF
00140 CHARACTER ANT*1,ANT1*1,NAME*40
00150 PARAMETER (PP=1.,PC=0.1,PBU=0.25,PSP=0.1,PKS=56.25)
00160 PARAMETER (PKE=25.)
00170 DATA NAME/'
00180 OPEN (4,FILE='HASE')
00190********************************************************************
00200 PRINT*,'SIE HABEN SICH IN DAS PROGRAMM ZUR BERECHNUNG'
00210 PRINT*,'DER EFFEKTIVVERZINSUNG EINER AKTIE EINGESCHALTET.'
00220 PRINT*,'DER VERZINSUNGSZEITRAUM BETRAEGT MAXIMAL 1 JAHR.'
00230 PRINT*,'ES WERDEN DIE PROVISION,DIE COURTAGE,DIE'
00240 PRINT*,'BOERSENUMSATZSTEUER,DIE SPEKULATIONSSTEUER UND'
00250 PRINT*,'DIE EINKOMMENSSTEUER BERUECKSICHTIGT.'
00260********************************************************************
00270 PRINT*
00280 PRINT*
00290********************************************************************
00300*     BERECHNUNG DES VERZINSUNGSZEITRAUMES                        *
00310********************************************************************
00320 PRINT*,'BITTE GEBEN SIE DEN NAMEN DER AKTIENGESELLSCHAFT AN!'
00330 READ(2,'(A40)')NAME
00340 WRITE(4,100)NAME
00350 10 CONTINUE
00360 PRINT*,'BITTE GEBEN SIE DAS DATUM DER ANSCHAFFUNG AN!'
00370 PRINT*,'TAG,MONAT,JAHR BITTE NICHT DURCH PUNKTE TRENNEN!'
00380 READ(2,'(3I2)')T(2),M(2),J(2)
00390 PRINT*,'BITTE GEBEN SIE DAS DATUM DER VERAEUSSERUNG AN!'
00400 PRINT*,'TAG,MONAT,JAHR BITTE NICHT DURCH PUNKTE TRENNEN!'
00410 READ(2,'(3I2)')T(1),M(1),J(1)
00420 LP=0
00430 ZEIT=0
00440 CALL LANG(T,M,J,LP,ZEIT)
00450 IF(LP.EQ.1)THEN
00460   PRINT*,'ACHTUNG:VERKAUF VOR KAUF DER AKTIEN !'
00470   GO TO 10
00480 ELSE
00490   IF(LP.EQ.2)THEN
00500     PRINT*,'ACHTUNG:VERZINSUNGSZEITRAUM ZU LANG !'
00510     GO TO 10
00520   ELSE
00530     WRITE(4,200)T(2),M(2),J(2)
00540     WRITE(4,300)T(4),M(4),J(4)
00550     WRITE(4,400)ZEIT
00560   END IF
00570 END IF
00580********************************************************************
00590* BERECHNUNG DES KAUFPREISES U. DES VERKAUFSERLOESES              *
```

(Fortsetzung des Programms AKTIE)

```
00610 PRINT*, 'BITTE GEBEN SIE DEN KURSWERT DER AKTIE'
00620 PRINT*, 'BEI DER ANSCHAFFUNG AN ! '
00630 READ(2, '(F8. O)')KA
00640 PRINT*, 'BITTE GEBEN SIE DEN KURSWERT DER AKTIE'
00650 PRINT*, 'BEI DER VERAEUSSERUNG AN ! '
00660 READ(2, '(F8. O)')KV
00670 PRINT*, 'UM WIEVIELE AKTIEN HANDELT ES SICH ?'
00680 READ(2, '(I4)')ANZAHL
00690 WRITE(4, 2000)ANZAHL
00700 KA=KA*ANZAHL
00710 KV=KV*ANZAHL
00720 KP=KA+KA*PP/100+KA*PC/100+KA*PBU/100
00730 VP=KV-KV*PP/100-KV*PC/100-KV*PBU/100
00740 WRITE(4, 500)PP, PC, PBU, PSP
00750 WRITE(4, 600)KA, KA*PP/100, KA*PC/100, KA*PBU/100, KP
00760 WRITE(4, 700)KV, KV*PP/100, KV*PC/100, KV*PBU/100, VP
00770********************************************************************
00780*    BERECHNUNG DES KURSGEWINNES UND FESTSTELLUNG, OB            *
00790*    SPEKULATIONSSTEUERN ABGEZOGEN WERDEN                        *
00800********************************************************************
00810 KG=KV-KA
00820 WRITE(4, 800)KG
00830 IF(ZEIT. GT. 180)THEN
00840    L=1
00850 ELSE
00860    PRINT*, 'SIND SIE ALLEINSTEHEND ?'
00870    READ(2, '(A1)')ANT
00880    IF(ANT. EQ. 'J')THEN
00890       V=1000.
00900    ELSE
00910       V=2000.
00920    END IF
00930    IF(KG. LE. V)THEN
00940       L=1
00950    ELSE
00960       L=2
00970    END IF
00980 END IF
00990 IF(L. EQ. 2)THEN
01000    PRINT*, 'SIE SIND SPEKULATIONSSTEUERPFLICHTIG ! '
01010    SPST=KG*PSP/100
01020    WRITE(4, 900)SPST
01030 ELSE
01040    SPST=0
01050    WRITE(4, 1000)
01060 END IF
01070********************************************************************
01080*    BERECHNUNG DER DIVIDENDE                                    *
01090********************************************************************
01100 PRINT*, 'WURDE IN DIESEM ZEITRAUM EINE DIVIDENDE GEZAHLT ?'
01110 READ(2, '(A1)')ANT
01120 IF(ANT. EQ. 'N')THEN
01130    D=0
01132    PD=0
01134    ZEITD=0
01140    WRITE(4, 1100)
01150 ELSE
01160 20 CONTINUE
01170    PRINT*, 'BITTE GEBEN SIE DAS DATUM DER DIVIDENDENZAHLUNG AN ! '
01180    PRINT*, 'TAG, MONAT, JAHR BITTE NICHT DURCH PUNKTE TRENNEN ! '
01190    READ(2, '(3I2)')T(2), M(2), J(2)
01200    LP=0
01210    T(1)=T(4)
01220    M(1)=M(4)
01230    J(1)=J(4)
01240    CALL LANG(T, M, J, LP, ZEITD)
01250    IF(LP. EQ. 1)THEN
01260       PRINT*, 'ACHTUNG: DIVIDENDENZAHLUNG NACH VERKAUF DER AKTIEN ! '
01270       GO TO 20
01275    ELSE
01280       IF(LP. EQ. 2)THEN
01290          PRINT*, 'ACHTUNG: ZEITRAUM ZU LANG'
01300          GO TO 20
01310       ELSE
01320          WRITE(4, 1900)T(2), M(2), J(2)
01330       END IF
01340    END IF
01350    PRINT*, 'ZU WELCHEM ZINSSATZ WURDE DIE DIVIDENDE WIEDER'
01360    PRINT*, 'ANGELEGT ?'
01370    READ(2, '(F6. O)')PD
01380    PRINT*, 'WELCHEN GEWINN SCHUETTETE DIE AG PRO AKTIE AUS ?'
01390    READ(2, '(F10. O)')AG
01400    BD=AG-AG/(1+100/PKS)
```

(Fortsetzung des Programms AKTIE)

```
     ND=BD-BD*PKE/100
     WRITE(4,1800)BD
     WRITE(4,1200)ND
     AG=AG*ANZAHL
     PRINT*,'SIND SIE EINKOMMENSSTEUERPFLICHTIG ?'
     READ(2,'(A1)')ANT
     IF(ANT.EQ.'N')THEN
       PRINT*,'HABEN SIE EINE NICHTVERANLAGUNGSBESCHEINIGUNG ?'
       READ(2,'(A1)')ANT1
       IF(ANT1.EQ.'N')THEN
         K=1
         AGF=AG-800
         WRITE(4,1300)
       ELSE
         K=2
         WRITE(4,1400)
       END IF
     ELSE
       K=1
       AGF=AG
       WRITE(4,1500)
     END IF
     IF(K.EQ.2)THEN
       D=AG
     ELSE
       PRINT*,'WELCHER STEUERSATZ TRIFFT AUF SIE ZU ?'
       READ(2,'(F5.0)')PE
       D=AG-AGF*PE/100
       WRITE(4,1600)PE
     END IF
 END IF
*******************************************************************
*  BERECHNUNG DER EFFEKTIVVERZINSUNG                              *
*******************************************************************
 PEFF=(VP-KP+D*(1+PD*ZEITD/36000)-SPST)/KP/ZEIT*36000
 WRITE(4,1700)PEFF
 CLOSE(4)
 100 FORMAT(1H1,2X,'AKTIENGESELLSCHAFT : ',A40//)
 200 FORMAT(2X,'DATUM DER ANSCHAFFUNG : ',I2,'.',I2,'.',I2/)
 300 FORMAT(2X,'DATUM DER VERAEUSSERUNG : ',I2,'.',I2,'.',I2//)
 400 FORMAT(2X,'VERZINSUNGSZEITRAUM : ',I3,' TAGE'//)
 500 FORMAT(2X,'PROVISION : ',F5.2,' %',10X,'COURTAGE : ',F5.2,' %',
+/2X,'BOERSENUMSATZSTEUER : ',F5.2,' %',10X,'SPEKULATIONSSTEUER : ',
+F5.2,' %'//)
 600 FORMAT(2X,'KAUFPREIS : ',10X,'KURSWERT',15X,F8.2/22X,'+ ',
+'PROVISION',14X,F8.2/22X,'+ ','COURTAGE',15X,F8.2,/22X,'+ ',
+'BOERSENUMSATZSTEUER',4X,F8.2/22X,35('-')/24X,'KAUFPREIS',
+14X,F8.2//)
 700 FORMAT(2X,'VERKAUFSERLOES : ',5X,'KURSWERT',15X,F8.2/22X
+,'- ','PROVISION',14X,F8.2/22X,'- ','COURTAGE',15X,F8.2/22X,
+'- ','BOERSENUMSATZSTEUER',4X,F8.2/22X,35('-')/24X,
+'VERKAUFSERLOES',9X,F8.2//)
 800 FORMAT(2X,'DER KURSGEWINN BETRAEGT ',F8.2,' DM.'/)
 900 FORMAT(2X,'ES WERDEN ',F8.2,' DM SPEKULATIONSSTEUERN BERECHNET'/)
 1000 FORMAT(2X,'ES WERDEN KEINE SPEKULATIONSSTEUERN BERECHNET !'/)
 1100 FORMAT(2X,'ES WURDE IN DIESEM ZEITRAUM KEINE DIVIDENDE GEZAHLT.'//)
 1200 FORMAT(2X,'ES WURDE IN DIESEM ZEITRAUM EINE NETTODIVIDENE',
+' VON ',F10.2,' DM GEZAHLT.'/)
 1300 FORMAT(2X,'DER AKTIONAER IST EINKOMMENSSTEUERPFLICHTIG.',
+/2X,'ER ERHAELT ABER EINEN FREIBETRAG VON 800 DM.')
 1400 FORMAT(2X,'DER AKTIONAER LEGTE EINE NICHTVERANLAGUNGS'
+,'BESCHEINIGUNG VOR UND IST DAMIT'/2X,'NICHT EINKOMMENSSTEUER',
+'PFLICHTIG.'//)
 1500 FORMAT(2X,'DER AKTIONAER IST EINKOMMENSSTEUERPFLICHTIG.')
 1600 FORMAT(2X,'DIE STEUERRATE BETRAEGT ',F5.2,' %'//)
 1700 FORMAT(2X,'FUER DIESE AKTIE ERGIBT SICH EINE ',
+'EFFEKTIVVERZINSUNG VON P = ',F8.3,' % !')
 1800 FORMAT(2X,'ES WURDE IN DIESEM ZEITRAUM EINE BRUTTODIVIDENE VON',
+F10.2,' DM GEZAHLT.'/)
 1900 FORMAT(2X,'AM ',I2,'.',I2,'.',I2,' WURDE EINE DIVIDENDE ',
+'GEZAHLT.'/)
 2000 FORMAT(2X,'ES WURDEN ',I4,' AKTIEN VERAEUSSERT.'//)
 STOP
 END
********************************************************************
* UNTERPROGRAMM ZUR BERECHNUNG EINES ZEITRAUMES                    *
********************************************************************
 SUBROUTINE LANG(T,M,J,LP,ZEIT)
 INTEGER T(4),M(4),J(4),LP,ZEIT
 T(4)=T(1)
```

(Fortsetzung des Programms AKTIE)

```
02210 M(4)=M(1)
02220 J(4)=J(1)
02230 T(3)=T(1)-T(2)
02240 IF(T(3).LT.0)THEN
02250    T(1)=T(1)+30
02260    M(1)=M(1)-1
02270    T(3)=T(1)-T(2)
02280 END IF
02290 M(3)=M(1)-M(2)
02300 IF(M(3).LT.0)THEN
02310    M(1)=M(1)+12
02320    J(1)=J(1)-1
02330    M(3)=M(1)-M(2)
02340 END IF
02350 IF(J(1)-J(2).GE.0)THEN
02360    J(3)=J(1)-J(2)
02370 ELSE
02380       LP=1
02390       GO TO 2
02400 END IF
02410 ZEIT=T(3)+M(3)*30+J(3)*360
02420 IF(ZEIT.GT.360)THEN
02430    LP=2
02440 END IF
02450 2 RETURN
02460 END
```

Beispiele für das Programm AKTIE: Die Eingabewerte sind aufgelistet.

```
AKTIENGESELLSCHAFT : BMW

DATUM DER ANSCHAFFUNG : 15. 4.84

DATUM DER VERAEUSSERUNG : 15. 5.84

VERZINSUNGSZEITRAUM : 30 TAGE

ES WURDEN  100 AKTIEN VERAEUSSERT.

PROVISION : 1.00 %        COURTAGE : .10 %
BOERSENUMSATZSTEUER : .25 %        SPEKULATIONSSTEUER : .10 %

KAUFPREIS :          KURSWERT              10000.00
                   + PROVISION               100.00
                   + COURTAGE                 10.00
                   + BOERSENUMSATZSTEUER      25.00
                   ------------------------------------
                     KAUFPREIS             10135.00


VERKAUFSERLOES :     KURSWERT              11500.00
                   - PROVISION               115.00
                   - COURTAGE                 11.50
                   - BOERSENUMSATZSTEUER      28.75
                   ------------------------------------
                     VERKAUFSERLOES        11344.75

DER KURSGEWINN BETRAEGT  1500.00 DM.

ES WERDEN    1.50 DM SPEKULATIONSSTEUERN BERECHNET

ES WURDE IN DIESEM ZEITRAUM KEINE DIVIDENDE GEZAHLT.

FUER DIESE AKTIE ERGIBT SICH EINE EFFEKTIVVERZINSUNG VON P = 143.059 % !
```

Beispiel für das Programm AKTIE:

```
AKTIENGESELLSCHAFT : DEUTSCHE BANK

DATUM DER ANSCHAFFUNG :  2. 4. 83

DATUM DER VERAEUSSERUNG :  2. 4. 84

VERZINSUNGSZEITRAUM . 360 TAGE

ES WURDEN  100 AKTIEN VERAEUSSERT.

PROVISION :  1.00 %           COURTAGE :   .10 %
BOERSENUMSATZSTEUER :   .25 %         SPEKULATIONSSTEUER :   .10 %

KAUFPREIS :            KURSWERT                   10000.00
                     + PROVISION                    100.00
                     + COURTAGE                      10.00
                     + BOERSENUMSATZSTEUER           25.00
                     ------------------------------------
                       KAUFPREIS                  10135.00

VERKAUFSERLOES :       KURSWERT                   10000.00
                     - PROVISION                    100.00
                     - COURTAGE                      10.00
                     - BOERSENUMSATZSTEUER           25.00
                     ------------------------------------
                       VERKAUFSERLOES              9865.00

DER KURSGEWINN BETRAEGT     0.00 DM.

ES WERDEN KEINE SPEKULATIONSSTEUERN BERECHNET !

AM  2. 4.84 WURDE EINE DIVIDENDE GEZAHLT.

ES WURDE IN DIESEM ZEITRAUM EINE BRUTTODIVIDENE VON       6.40 DM GEZAHLT.

ES WURDE IN DIESEM ZEITRAUM EINE NETTODIVIDENE VON        4.80 DM GEZAHLT.

DER AKTIONAER IST EINKOMMENSSTEUERPFLICHTIG.
ER ERHAELT ABER EINEN FREIBETRAG VON 800 DM.
DIE STEUERRATE BETRAEGT 30.00 %

FUER DIESE AKTIE ERGIBT SICH EINE EFFEKTIVVERZINSUNG VON P =    6.611 % !
```

Programm 8: Bestimmung der Zinsen eines Sparkontos mit einer vorgegebenen Verzinsung und Ein- bzw. Ausazhlungen zu festgelegten Wertstellungsterminen. Im Programm wird die Überlegung aus dem Abschnitt 2.1 benutzt. Ein Beispiel findet sich in diesem Abschnitt.

```
10 DEFDBL A-C.E-H,O-R,S-Z
20 REM Sparkonto
30 DIM DATUM(10),TAG(10),MONAT(10),ZZ(10),ZINSEN(10),KAPITAL(10)
40 DIM WERT(10),LAUFZ(10)
50 KAPITAL(0)=0 : DATUM(0)=1.01 : TAG(0)=1 : MONAT(0)=1
60 GZZ=0 : WERT(0)=0 : N=5 : DATUM(N)=31.12
70 INPUT"BITTE ZINSFUSS EINGEBEN :";P
80 FOR I=1 TO N-1
90 INPUT"GEBEN SIE BITTE DATUM (TT.MM) EIN:"; DATUM(I)
100 INPUT"GEBEN SIE BITTE WERT (VXXXXX.XX) EIN:"; WERT(I)
110 KAPITAL(I)=KAPITAL(I-1)+WERT(I)
120 NEXT I
130 FOR I=1 TO N
140 TAG(I)=INT(DATUM(I))
150 H=TAG(I) : HILFSV=(DATUM(I)*100-H*100)+.1 : MONAT(I)=INT(HILFSV)
160 IF MONAT(I) = MONAT(I-1) THEN LAUFZ(I-1)=TAG(I)-TAG(I-1) ELSE LAUFZ(I-1)=(MO
NAT(I)-MONAT(I-1)-1)*30+30-TAG(I-1)+TAG(I)
170 ELSE LAUFZ(I-1)=(MONAT(I)-MONAT(I-1)-1)*30+30-TAG(I-1)+TAG(I)
180 ZZ(I-1)=(KAPITAL(I-1)*LAUFZ(I-1))/100
190 ZINSEN(I-1)=ZZ(I-1)*P/360 : GZZ=GZZ+ZZ(I-1)
200 NEXT I
210 GZINS=GZZ*P/360 : SALDO=KAPITAL(N-1)+GZINS
220 PRINT"  WERT  LAUFZEIT   EINZAHLUNG    AUSZAHLUNG    KAPITAL     ZINSZAHL"
230 LPRINT"  WERT  LAUFZEIT   EINZAHLUNG    AUSZAHLUNG    KAPITAL     ZINSZAHL"
240 PRINT"   am    (TAGE)         "
250 LPRINT"   am    (TAGE)         "
260 FOR I=0 TO N-1
270 IF WERT(I)<0 GOTO 290
280 EINZ=WERT(I) : AUSZ=0 : GOTO 300
290 EINZ=0 : AUSZ=WERT(I)
300 PRINT USING " ##.##     ###     #####.##     #####.##     ######.##    #######
";DATUM(I);LAUFZ(I);EINZ:AUSZ;KAPITAL(I):ZZ(I)
310 LPRINT USING " ##.##     ###     #####.##     #####.##     ######.##    ######
#";DATUM(I):LAUFZ(I):EINZ:AUSZ:KAPITAL(I);ZZ(I)
320 NEXT I
330 PRINT USING "                                   Gesamtzins:  ######.## ";GZINS
340 PRINT USING "                                        Saldo: #######.## ";SALDO
350 LPRINT USING "                                  Gesamtzins:  ######.## ";GZINS
360 LPRINT USING "                                       Saldo: #######.## ";SALDO
370 PRINT"Zinsfuß: ";P;" v.H."
371 LPRINT"Zinsfuß: ";P;" v.H."
390 STOP
400 END
```

Programm 9: Ermittlung des mittleren Zinstermins mittels der Formel
2.12.4. Zur Eingabe benötigt man neben der Anazhl der
Zahlungen die Beträge mit Zahlungstermin. Ferner muß der
Verrechnungszinsfuß eingeben werden. Die Ausgabe wird in
dem angefügten Beispiel deutlich.

```
00100        PROGRAM MIZINS(INPUT,OUTPUT,TAPE2=INPUT,TAPE5=OUTPUT)
00110*
00120*.
00130*
00140*PROGRAMM ZUR BERECHNUNG DES MITTLEREN ZINSTAGES
00150*ERSTE ZAHLUNG WIRD ALS SOFORTIGE ZAHLUNG ANGESEHEN
00160*BEARBEITUNG : 25.10.1984 / 26.10.1984 / 27.10.1984 / 29.10.1984
00170*
00180*TYPDEFINITIONEN
00190*
00200        INTEGER S,DAT1(50),DAT2(50),DAT3(50)
00210        REAL G,ZINS,ZAHLUNG(50),ZEIT,SUM1,SUM2,DAT4(50)
00220*
00230*OEFFNEN DER AUSGABEDATEI
00240*
00250        OPEN(6,FILE='ZINS')
00260*
00270        PRINT*,'WIEVIEL ZAHLUNGEN ERFOLGEN ',
00280        READ*,S
00290*
00300*UEBERSCHRIFT ZUR TABELLE
00310*
00320        PRINT*,'^=DATUM (TT,,MM,JJJJ),ZAHLUNG'.
00330*
00340*EINGABE DER EINZELEN DATEN UND ZAHLUNGEN (S-STUECK)
00350*
00360        DO 10 I=1,S
00370     10 READ*,DAT1(I),DAT2(I),DAT3(I),ZAHLUNG(I)
00380*
00390        PRINT*,'EINGABE ZINSFUSSES (VON HUNDERT) : ',
00400        READ*,ZINS
00410        G=1+ZINS/100.
00420*
00430*ANZAHL TAGE FUER ERSTE ZAHLUNG BERECHNEN (AUF 1.1.0000 BEZOGEN)
00440*
00450        DAT4(1)=DAT1(1)+DAT2(1)*30.+DAT3(1)*360.
00460*
00470*BERECHNUG DER EINZELEN ZEITDIFFERENZEN DER EINZELEN ZAHLUNGEN
00480*
00490        DO 20 I=2,S
00500        DAT4(I)=DAT1(I)+DAT2(I)*30.+DAT3(I)*360.
00510        DAT4(I)=(DAT4(I)-DAT4(1))/360.
00520     20 CONTINUE
00530*
00540*SUMMEN AUF NULL SETZEN
00550*
00560        SUM1=0
00570        SUM2=0
00580*
00590*BERECHNUNG DER GESAMTSUMMEDER ZAHLUNGEN UND DES ABGEZINSTEN
00600*ZAHLUNGSBETRAGES
00610*
00620        DO 30 I=1,S
00630        SUM1=SUM1+ZAHLUNG(I)
00640        IF(I.EG.1) THEN
00650          SUM2=SUM2+ZAHLUNG(I)
00660          ELSE
00670          SUM2=SUM2+ZAHLUNG(I)*G**(-DAT4(I))
00680        END IF
00690     30 CONTINUE
00700*
00710*BERECHNUNG DES MITTLEREN ZINSTERMINES
00720*
00730        ZEIT=(ALOG(SUM1)-ALOG(SUM2))/ALOG(G)
00740*
00750*AUSGABE
00760*
00770        WRITE(6,2000)
```

(Fortsetzung Programm MIZINS)

```
00790+      10X,27('*'))
00800       DO 40 I=1,S
00810       WRITE(6,3000)DAT1(I),DAT2(I),DAT3(I),ZAHLUNG(I)
00820 3000  FORMAT(10X,'* ',I2,'. ',I2,'. ',I4,' * ',F9.2,' *')
00830   40  CONTINUE
00840       WRITE(6,4000)S,ZINS,ZEIT,SUM1
00850 4000  FORMAT(10X,27('*'),//,10X,'ANZAHL DER ZAHLUNGEN : ',I2,/,10X,
00860+      'ZINSFUSS : ',F4.2,/,10X,'ES SIND NACH ',F8.4,' JAHREN,VOM ERSTEN',
00870+      ' ZAHLTAG AN GERECHNET,',/,10X,F9.2,' DM ZU ZAHLEN.')
00880*
00890*SCHLIESSEN DER DATEI
00900*
00910       CLOSE(6)
00920*
00930       STOP
00940       END
```

Beispiel zum Programm MIZINS:

```
*****************************
*    DATUM   *   ZAHLUNG    *
*****************************
*  1.- 1.1979 *   23000.00  *
*  1. 7.1980 *   15000.00  *
*  1. 1.1982 *   25000.00  *
*  1. 7.1984 *   10000.00  *
*  1. 1.1986 *   30000.00  *
*****************************

ANZAHL DER ZAHLUNGEN :  5
ZINSFUSS : 8.00
ES SIND NACH   3.2407 JAHREN,VOM ERSTEN ZAHLTAG AN GERECHNET,
103000.00 DM ZU ZAHLEN.
```

Programm 1o: Ermitteln der Rendite beim Bausparen. Das Programm basiert auf einem Eingabedialog, durch den der Benutzer durch das Programm geführt wird..

```
      PROGRAM BAUREND

************************************************************************
*      PROGRAMM ZUR RENDITEBERECHNUNG BEIM    B A U S P A R E N
*                                                                      *
*                                                                      *
*      DAS VORLIEGENDE PROGRAMM BIETET DIE MOEGLICHKEITEN:              *
*                                                                      *
*      A) RENDITE DURCH WOHNUNGSBAUPRAEMIE                              *
*      B) RENDITE DURCH STEUERERSPARNIS
*                                                                      *
*                                                                      *
************************************************************************

      CHARACTER ANTW*1.WEITER*1.ESC
      INTEGER MOWOGU.JAHRE.MINJ.ANTW2.FAMST.KI.M
      DOUBLE PRECISION PPROZ.HOEBETR.GEBUE.TARIF.ABGEB.P.Q.EINGREN
      DOUBLE PRECISION EINKOM.BAUSPAR.REGSPAR.RE.ENDKAP(50)
      DOUBLE PRECISION WOPRAE(50).X.X1.EPS.RENDIT(50).DF.KN.Z.MINBAU
      DOUBLE PRECISION MINBPR.PBERECH.IZ.ABPROZ.REVOR.KO.STSATZ
      DOUBLE PRECISION EINK.BRUTTO.ST1.ST2.ERSPAR.NETTO.STWIRK.QWOPR
      DOUBLE PRECISION F.RUND.STEUER.MI
      COMMON BAUSPAR.REGSPAR.ENDKAP.RENDIT.JAHRE.MINJ
      ESC=CHAR(27)

*-----EROEFFNEN DER DATEIEN-----------

      OPEN(UNIT=5.FILE='WO'.STATUS='NEW')
      OPEN(UNIT=6.FILE='STEUER'.STATUS='NEW')

*-----PRAEMISSEN------------

  100 FAMST=2
      KI=2
      GEBUE=8.
      P=3.
      ABPROZ=0.0
      MOWOGU=9
      MINBPR=40.
      M=12
      JAHRE=10

      WRITE(*.*)ESC.'[2J'
      WRITE(*.10)
      WRITE(*.30)
      WRITE(*.40)
      WRITE(*.50)
      WRITE(*.55)
      WRITE(*.60)
      WRITE(*.70)
      WRITE(*.10)
      WRITE(*.80)
      WRITE(*.90)
      READ(*.*)ANTW2

      IF(ANTW2.EQ.4) GOTO 4000

      WRITE(*.*)ESC.'[2J'
      WRITE(*.10)
      WRITE(*.*)'                                                     '
      WRITE(*.*)'            P R A E M I S S E N                      '
      WRITE(*.*)'            ===================                      '
```

```
      WRITE(*,*)'                                                        '
      WRITE(*,*)'                                                        '
      WRITE(*,*)'   Guthabenzins p.a.                     : 3.00 %       '
      WRITE(*,*)'   Bearbeitungsgebuehren p.a.            : 8.00 DM      '
      WRITE(*,*)'   Abschlussgebuehr                      : 0.00 %       '
      WRITE(*,*)'   Mindestbausparsumme                   :40.00 %       '
      WRITE(*,*)'   Laufzeit                              : 10 Jahre     '
      WRITE(*,*)'   Gutschrift der Wohnungsbaupraemie     : 1.10         '
      WRITE(*,*)'   Familienstand                         : Verh.        '
      WRITE(*,*)'   Kinder                                : 2            '
      WRITE(*,*)'   Verzinsungsmodus                      : monatlich    '
      WRITE(*,*)'                                                        '
      WRITE(*,*)'                                                        '
      WRITE(*,*)'   AENDERUNG DER PRAEMISSEN (J/N) ?                     '

      READ(*,20)ANTW
      IF(ANTW.EQ.'N')GOTO 200

*-----AENDERN DER PRAEMISSEN-----------

      WRITE(*,10)
      WRITE(*,*)'   GUTHABENZINS ?'
      READ(*,*)P
      WRITE(*,*)'   GEBUEHREN PRO JAHR ?'
      READ(*,*)GEBUE
      WRITE(*,*)'   PROZENTSATZ FUER ABSCHLUSSGEBUEHR ?'
      READ(*,*)ABPROZ
      WRITE(*,*)'   PROZENTSATZ FUER MINDESTBAUSPARSUMME ?               '
      READ(*,*)MINBPR
      WRITE(*,*)'   LAUFZEIT ?                                           '
      READ(*,*)JAHRE
      WRITE(*,*)'   MONAT IN DEM PRAEMIE EINTRIFFT ?                     '
      WRITE(*,*)'   MAERZ=3   JUNI=6   SEPT.=9    DEZ.=12                '
      READ(*,*)MOWOGU
      WRITE(*,*)'   FAMILIENSTAND (LED.=1   VERH.=2) ?                   '
      READ(*,*)FAMST
      WRITE(*,*)'   ANZAHL DER KINDER ?                                  '
      READ(*,*)KI
      WRITE(*,*)'   VERZINSUNGSMODUS ?                                   '
      WRITE(*,*)'   MONATLICH = 12     VIERTELJAEHLICH = 4               '
      READ(*,*)M

  200 WRITE(*,10)
      WRITE(*,*)'   ZU VERSTEUERNDES JAHRESEINKOMMEN ?'
      READ(*,*)EINKOM
      WRITE(*,*)'   BAUSPARSUMME ?'
      READ(*,*)BAUSPAR
      WRITE(*,*)'   TARIF (DM PRO 1000,- DM BAUSPARSUMME) ?'
      READ(*,*)TARIF

      MINBAU=BAUSPAR*MINBPR/100.
      REGSPAR=BAUSPAR/1000.*TARIF
      ABGEB=BAUSPAR*(ABPROZ/100.)
      PPROZ=14.+2.*KI
      HOEBETR=FAMST*800.
      EINGREN=FAMST*24000.+KI*1600.
      STWIRK=(FAMST*2340.+KI*600.)*1.5
      IZ=P/100.
      Q=1.+IZ
      MINJ=0
```

```
*-----BERECHNUNG DER JAEHRLICHEN NACHSCHUESSIGEN ERSATZZAHLUNG--

      RE=((12/M)*REGSPAR)*(M+IZ*((M-1)/2.))

*-----JAEHRLICH VORSCHUESSIGE ERSATZZAHLUNG---------------------------*

      REVOR=RE/Q

      GOTO(1000,2000,1000,4000)ANTW2

*****************************************************************
*     WOHNUNGSBAUPRAEMIE                                            *
*****************************************************************

*-----BERECHNUNG DES AUFGELAUFENEN GUTHABENS ZUM JAHRENSENDE----------*
*-----BERECHNUNG DER WOHNUNGSBAUPRAEMIE                      ----------*

 1000 IF(EINKOM.GT.EINGREN) THEN
        WRITE(*,10)
        WRITE(*,*)'   EINKOMMEN ZU HOCH FUER WOHNUNGSBAUPRAEMIE !!!'
        WRITE(*,10)
        WRITE(*,*)'       <CR>  DRUECKEN
        READ(*,20)WEITER
        IF(ANTW2.EQ.3)THEN
          GOTO 2000
        ELSE
          GOTO 100
        ENDIF
      ENDIF

      ENDKAP(1)=(REVOR-GEBUE-ABGEB)*Q
      WOPRAE(1)=0.

      PBERECH=RE
      IF(PBERECH.GT.HOEBETR) PBERECH=HOEBETR
      WOPRAE(2)=PBERECH*PPROZ/100.

      QWOPR=1.+IZ*((12-MOWOGU)/12.)

      DO 300 I=2,JAHRE
         ENDKAP(I)=ENDKAP(I-1)*Q+WOPRAE(I)*QWOPR+RE-GEBUE*Q
         PBERECH=ENDKAP(I-1)*IZ+RE
         IF(PBERECH.GT.HOEBETR) PBERECH=HOEBETR
         WOPRAE(I+1)=PBERECH*PPROZ/100.
         IF(ENDKAP(I).GE.MINBAU.AND.MINJ.EQ.0) MINJ=I
  300 CONTINUE

*-----RENDITEBERECHNUNG FUER DIE WOHNUNGSBAUPRAEMIE-------

      DO 500 I=1,JAHRE
         KN=ENDKAP(I)
         KO=REVOR
         J=0
         X=P-1.
         IF(KO.GT.KN) X=-1.
  400    Z=X+0.01
         J=J+1
         DF=(F(Z,I,KO,KN)-F(X,I,KO,KN))/0.01
         IF(DABS(DF).LT.1.D-6) THEN
            X1=P
            GOTO 450
```

```
          ENDIF
          X1=X-(F(X.I.KO.KN)/DF)
          EPS=DABS(X1-X)
          IF(EPS.GT.1.D-6.AND.J.LE.50) THEN
             X=X1
             GOTO 400
          ELSE
             IF(J.GT.50)THEN
             X=X+1.
             IF(KO.GT.KN) X=X-2.
             J=0
             GOTO 400
          ENDIF
       ENDIF

  450 RENDIT(I)=X1

  500 CONTINUE

*-----MITTELWERTBERECHNUNG---

      CALL MITTEL(ENDKAP.RENDIT.JAHRE.MI)

*-----ERSTELLEN DES ERGEBNIS-FILES------------

      CALL AUSWO(P.PPROZ.WOPRAE.FAMST.KI.ABGEB.GEBUE.MI.EINKOM.M)

      WRITE(*.10)
      WRITE(*.*)'    DAS ERGEBNIS BEFINDET SICH AUF DER DATEI " WO " '
      WRITE(*.10)
      WRITE(*.*)'    <CR> DRUECKEN
      READ(*.20)WEITER

      IF(ANTW2.NE.3) GOTO 100


*****************************************************************
*     RENDITE DURCH SONDERAUSGABENABZUG                            *
*****************************************************************

*-----BERECHNUNG DER BRUTTO- UND NETTOAUFWENDUNGEN FUER DEN
*-----BAUSPARVERTRAG UEBER DIE STEUERERSPARNIS

 2000 BRUTTO=RE
      ST1=STEUER(EINKOM.FAMST)
      IF(BRUTTO.GE.STWIRK) THEN
      EINK=EINKOM-STWIRK
      ELSE
      EINK=EINKOM-(BRUTTO)
      ENDIF
      ST2=STEUER(EINK.FAMST)
      ERSPAR=ST1-ST2
      NETTO=BRUTTO-ERSPAR
      STSATZ=(ERSPAR/BRUTTO)*100.
      IF(STSATZ.GT.56.) STSATZ=56.0
      MINJ=0

*-----BERECHNUNG DES AUFGELAUFENEN GUTHABENS ZUM JAHRESENDE----

      ENDKAP(1)=(REVOR-GEBUE-ABGEB)*Q
```

```
      DO 700 I=2.JAHRE
       ENDKAP(I)=ENDKAP(I-1)*Q+BRUTTO-GEBUE*Q
       IF(ENDKAP(I).GE.MINBAU.AND.MINJ.EQ.0) MINJ=I
  700 CONTINUE

*-----RENDITEBERECHNUNG-------------------------------------------

      DO 800 I=1.JAHRE
         KN=ENDKAP(I)
         KO=NETTO/Q
         J=0
         X=P-1.
         IF(KO.GT.ENDKAP(I)) X=-1.
  850    Z=X+0.01
         J=J+1
         DF=(F(Z.I.KO.KN)-(F(X.I.KO.KN)))/0.01
         IF(DABS(DF).LT.1.D-6) THEN
            X1=P
            GOTO 870
         ENDIF
         X1=X-(F(X.I.KO.KN)/DF)
         EPS=DABS(X1-X)
         IF(EPS.GT.1.D-6.AND.J.LE.50) THEN
            X=X1
            GOTO 850
         ELSE
            IF(J.GT.50) THEN
              X=X+1.
              IF(KO.GT.KN) X=X-2.
              J=0
              GOTO 850
            ENDIF
         ENDIF

 870     RENDIT(I)=X1

 800  CONTINUE

*-----BERECHNUNG DES MITTELWERTES--------------------------

      CALL MITTEL(ENDKAP.RENDIT.JAHRE.MI)

*-----ERSTELLEN DES ERGEBNIS-FILES------------------------------

      CALL AUSST(P.KI.FAMST.EINKOM.STWIRK.ERSPAR.ABGEB.GEBUE.MI.STSATZ.
     1           M)

      WRITE(*.10)
      WRITE(*.*)'    DAS ERGEBNIS BEFINDET SICH AUF DER DATEI " STEUER "'
      WRITE(*.10)
      WRITE(*.*)'    <CR> DRUECKEN '
      READ(*.20)WEITER

      GOTO 100


*******************************************************************
*     ENDE DES PROGRAMMS                                           *
*******************************************************************

 4000 WRITE(*.10)
```

```
      WRITE(*.*)'       E N D E   '

*-----SCHLIESSEN DER DATEIEN---------------------------------------

      CLOSE(5)
      CLOSE(6)

*-----FORMATE-----------------------------------------------------

   10 FORMAT(5X.///)
   20 FORMAT(A1)
   30 FORMAT(/15X.'RENDITE BEIM B A U S P A R E N'./15X.32('=').///.
     1         15X.'ES BESTEHEN DIE WAHLMOEGLICHKEITEN:'.//)
   40 FORMAT(20X.'- WOHNUNGSBAUPRAEMIE            = 1')
   50 FORMAT(20X.'- SONDERAUSGABENABZUG           = 2')
   55 FORMAT(20X.'- BEIDE MOEGLICHKEITEN          = 3')
   60 FORMAT(20X.'- E N D E                       = 4')
   70 FORMAT(/.15X.'BITTE WAEHLEN ! ')
   80 FORMAT(15X.'Die Ergebnisse werden auf die Dateien "WO" bzw.'./.
     1      15X.'"STEUER" geschrieben.'.//)
   90 FORMAT(15X.'ACHTUNG !    Bei erneutem Start des Programms werden',
     1         /.15X.'die Dateien ueberschrieben.'/)

      STOP
      END



      SUBROUTINE AUSWO(P.PPROZ.WOPRAE.FAMST.KI.ABGEB.GEBUE.MI.EINKOM.M)
*******************************************************************
*     UP ZUM BESCHREIBEN DES AUSGABE-FILES FUER DIE               *
*     WOHNUNGSBAUPRAEMIE                                          *
*******************************************************************

      DOUBLE PRECISION BAUSPAR.REGSPAR.PPROZ.WOPRAE(50).ENDKAP(50)
      DOUBLE PRECISION RENDIT(50).P.ABGEB.GEBUE.MI.EINKOM
      INTEGER JAHRE.I.MINJ.FAMST.KI.M
      CHARACTER FAM*11.VERZ*11
      COMMON BAUSPAR.REGSPAR.ENDKAP.RENDIT.JAHRE.MINJ

      FAM='LEDIG      '
      IF(FAMST.EQ.2) FAM='VERHEIRATET'

      VERZ='MONATLICH  '
      IF(M.EQ.4) VERZ='VIERTELJ.  '

      IF(MINJ.EQ.0) MINJ=10000

      WRITE(5.100)
      WRITE(5.110)BAUSPAR
      WRITE(5.120)REGSPAR
      WRITE(5.130)ABGEB
      WRITE(5.140)GEBUE
      WRITE(5.145)EINKOM
      WRITE(5.150)P
      WRITE(5.160)PPROZ
      WRITE(5.165)VERZ
      WRITE(5.170)FAM
```

```
      WRITE(5,180)KI
      WRITE(5,190)
      DO 10 I=1,JAHRE
       WRITE(5,200)I,ENDKAP(I),WOPRAE(I),RENDIT(I)
 10   CONTINUE
      WRITE(5,400)MI
      WRITE(5,300)MINJ

100 FORMAT('
  ',////,12X,'RENDITE BEIM BAUSPAREN BEI INANSPRUCHNAHME',
     1    ' DER WOHNUNGSBAUPRAEMIE',/12X,65('-')/////)
 110 FORMAT(12X,'BAUSPARSUMME                              : ',F10.2,' DM')
 120 FORMAT(12X,'REGELSPARBEITRAG PRO MONAT                : ',F10.2,' DM')
 130 FORMAT(12X,'ABSCHLUSSGEBUEHREN                        : ',F10.2,' DM')
 140 FORMAT(12X,'SONSTIGE GEBUEHREN                        : ',F10.2,' DM')
 145 FORMAT(12X,'ZU VERSTEUERNDES JAHRESEINKOMMEN          : ',F10.2,' DM')
 150 FORMAT(12X,'GUTHABENZINS                              : ',F10.2,' %')
 160 FORMAT(12X,'WOHNUNGSBAUPRAEMIEN-PROZENTSATZ           : ',F10.2,' %')
 165 FORMAT(12X,'VERZINSUNGSMODUS                          :    ',A11)
 170 FORMAT(12X,'FAMILEIENSTAND                            :    ',A11)
 180 FORMAT(12X,'KINDER                                    :  ',I2,/////)
 190 FORMAT(12X,'JAHRE',7X,'GUTHABEN',9X,'PRAEMIE',9X,'RENDITE',/,
    1  12X,52('-')/)
 300 FORMAT(/////12X,'DIE MINDESTBAUSPARSUMME IST NACH ',I2,' JAHREN',
    1     ' ERREICHT.')
 400 FORMAT(///////12X,'GEWICHTETES MITTEL DER RENDITE : ',F5.2,' %')
 200 FORMAT(14X,I2,3X,2(2X,F10.2,' DM'),5X,F8.2,' %')

      RETURN
      END




      SUBROUTINE AUSST(P,KI,FAMST,EINKOM,STWIRK,ERSPAR,ABGEB,GEBUE,MI,
     1          STSATZ,M)

*************************************************************************
*     UP ZUM BESCHREIBEN DES AUSGABE-FILES FUER DEN                     *
*     SONDERAUSGABENABZUG                                               *
*************************************************************************

      CHARACTER FAM*11,VERZ*11
      DOUBLE PRECISION BAUSPAR,REGSPAR,ENDKAP(50),RENDIT(50),ERSPAR,P
      DOUBLE PRECISION STWIRK,ABGEB,GEBUE,MI,EINKOM,STSATZ
      INTEGER FAMST,KI,JAHRE,MINJ,M
      COMMON BAUSPAR,REGSPAR,ENDKAP,RENDIT,JAHRE,MINJ

      FAM='LEDIG      '
      IF(FAMST.EQ.2) FAM='VERHEIRATET'

      VERZ='MONATLICH  '
      IF(M.EQ.4) VERZ='VIERTELJ.  '

      IF(MINJ.EQ.0) MINJ=10000

      WRITE(6,100)
      WRITE(6,110)BAUSPAR
      WRITE(6,120)REGSPAR
      WRITE(6,130)ABGEB
      WRITE(6,140)GEBUE
      WRITE(6,150)EINKOM
      WRITE(6,160)ERSPAR
      WRITE(6,165)
      WRITE(6,166)STSATZ
      WRITE(6,170)P
      WRITE(6,175)VERZ
      WRITE(6,180)FAM
      WRITE(6,190)KI
```

```
      WRITE(6.200)

      DO 10 I=1.JAHRE
       WRITE(6.250)I.ENDKAP(I).RENDIT(I)
   10 CONTINUE

      WRITE(6.400)MI
      WRITE(6.300)MINJ

  100 FORMAT('
',////.14X.'RENDITE BEIM BAUSPAREN DURCH STEUERVORTEILE'.
     1     /,14X.43('-')/////)
  110 FORMAT(14X.'BAUSPARSUMME                         : '.F10.2.' DM')
  120 FORMAT(14X.'REGELSPARBEITRAG PRO MONAT           : '.F10.2.' DM')
  130 FORMAT(14X.'ABSCHLUSSGEBUEHREN                   : '.F10.2.' DM')
  140 FORMAT(14X.'SONSTIGE GEBUEHEN PRO JAHR           : '.F10.2.' DM')
  150 FORMAT(14X.'ZU VERSTEUERNDES JAHRESEINKOMMEN     : '.F10.2.' DM')
  160 FORMAT(14X.'STEUERERSPARNIS PRO JAHR             : '.F10.2.' DM')
  165 FORMAT(14X.'DURCHSCHNITTSSATZ DER                             ')
  166 FORMAT(14X.'STEUERERSPARNIS                      : '.F10.2.' % ')
  170 FORMAT(14X.'GUTHABENZINS                         : '.F10.2.' % ')
  175 FORMAT(14X.'VERZINSUNGSMODUS                     :    '.A11)
  180 FORMAT(14X.'FAMILEIENSTAND                       :    '.A11)
  190 FORMAT(14X.'KINDER                               :   '.I2./////)
  200 FORMAT(14X.'JAHRE'.8X.'GUTHABEN'.9X.'RENDITE'./.14X.37('-').//)
  300 FORMAT(/////.14X.'DIE MINDESTBAUSPARSUMME IST NACH '.I2.' JAHREN',
     1      ' ERREICHT.')
  400 FORMAT(//////.14X.'GEWICHTETES MITTEL DER RENDITE : '.F5.2.' %')
  250 FORMAT(16X.I2.5X.F10.2.' DM'.5X.F8.2.' %')

      RETURN
      END


      SUBROUTINE MITTEL(ENDKAP.RENDIT.JAHRE.MI)

***********************************************************************
*     UP ZUR BERECHNUNG DES GEWICHTETEN MITTELS DER RENDITE           *
***********************************************************************

      DOUBLE PRECISION ENDKAP(50).RENDIT(50).MI.S.SN
      INTEGER I.JAHRE

      S=0.
      SN=0.

      DO 10 I=1.JAHRE
         S=S+ENDKAP(I)*RENDIT(I)
         SN=SN+ENDKAP(I)
   10 CONTINUE

      MI=S/SN

      RETURN
      END



      DOUBLE PRECISION FUNCTION F(X.N.RE.KAP)

***********************************************************************
*    RENTENENDWERTFORMEL EINER VORSCHUESSIGEN RENTE                   *
***********************************************************************

      DOUBLE PRECISION X.RE.KAP.Q
      INTEGER N
```

```
      Q=1.+(X/100.)
      F=RE*Q*((Q**N-1)/(Q-1.))-KAP

      RETURN
      END



      DOUBLE PRECISION FUNCTION STEUER(EINKOM.FAMST)

**************************************************************************
*     FUNKTION. ZUR BERECHNUNG DER STEUER                                *
**************************************************************************

      DOUBLE PRECISION EINKOM.X.ST.RUND.Z.Y.EK
      INTEGER FAMST

      EK=EINKOM
      IF(FAMST.EQ.2) EK=EK/2.
      IF(EK.LE.4212.) STEUER=0.

      EK=DINT(EK/54.)
      EK=EK*54.
      X=EK
      Y=(EK-18000.)/10000.
      Z=(EK-60000.)/10000.

      IF(EK.GE.4213.AND.EK.LE.18000.) THEN
        ST=0.22*X-926.
        STEUER=DINT(ST)
      ENDIF

      IF(EK.GE.18001.AND.EK.LE.59999.) THEN
        ST=3.05*Y
        ST=RUND(ST)
        ST=(ST-73.76)*Y
        ST=RUND(ST)
        ST=(ST+695.)*Y
        ST=RUND(ST)
        ST=(ST+2200.)*Y
        ST=RUND(ST)
        ST=ST+3034.
        STEUER=DINT(ST)
      ENDIF

      IF(EK.GE.60000.AND.EK.LE.129999.) THEN
        ST=0.09*Z
        ST=RUND(ST)
        ST=(ST-5.45)*Z
        ST=RUND(ST)
        ST=(ST+88.13)*Z
        ST=RUND(ST)
        ST=(ST+5040.)*Z
        ST=RUND(ST)
        ST=ST+20018.
        STEUER=DINT(ST)
      ENDIF

      IF(EK.GE.130000.) THEN
        ST=0.56*X-14837.

        STEUER=DINT(ST)
      ENDIF

      IF(FAMST.EQ.2) STEUER=STEUER*2.

      RETURN
      END
```

```
      DOUBLE PRECISION FUNCTION RUND(ST)

************************************************************************
*     FUNKTION DIE EINE ZAHL AUF DREI NACHKOMMASTELLEN ABSCHNEIDET     *
************************************************************************

      DOUBLE PRECISION ST,S

      S=DINT(ST*1000.)
      RUND=S/1000.

      RETURN
      END
```

Beispiel (mit Eingabedaten)

```
RENDITE BEIM BAUSPAREN DURCH STEUERVORTEILE
-------------------------------------------


BAUSPARSUMME                          :   30000.00 DM
REGELSPARBEITRAG PRO MONAT            :      75.00 DM
ABSCHLUSSGEBUEHREN                    :        .00 DM
SONSTIGE GEBUEHEN PRO JAHR            :       8.00 DM
ZU VERSTEUERNDES JAHRESEINKOMMEN      :   50000.00 DM
STEUERERSPARNIS PRO JAHR              :     264.00 DM
DURCHSCHNITTSSATZ DER
STEUERERSPARNIS                       :      28.94 %
GUTHABENZINS                          :       3.00 %
VERZINSUNGSMODUS                      :   MONATLICH
FAMILEIENSTAND                        :   VERHEIRATET
KINDER                                :   2


JAHRE          GUTHABEN          RENDITE
----------------------------------------

  1            904.14 DM         43.63 %
  2           1835.39 DM         27.92 %
  3           2794.59 DM         20.92 %
  4           3782.56 DM         16.96 %
  5           4800.18 DM         14.42 %
  6           5848.32 DM         12.64 %
  7           6927.90 DM         11.34 %
  8           8039.87 DM         10.33 %
  9           9185.20 DM          9.54 %
 10          10364.89 DM          8.90 %


GEWICHTETES MITTEL DER RENDITE : 12.81 %


DIE MINDESTBAUSPARSUMME IST NACH 10 JAHREN ERREICHT.
```

Programm 11: Investitionsrechnung einschließlich Abschreibungsplan nach verschiedenen Methoden.
Dieses Programm ist stark dialogorientiert, so daß eine Erläuterung nicht notwendig ist. Ein Beispiel ist im Anschluß an die Programmliste angefügt.

```
      PROGRAM hauptme

      REAL a0,restw,einzal(20),auszal(20)
      INTEGER nummer,n,stat
      CHARACTER dummy*1

C Oeffnen eines Protokollfiles

      OPEN(50,FILE='PROTOKOLL',STATUS='NEW')

      stat=0

   10 CONTINUE
      WRITE(*,1005)
      WRITE(*,1001)
      WRITE(*,*) ' '
      WRITE(*,*) '     Hauptmenü'
      WRITE(*,*) '     ========='
      WRITE(*,1001)
      WRITE(*,*) '     Eingabe der relevanten Daten
     +           '                    : 1'
      WRITE(*,*) ' '
      WRITE(*,*) ' '
      WRITE(*,*) '     Anwendung der 3 dynamischen Methoden der Investi',
     +           'tionsrechnung     : 2'
      WRITE(*,*) '     unter Berücksichtigung von Steuern.              '
      WRITE(*,*) ' '
      WRITE(*,*) ' '
      WRITE(*,*) '     Anwendung der 3 dynamischen Methoden der Investi',
     +           'tionsrechnung     : 3'
      WRITE(*,*) '     ohne Berücksichtigung von Steuern                '
      WRITE(*,1001)
      WRITE(*,*) '     Ende                                             ',
     +           '                    : 9'
      WRITE(*,*) ' '
C     WRITE(*,*) ' '
      WRITE(*,*) '     Eingabe (Nr.) :'
      READ(*,2001,ERR=10) nummer

      IF (nummer.EQ.1) THEN

        stat=1
        CALL eingal(n,a0,restw,einzal,auszal)
        GOTO 10

      END IF

      IF (nummer.EQ.2) THEN

         IF (stat.EQ.0) THEN
           WRITE(*,*) 'Bitte zunächst Nr.1 wählen, da erst die',
     +                ' Dateneingabe erfolgen muß!'
           WRITE(*,*) 'Weiter <RETURN>'
           READ(*,2002) dummy
           GOTO 10
         END IF


         CALL steuer(n,a0,restw,einzal,auszal)
         GOTO 10
```

```
      END IF

      IF (nummer.EQ.3) THEN

         IF (stat.EQ.0) THEN
           WRITE(*,*) 'Bitte zunächst Nr.1 wählen, da erst die',
     +                ' Dateneingabe erfolgen muß!'
           WRITE(*,*) 'Weiter <RETURN>'
           READ(*,2002) dummy
           GOTO 10
         END IF

         CALL osteuer(n,a0,restw,einzal,auszal)
         GOTO 10

      END IF

      IF (nummer.EQ.9) THEN

        STOP

      ELSE

        GOTO 10

      END IF

      CLOSE(50)

1001  FORMAT(1X,/)
1005  FORMAT(1X,24(/))
2001  FORMAT(I1)
2002  FORMAT(A1)

      END



      SUBROUTINE eingai(n,a0,restw,einzal,auszal)

      REAL einzal(20),auszal(20),restw,a0

      INTEGER n,i

      WRITE(*,2002)

   77 CONTINUE

      WRITE(*,*) 'Gib Anzahl der Jahre ein!'
      READ(*,1001,ERR=77) n
      WRITE(*,*) ' '

   88 CONTINUE

      WRITE(*,*) 'Gib Anschaffungskosten an!'
      READ(*,1002,err=88) a0
      WRITE(*,*) ' '

   99 CONTINUE

      WRITE(*,*) 'Angaben zu den Einzahlungen und Auszahlungen in den',
     +           ' einzelnen Jahren :'
      WRITE(*,*) ' '

      DO 10 i=1,n,1

        WRITE(*,2001) 'Einzahlungen am Ende des ',i,'-ten Jahres:'
        READ(*,1002) einzal(i)
        WRITE(*,2001) 'Auszahlungen am Ende des ',i,'-ten Jahres:'
        READ(*,1002) auszal(i)

   10 CONTINUE

      WRITE(*,*) ' '
      WRITE(*,*) 'Gib den Restwert am Ende des ',n,'-ten Jahres an!'
      READ(*,1002) restw

C FORMATE

 1001 FORMAT(I2)
 1002 FORMAT(F11.2)
 2001 FORMAT(1X,A,I2,A)
 2002 FORMAT(1X,24(/))

      RETURN

      END
```

```
      SUBROUTINE ratbes(nummer,n,a0,restw,q)

      REAL a0,restw,q(20)
      INTEGER n,nummer

      REAL afa,
     +     pl,
     +     ql,
     +     pd,
     +     qdeg,
     +     sqdeg,
     +     qlorg,
     +     dorg,
     +     q1,
     +     d,
     +     sqari,
     +     pp,
     +     grenze

      INTEGER index,
     +        i

      IF (nummer.EQ.1) THEN

        afa=(a0-restw)/n
        DO 10 i=1,n

          q(i)=afa

   10   CONTINUE

      END IF

      IF (nummer.EQ.2.OR.nummer.EQ.3) THEN

C       TEIL I

        IF (restw.LT.1.E-6) THEN
          pd=0.25
        ELSE
          pd=1-(restw/a0)**(1./n)
        END IF

        pl = (a0-restw)/(n*a0)

        IF (2.5*pl.LT.0.25) THEN
          grenze = 2.5*pl
        ELSE
          grenze = 0.25
        END IF

        IF (pd.GE.grenze) THEN
          pp = grenze
        ELSE
          pp = pd
        END IF

C       END OF TEIL I

        IF (nummer.EQ.2) THEN



        DO 15 i=1,n

          q(i) = pp*a0*(1-pp)**(i-1)
          ql   = (a0*(1-pp)**(i-1)-restw)/(n-i+1)
          IF (ql.GT.q(i)) THEN
            index = i
            GOTO 20
          END IF

   15   CONTINUE

        END IF

        IF (nummer.EQ.3) THEN

          qlorg = 2*(a0-restw)/(n+1)
          dorg = 2*(a0-restw)/(n*(n+1))
          qdeg  = pp*a0
```

```
C Bilden der Summe der ersten 3 Raten bei degressiver Afa

          sqdeg = 0

          DO 12 i=1,3
            sqdeg = sqdeg+pp*a0*(1-pp)**(i-1)
   12     CONTINUE

          IF (q1org.GT.qdeg) THEN

C Bestimmen der aktuellen Schranke d

            q1=qdeg
            d =q1-1./3.*sqdeg

          ELSE

            sqari=3.*q1org-3*dorg
            IF (sqari.GT.sqdeg) THEN
              q1=q1org
              d =q1-1./3.*sqdeg
            ELSE
              q1=q1org
              d =dorg
            END IF

          END IF

          DO 13 i=1,n

            q(i) = q1 - (i-1)*d
            q1   = (a0-(i-1)*(q1-(i-2)/2.*d)-restw)/(n-i+1)
            IF (q1.GT.q(i)) THEN
              index=i
              GOTO 20
            END IF

   13     CONTINUE

        END IF

   20   CONTINUE

        DO 100 i=index,n
          q(i) = q1
  100   CONTINUE

      END IF

      RETURN
      END


      SUBROUTINE annui(n,a0,restw,einzal,auszal,steurs,q,stat,nummer)

      REAL einzal(20),auszal(20),restw,a0,steurs,q(20)

      INTEGER n,i,stat,nummer

      REAL kapwi,anuit,kalkzi,kw
      CHARACTER weiter*1


   10 CONTINUE

      WRITE(*,2003)
      IF (stat.EQ.0) THEN
        WRITE(50,*) ' '
        WRITE(50,*) 'Annuitätenmethode : Ohne Berücksichtigung von ',
     +              'Steuern.'
        WRITE(*,*) ' '
        WRITE(*,*) 'Annuitätenmethode : Ohne Berücksichtigung von ',
     +              'Steuern.'
```

```
         WRITE(*,*) ' '
       ELSE
         WRITE(50,*) ' '
         WRITE(50,*) 'Annuitätenmethode : Berücksichtigung von ',
     +              'Steuern.'
         WRITE(*,*) ' '
         WRITE(*,*) 'Annuitätenmethode : Berücksichtigung von ',
     +              'Steuern.'
         WRITE(*,*) ' '
       END IF

       WRITE(*,*) 'Gib den zugrunde liegenden Kalkulationszins in ',
     +            'Prozent an!'
       READ(*,1001) kalkzi

C Berechnung des Kapitalwertes

       kw=0

       DO 20 i=1,n,1

         kw=kw+(einzal(i)-auszal(i)-steurs*(einzal(i)-auszal(i)-q(i)))/
     +      (1+kalkzi/100.)**i

    20 CONTINUE

       kw=kw+restw/(1+kalkzi/100.)**n - a0

C Berechnung des jährlichen Annuität

       kapwi=((1+kalkzi/100.)**n*kalkzi/100)/((1+kalkzi/100.)**n-1)

C Der Wert der Annuität

       anuit=kw*kapwi

C Ausgabe sämtlicher Eingabegrößen

       WRITE(50,*) ' '
       WRITE(*,*) ' '
       CALL ausga1(n,a0,restw,einzal,auszal,steurs,q,stat,nummer)
       WRITE(50,*) ' '
       WRITE(50,2001) 'Kalkulationszins = ',kalkzi,' %.'
       WRITE(50,*) ' '
       WRITE(50,2002) 'Die jährliche Annuität beträgt ',anuit,' DM.'
       WRITE(*,*) ' '
       WRITE(*,2001) 'Kalkulationszins = ',kalkzi,' %.'
       WRITE(*,*) ' '
       WRITE(*,2002) 'Die jährliche Annuität beträgt ',anuit,' DM.'
       WRITE(*,*) 'Weitere Berechnungen der Annuität mit anderem ',
     +            'Kalkulationszins (J/N)'
       READ(*,1002) weiter

       IF (weiter.EQ.'j'.OR.weiter.EQ.'J') GOTO 10

       RETURN

C FORMATE

  1001 FORMAT(F6.3)
  1002 FORMAT(A1)
  2001 FORMAT(1X,A,F6.3,A)
  2002 FORMAT(1X,A,F11.2,A)
  2003 FORMAT(1X,24(/))

       END
```

```
      SUBROUTINE osteuer(n,a0,restw,einzal,auszal)

      REAL einzal(20),auszal(20),restw,a0,steurs,q(20)

      INTEGER nummer,i,n,stat,zahl

C Initialisierung

      steurs=0.
      stat=0

   10 CONTINUE
      WRITE(*,1005)
      WRITE(*,1001)
      WRITE(*,*) '     Rechenmodelle ohne Berücksichtigung von Steuern:'
      WRITE(*,*) '     ================================================'

      WRITE(*,1001)
C     WRITE(*,*) ' '
      WRITE(*,*) '     Kapitalwertmethode                               ',
     +           '         : 1'
      WRITE(*,*) ' '
      WRITE(*,*) '     Annuitätenmethode                                ',
     +           '         : 2'
      WRITE(*,*) ' '
      WRITE(*,*) '     Methode des internen Zinsfußes                   ',
     +           '         : 3'
      WRITE(*,1001)
      WRITE(*,*) '     Zurück in das vorige Menü                        ',
     +           '         : 9'
C     WRITE(*,*) ' '
      WRITE(*,*) ' '
      WRITE(*,*) '     Eingabe <Nr.> :'
      READ(*,2001,err=10) nummer

      IF (nummer.EQ.1) THEN

        CALL kapit(n,a0,restw,einzal,auszal,steurs,q,stat,zahl)
        GOTO 10

      END IF

      IF (nummer.EQ.2) THEN

        CALL annui(n,a0,restw,einzal,auszal,steurs,q,stat,zahl)
        GOTO 10

      END IF

      IF (nummer.EQ.3) THEN

        CALL intern(n,a0,restw,einzal,auszal,steurs,q,stat,zahl)
        GOTO 10

      END IF

      IF (nummer.EQ.9) THEN

        RETURN

      END IF

      GOTO 10

C FORMATE

 1001 FORMAT(1X,//)
 1005 FORMAT(1X,24(/))
 2001 FORMAT(I1)

      END
```

```
      SUBROUTINE intern(n,a0,restw,einzal,auszal,steurs,q,stat,nummer)

      REAL einzal(20),auszal(20),a0,restw,steurs,q(20)

      INTEGER n,i,stat,nummer

      REAL eingzi,intzi,b(21),u(21),p,p1,prozent,kw
      INTEGER zaeler
      CHARACTER weiter*1


   10 CONTINUE

       IF (stat.EQ.0) THEN
         WRITE(50,*) ' '
         WRITE(50,*) 'Methode des internen Zinsfußes : Ohne Berücksich',
     +               'tigung von Steuern.'
         WRITE(50,*) ' '
         WRITE(*,*) ' '
         WRITE(*,*) 'Methode des internen Zinsfußes : Ohne Berücksich',
     +              'tigung von Steuern.'
         WRITE(*,*) ' '
       ELSE
         WRITE(50,*) ' '
         WRITE(50,*) 'Methode des internen Zinsfußes : Berücksich',
     +               'tigung von Steuern.'
         WRITE(50,*) ' '
         WRITE(*,*) ' '
         WRITE(*,*) 'Methode des internen Zinsfußes : Berücksich',
     +              'tigung von Steuern.'
         WRITE(*,*) ' '
       END IF


C Belegung des Überschußfeldes

       DO 20 i=1,n,1

         u(n+1-i) = einzal(i)-auszal(i)-steurs*(einzal(i)-auszal(i)-
     +              q(i))

   20 CONTINUE

       u(1) = u(1) + restw
       u(n+1) = 0-a0

C Newton-Iteration

  300 CONTINUE

       WRITE(*,2006)
       WRITE(*,*) 'Gib Anfangswert als Näherung des internen ',
     +            'Zinsfußes ein (in Prozent)!'
       READ(*,1001) eingzi
       intzi=1+eingzi/100.

       zaeler=0

  200 CONTINUE
C Horner-Schema: Berechnung von Funktionswerten des Polynomes

       zaeler=zaeler+1
       p=u(n+1)
       b(n+1)=u(n+1)

       DO 40 i=n,1,-1

         p=intzi*p+u(i)
         b(i)=p

   40 CONTINUE
```

```
C Horner-Schema: Berechnung der Ableitung des Polynoms

      p1=b(n+1)

      DO 50 i=n,2,-1

        p1=intzi*p1+b(i)

   50 CONTINUE

C Eigentliche Newton-Iteration

      kw=p/intzi**n
      intzi=intzi-p/p1

      WRITE(*,2001) zaeler,' -te Näherung des Newton-Verfahrens ',
     +              'ergibt:'
      WRITE(*,2002) 'Kapitalwert = ',kw,' DM'
      prozent = (intzi-1)*100.
      WRITE(*,*) 'Interner Zinsfuß = ',prozent,' %'
      WRITE(*,*) ' '
      WRITE(*,*) 'Weitere Näherung (J/N) ?'
      READ(*,1002) weiter
      IF (weiter.EQ.'j'.OR.weiter.EQ.'J') GOTO 200

      prozent=(intzi-1)*100.

C Ausgabe des ermittelten Zinsfußes

      WRITE(*,2003) 'Der ermittelte interne Zinsfuß liegt bei ',
     +              prozent,' %'
      WRITE(*,*) ' '
      WRITE(*,2004) 'Der dazugehörige Kapitalwert beträgt ',kw,' DM'
      WRITE(*,*) ' '
      WRITE(*,*) 'Nochmalige Iteration für einen anderen ',
     +           'Anfangszinswert (J/N)?'
      READ(*,1002) weiter

      IF (weiter.EQ.'j'.OR.weiter.EQ.'J') GOTO 300

C Allgemeine Ausgabe aller Daten

      WRITE(50,*) ' '
      WRITE(*,*) ' '
      CALL ausga1(n,a0,restw,einzal,auszal,steurs,q,stat,nummer)
      WRITE(50,*) ' '
      WRITE(50,2005) 'Der Anfangswert für die Zinsnäherung lautet: ',
     +              eingzi,' %'

      WRITE(50,*) ' '
      WRITE(50,2003) 'Der ermittelte interne Zinsfuß liegt bei ',
     +              prozent,' %'
      WRITE(50,*) ' '
      WRITE(50,2004) 'Der dazugehörige Kapitalwert beträgt ',kw,' DM'
      WRITE(50,*) ' '
      WRITE(*,*) ' '
      WRITE(*,2005) 'Der Anfangswert für die Zinsnäherung lautet: ',
     +              eingzi,' %'
      WRITE(*,*) ' '
      WRITE(*,2003) 'Der ermittelte interne Zinsfuß liegt bei ',
     +              prozent,' %'
      WRITE(*,*) ' '
      WRITE(*,2004) 'Der dazugehörige Kapitalwert beträgt ',kw,' DM'
      WRITE(*,*) ' '
      WRITE(*,*) 'Weiter <RETURN>'
      READ(*,1002) weiter

      RETURN

C Formate

 1001 FORMAT(F6.3)
 1002 FORMAT(A1)
 2001 FORMAT(1X,I2,2A)
 2002 FORMAT(1X,A,F11.2,A)
 2003 FORMAT(1X,A,F6.3,A)
 2004 FORMAT(1X,A,F11.2,A)
 2005 FORMAT(1X,A,F6.3,A)
 2006 FORMAT(1X,24(/))

      END
```

```
      SUBROUTINE ausga1(n,a0,restw,einzal,auszal,steurs,q,stat,nummer)

      REAL a0,restw,einzal(20),auszal(20),steurs,q(20),prost

      INTEGER n,i,stat,nummer

      CHARACTER dummy*1,eigens(3)*50
      DATA eigens/'linear',
     +            'kombiniert geometrisch degressiv-linear',
     +            'kombiniert digital-linear'/

      WRITE(*,2005)

      WRITE(50,*) ' '
      WRITE(50,2001) 'Laufzeit = ',n,' Jahre.'
      WRITE(50,*) ' '
      WRITE(50,2004) 'Anschaffungskosten = ',a0,' DM'
      WRITE(50,*) ' '
      WRITE(50,2006) 'Jahr :','Einzahlung :','Auszahlung :'
      WRITE(50,*) ' '
      WRITE(*,*) ' '
      WRITE(*,2001) 'Laufzeit = ',n,' Jahre.'
      WRITE(*,*) ' '
      WRITE(*,2004) 'Anschaffungskosten = ',a0,' DM'
      WRITE(*,*) ' '
      WRITE(*,2006) 'Jahr :','Einzahlung :','Auszahlung :'
      WRITE(*,*) ' '
      DO 10 i=1,n,1

        WRITE(50,2009) i,einzal(i),auszal(i)
        WRITE(*,2009) i,einzal(i),auszal(i)

   10 CONTINUE

      WRITE(50,*) ' '
      WRITE(50,2004) 'Restwert = ',restw,' DM'
      WRITE(50,*) ' '
      WRITE(*,*) ' '
      WRITE(*,2004) 'Restwert = ',restw,' DM'
      WRITE(*,*) ' '
      WRITE(*,*) 'Weiter <RETURN> '
      READ(*,1001) dummy

      IF (stat.EQ.1) THEN

        WRITE(50,*) ' '
        WRITE(50,2007) 'Abschreibungsmethode : ',eigens(nummer)
        WRITE(50,*) ' '
        WRITE(50,2002) 'Jahr:','Abschreibungsrate:'
        WRITE(50,*) ' '
        WRITE(*,*) ' '
        WRITE(*,2007) 'Abschreibungsmethode : ',eigens(nummer)
        WRITE(*,*) ' '
        WRITE(*,2002) 'Jahr:','Abschreibungsrate:'
        WRITE(*,*) ' '
        DO 20 i=1,n,1
          WRITE(50,2003) i,q(i)
          WRITE(*,2003) i,q(i)
   20   CONTINUE

        WRITE(50,*) ' '
        WRITE(*,*) ' '
        prost = 100.*steurs
        WRITE(50,2008) 'Ertragssteuern in % : ',prost
        WRITE(50,*) ' '
        WRITE(*,2008) 'Ertragssteuern in % : ',prost
        WRITE(*,*) ' '

      END IF

C FORMATE

 1001 FORMAT(1X,A)
 2001 FORMAT(1X,A,I2,A)
 2002 FORMAT(1X,A10,A20)
 2003 FORMAT(1X,I10,F20.2)
 2004 FORMAT(1X,A,F11.2,A)
 2005 FORMAT(1X,24(/))
 2006 FORMAT(1X,3A15)
 2007 FORMAT(1X,2A)
 2008 FORMAT(1X,A,F5.2)
 2009 FORMAT(1X,I15,2F15.2)

      RETURN

      END
```

```
      SUBROUTINE kapit(n,a0,restw,einzal,auszal,steurs,q,stat,nummer)

      REAL einzal(20),auszal(20),restw,a0,steurs,q(20)

      INTEGER n,i,j,stat,nummer

      REAL kw,kalkzi
      CHARACTER weiter*1

   10 CONTINUE
      WRITE(*,2003)

      IF (stat.EQ.0) THEN
        WRITE(*,*) 'Kapitalwertmethode : Ohne Berücksichtigung von',
     +              ' Steuern.'
        WRITE(50,*) 'Kapitalwertmethode : Ohne Berücksichtigung von',
     +              ' Steuern.'
      ELSE
        WRITE(*,*) 'Kapitalwertmethode : Berücksichtigung von ',
     +             'Steuern.'
        WRITE(50,*) 'Kapitalwertmethode : Berücksichtigung von ',
     +             'Steuern.'
      END IF

      WRITE(*,*) ' '

      WRITE(*,*) 'Gib den zugrunde liegenden Kalkulationszins ',
     +           'in Prozent an!'
      READ(*,1001) kalkzi
      WRITE(*,*) ' '

C Berechnung des Kapitalwertes

      kw=0

      DO 20 i=1,n,1

       kw=kw+(einzal(i)-auszal(i)-steurs*(einzal(i)-auszal(i)-q(i)))/
     +     (1+kalkzi/100.)**i

   20 CONTINUE

      kw=kw+restw/(1+kalkzi/100.)**n-a0

C Ausgabe sämtlicher Eingabegrößen

      CALL ausga1(n,a0,restw,einzal,auszal,steurs,q,stat,nummer)
      WRITE(50,*) ' '
      WRITE(*,*) ' '
      WRITE(50,2001) 'Kalkulationszins = ',kalkzi,' %'
      WRITE(50,*) ' '
      WRITE(50,2002) 'Der Kapitalwert beträgt ',kw,' DM.'
      WRITE(50,*) ' '
      WRITE(*,2001) 'Kalkulationszins = ',kalkzi,' %'
      WRITE(*,*) ' '
      WRITE(*,2002) 'Der Kapitalwert beträgt ',kw,' DM.'
      WRITE(*,*) ' '
      WRITE(*,*) 'Weiter Berechnungen des Kapitalwertes mit anderem ',
     +           'Kalkulationszins (J/N)'
      READ(*,1002) weiter

      IF (weiter.EQ.'j'.OR.weiter.EQ.'J') GOTO 10

      RETURN

C Formate

 1001 FORMAT(F6.3)
 1002 FORMAT(A1)
 2001 FORMAT(1X,A,F6.2,A)
 2002 FORMAT(1X,A,F11.2,A)
 2003 FORMAT(1X,24(/))

      STOP

      END
```

```
      SUBROUTINE einga2(n,a0,restw,q,steurs,nummer)

      REAL steurs,q(20),restw,a0
      INTEGER nummer,n

      WRITE(*,2001)
   77 CONTINUE

      WRITE(*,*) 'Gib die Steuerschuld(Ertragssteuern) in % an!'
      READ(*,1001,ERR=77) steurs
      steurs=steurs/100.
      WRITE(*,*) ' '
      WRITE(*,*) 'Angabe der Abschreibungsmethode:'
      WRITE(*,*) ' '

   10 CONTINUE

      WRITE(*,*) 'Eingabe: '
      WRITE(*,*) '          1 = lineare Abschreibung'
      WRITE(*,*) ' '
      WRITE(*,*) '          2 = kombiniert geometrisch degressiv-',
     +           'lineare Abschreibung'
      WRITE(*,*) ' '
      WRITE(*,*) '          3 = kombiniert digital-lineare Abschreibung'
      WRITE(*,*) ' '
      WRITE(*,*) 'Eingabe (Nr.)'
      READ(*,1002) nummer
      IF (nummer.LT.1.OR.nummer.GT.3) GOTO 10

      CALL ratbes(nummer,n,a0,restw,q)

      RETURN

 1001 FORMAT(F5.2)
 1002 FORMAT(I1)
 2001 FORMAT(1X,24(/))

      END
```

Beispiel 1: Kapitalwertmethode mit einem Kalkulationsfuß von 14 %.

```
Kapitalwertmethode : Berücksichtigung von Steuern.

Laufzeit =  4 Jahre.

Anschaffungskosten =     15000.00 DM

         Jahr :    Einzahlung :     Auszahlung :

              1        32000.00         29500.00
              2        39000.00         33700.00
              3        43000.00         36400.00
              4        40500.00         35200.00

Restwert =     3000.00 DM


Abschreibungsmethode : kombiniert geometrisch degressiv-linear

     Jahr:  Abschreibungsrate:

       1             3750.00
       2             2812.50
       3             2718.75
       4             2718.75

Ertragssteuern in % : 56.00


Kalkulationszins =  14.00 %

Der Kapitalwert beträgt    -2140.50 DM.
```

Beispiel 2: Kapitalwertmethode mit einem Kalkulationsfuß von 8 %.

```
Kapitalwertmethode : Berücksichtigung von Steuern.

Laufzeit =  4 Jahre.

Anschaffungskosten =    15000.00 DM

         Jahr :   Einzahlung :   Auszahlung :

              1        32000.00        29500.00
              2        39000.00        33700.00
              3        43000.00        36400.00
              4        40500.00        35200.00

Restwert =      3000.00 DM


Abschreibungsmethode : kombiniert geometrisch degressiv-linear

      Jahr:  Abschreibungsrate:

          1               3750.00
          2               2812.50
          3               2718.75
          4               2718.75

Ertragssteuern in % : 56.00


Kalkulationszins =   8.00 %

Der Kapitalwert beträgt     -135.26 DM.
```

Tabelle: ISO-Währungscodes der Währungseinheiten (Quelle: Deutsche Bundesbank)

ISO-Code	Währung	Land bzw. Gebiet
AED	Dirham	Vereinigte Arabische Emirate
AFA	Afghani	Afghanistan
ALL	Lek	Albanien
ANG	Niederl.-Antillen-Gulden	Niederländische Antillen
AON	Neuer Kwanza	Angola
ARA	Austral	Argentinien
ATS	Schilling	Österreich
AUD	Australischer Dollar	Australien Heard und McDonaldinseln Kiribati Kokosinseln Nauru Norfolkinsel Tuvalu Weihnachtsinsel
AWG	Aruba-Florin	Aruba
BBD	Barbados-Dollar	Barbados
BDT	Taka	Bangladesch
BEF	Belgischer Franc	Belgien
BGL	Lew	Bulgarien
BHD	Bahrain-Dinar	Bahrain
BIF	Burundi-Franc	Burundi
BMD	Bermuda-Dollar	Bermuda
BND	Brunei-Dollar	Brunei Darussalam
BOB	Boliviano	Bolivien
BRE	Cruzeiro	Brasilien
BSD	Bahama-Dollar	Bahamas

ISO-Code	Währung	Land bzw. Gebiet
BTN	Ngultrum	Bhutan
BWP	Pula	Botsuana
BZD	Belize-Dollar	Belize
CAD	Kanadischer Dollar	Kanada
CHF	Schweizer Franken	Liechtenstein Schweiz
CLP	Chilenischer Peso	Chile
CNY	Renminbi ¥uan	China
COP	Kolumbianischer Peso	Kolumbien
CRC	Costa-Rica-Colón	Costa Rica
CSK	Tschechoslowakische Krone	Tschechoslowakei
CUP	Kubanischer Peso	Kuba
CVE	Kap-Verde-Escudo	Kap Verde
CYP	Zypern-Pfund	Zypern
DEM	Deutsche Mark	Deutschland, Bundesrepublik
DJF	Dschibuti-Franc	Dschibuti
DKK	Dänische Krone	Dänemark Färöer Grönland
DOP	Dominikanischer Peso	Dominikanische Republik
DZD	Algerischer Dinar	Algerien

(Fortsetzung der Tabelle: ISO-Währungscodes) Stand: Dez. 1991

ISO-Code	Währung	Land bzw. Gebiet
ECS	Sucre	Ecuador
EGP	Ägyptisches Pfund	Ägypten
ESB	Peseta (sog. Convertible Peseta Accounts)	Spanien
ESP	Peseta (allgemeiner Code)	Andorra Spanien
ETB	Birr	Äthiopien
FIM	Finnmark	Finnland
FJD	Fidschi-Dollar	Fidschi
FKP	Falkland-Pfund	Falklandinseln
FRF	Französischer Franc	Andorra Frankreich Franz.-Guayana Guadeloupe Martinique Monaco Réunion St. Pierre und Miquelon
GBP	Pfund Sterling	Großbritannien und Nordirland
GHC	Cedi	Ghana
GIP	Gibraltar-Pfund	Gibraltar
GMD	Dalasi	Gambia
GNF	Guinea-Franc	Guinea
GRD	Drachme	Griechenland
GTQ	Quetzal	Guatemala

ISO-Code	Währung	Land bzw. Gebiet
GWP	Guinea-Peso	Guinea-Bissau
GYD	Guyana-Dollar	Guyana
HKD	Hongkong-Dollar	Hongkong
HNL	Lempira	Honduras
HTG	Gourde	Haiti
HUF	Forint	Ungarn
IDR	Rupiah	Indonesien
IEP	Irisches Pfund	Irland
ILS	Neuer Schekel	Israel
INR	Indische Rupie	Indien
IQD	Irak-Dinar	Irak
IRR	Rial	Iran, Islam. Republik
ISK	Isländische Krone	Island
ITL	Italienische Lira	Italien San Marino Vatikanstadt
JMD	Jamaika-Dollar	Jamaika
JOD	Jordan-Dinar	Jordanien
JPY	Yen	Japan
KES	Kenia-Schilling	Kenia

(Fortsetzung der Tabelle: ISO-Währungscodes) Stand: Dez. 1991

ISO-Code	Währung	Land bzw. Gebiet
KHR	Riel	Kambodscha
KMF	Komoren-Franc	Komoren
KPW	Won	Korea, Demokrat. Volksrepublik
KRW	Won	Korea, Republik
KWD	Kuwait-Dinar	Kuwait
KYD	Kaiman-Dollar	Kaimaninseln
LAK	Kip	Laotische Demokrat. Volksrepublik
LBP	Libanesisches Pfund	Libanon
LKR	Sri-Lanka-Rupie	Sri Lanka
LRD	Liberianischer Dollar	Liberia
LSL	Loti (Plural: Maloti)	Lesotho
LUF	Luxemburg. Franc	Luxemburg
LYD	Libyscher Dinar	Libysch-Arabische Dschamahirija
MAD	Dirham	Marokko
MGF	Madagaskar-Franc	Madagaskar
MMK	Kyat	Myanmar
MNT	Tugrik	Mongolei
MOP	Pataca	Macau
MRO	Ouguiya	Mauretanien
MTL	Maltesische Lira	Malta
MUR	Mauritius-Rupie	Mauritius
MVR	Rufiyaa	Malediven
MWK	Malawi-Kwacha	Malawi
MXP	Mexikanischer Peso	Mexiko
MYR	Malaysischer Ringgit	Malaysia
MZM	Metical	Mosambik
NGN	Naira	Nigeria
NIO	Gold-Córdoba	Nicaragua

ISO-Code	Währung	Land bzw. Gebiet
NLG	Holländischer Gulden	Niederlande
NOK	Norwegische Krone	Norwegen
NPR	Nepalesische Rupie	Nepal
NZD	Neuseeland-Dollar	Cookinseln Neuseeland Niue Pitcairninseln Tokelau
OMR	Rial Omani	Oman
PAB	Balboa	Panama
PEN	Neuer Sol	Peru
PGK	Kina	Papua-Neuguinea
PHP	Philippinischer Peso	Philippinen
PKR	Pakistanische Rupie	Pakistan
PLZ	Zloty	Polen
PTE	Escudo	Portugal
PYG	Guaraní	Paraguay
QAR	Katar-Riyal	Katar
ROL	Leu	Rumänien
RWF	Ruanda-Franc	Ruanda
SAR	Saudi Riyal	Saudi-Arabien
SBD	Salomonen-Dollar	Salomonen
SCR	Seschellen-Rupie	Seschellen
SDP	Sudanesisches Pfund	Sudan
SEK	Schwedische Krone	Schweden
SGD	Singapur-Dollar	Singapur
SHP	St. Helena-Pfund	St. Helena
SLL	Leone	Sierra Leone
SOS	Somalia-Schilling	Somalia

(Fortsetzung der Tabelle: ISO-Währungscodes) Stand: Dez. 1991

ISO-Code	Währung	Land bzw. Gebiet
SRG	Suriname-Gulden	Suriname
STD	Dobra	São Tomé u. Príncipe
SUR	Rubel	Rußland
SVC	El-Salvador-Colón	El Salvador
SYP	Syrisches Pfund	Syrien
SZL	Lilangeni (Plural: Emalangeni)	Swasiland
THB	Baht	Thailand
TND	Tunesischer Dinar	Tunesien
TOP	Pa'anga	Tonga
TRL	Türkisches Pfund / Türkische Lira	Türkei
TTD	Trinidad-und-Tobago-Dollar	Trinidad und Tobago
TWD	Neuer Taiwan-Dollar	China (Taiwan)
TZS	Tansania-Schilling	Tansania
UGX	Uganda-Schilling	Uganda
USD	US-Dollar	Amerikanisch-Samoa Guam Jungferninseln, Amerikanische Jungferninseln, Britische Marianen, Nördliche Marshallinseln Mikronesien Palau Puerto Rico Turks- u. Caicosinseln Vereinigte Staaten
UYP	Uruguayischer Neuer Peso	Uruguay
VEB	Bolívar	Venezuela
VND	Dong	Vietnam
VUV	Vatu	Vanuatu
WST	Tala	Samoa

ISO-Code	Währung	Land bzw. Gebiet
XAF	CFA-Franc	Äquatorialguinea Gabun Kamerun Kongo Tschad Zentralafrikanische Republik
XCD	Ostkaribischer Dollar	Anguilla Antigua und Barbuda Dominica Grenada Montserrat St. Kitts und Nevis St. Lucia St. Vincent und die Grenadinen
XOF	CFA-Franc	Benin Burkina Faso Côte d'Ivoire Mali Niger Senegal Togo
XPF	CFP-Franc	Französ.-Polynesien Neukaledonien Wallis und Futuna
YDD	Jemen-Dinar	Jemen
YER	Jemen-Rial	Jemen
YUN	Jugoslawischer Dinar	Jugoslawien
ZAL	Rand (Financial Rand)	Südafrika
ZAR	Rand (Commercial Rand)	Namibia Südafrika
ZMK	Kwacha	Sambia
ZRZ	Zaïre	Zaire
ZWD	Simbabwe-Dollar	Simbabwe
Nachrichtlich:		
XAG	Silber	
XAU	Gold	
XDR	Sonderziehungsrecht (SZR)	
XEU	Europäische Währungseinheit (ECU)	
XPT	Platin	

9. Literaturverzeichnis

1. FINANZMATHEMATIK

Ayres Jr.,F.: Finanzmathematik (dtsch.), Düsseldorf, 1979
Caprano,E.: Finanzmathematik, München, 1974
Fay,F. J.: Finanzmathematik, Bad Homburg, 1973
Kobelt, H., Schulte,P.: Finanzmathematik, Herne, 1977
Köhler, H.: Finanzmathematik, München, 1981
Kosiol, E.: Finanzmathematik, Wiesbaden, 1966
Nicolas, M.: Finanzmathematik, Berlin, 1967
Rahmann, J.: Praktikum der Finanzmathematik, Wiesbaden, 1976

2. MATHEMATISCHE GRUNDLAGEN

Ostrowski, A.: Vorlesungen über Differential- und Integralrechnung, Basel, 196o
Scheid, F.: Numerische Analysis (dtsch.), Düsseldorf, 1979
Erwe, F.: Differential- und Integralrechnung, Mannheim, 1962
Mangoldt, H.v. - Kopp, K.: Einführung in die höhere Mathematik, Stuttgart, 1958

3. DATENVERARBEITUNG

Gottfried, B.S.: Programmieren mit Basic (dtsch.), Düsseldorf, 1978
Herschel. R.: Fortran, München, 1986
Schäfer, J.: Fortran für Anfänger, München, 1981

4. SPEZIELLE LITERATUR

Astfalk, Th.: Die Gleichung zur neuen Berechnung des Effektivzinsfußes bei Teilzahlungsdarlehen, Sparkasse Nr. 9/198o
Beer, A.: Argumente für einen einheitlichen Renditebegriff, Zeitschrift Sparkasse, J. 1oo, Sept. 1983, S. 336 ff.
Blohm, H., Lüder, K.: Investition, München, 1974
DVFA: Methoden der Ermittlung von Wertpapierrenditen, Zeitschr. Sparkasse, Jg. 1oo, Juni 1983, S. 222 ff.
Dibbern, K.: Effektivverzinsung von Ratenkrediten mit p.m.-Zinssätzen, Die Bank Nr. 9/198o
Däumler, K.D.: Investitions- und Wirtschaftlichkeitsrechnung, Herne, 1976
Feilmeier, M.: Neuere Aspekte der Bausparmathematik, Braunschweig, 1983
Geiger, W.: Neue Berechnungsmethoden für den effektiven Jahreszins, Sparkasse, Nr. 8/198o
Gramer, W.: Das Wartezeitproblem der Bausparkassen, Berlin, 1983
Grilt, Perczynski: Bank- und Sparkassenkaufmann, Wiesbaden, 1974

Hax, H.: Investitionstheorie, Wüzrburg-Wien, 1972
Koch, B.: Über Kosten und Gebühren bei Effekten, Wetpapier Jg. 28, Nr. 6, S. 263 ff.
Kohler, J.: Effektivzinsangabe und Realkredit, Der langfristige Kredit, 1979, S. 68
Koxholt, R.: Die Simulation - ein Hilfsmittel der Unternehmungsforschung, München, 1967
Krümmel,H.-J.: Bankzinsen, Köln, Berlin, Bonn, 1964
Laux, H.: Grundzüge der Bausparmathematik, Karlsruhe, 1978
- : Die effektiven Jahreszinsen für Bauspardarlehen, Versicherungswirtschaft Nr. 9 u. 1o, Karlsruhe, 1982
Mair, W.: Näherungsmethoden zur Errechnung von Kursen und Renditen, Zeitschr. österr. Sparkassenzeitung, Jg. 69, F 16, 1982, S. 226 ff.
Preisangabenverordnung, Versicherungswirtschaft Nr. 9 u. 1o, 1982
Rauser, H. u. K.-D.: Steuerlehre, Darmstadt, 1983
Sauer, A.: Berechnung des effektiven Jahreszinses, Börsenzeitung Nr. 232
Schneider, D.: Investition und Finanzierung, Opladen, 1975
Schneider, E.: Wirtschaftlichkeitsrechnung, Tübingen, 1973
Scholl, C.: Zum effektiven Jahreszins bei Ratenkrediten, Zeitschr. für das gesamte Kreditwesen, 1979, S. 1136
Sievi, C. u. F.: Der effektive Jahreszins bei Krediten, Zeitschr. für das gesamte Kreditwesen, Nr. 24 (Beilage)
Swoboda, P.: Investition und Finanzierung, Göttingen, 1977
Steppeler, W.: Effektivzinsen nach der Preisangabenverordnung, Köln, 1982

Register

www.ingramcontent.com/pod-product-compliance
Lightning Source LLC
Chambersburg PA
CBHW081104220326
41598CB00038B/7223
* 9 7 8 3 4 8 6 5 8 4 3 0 1 *